AF549326

Roed Verlag

1. Auflage Juli 2023

Lektorat: Claudia Fuerbach

ISBN 978-3-945489-04-8

www.Roed-Verlag.de

Dr. Armin Gottmann

Freiheit im Yoga

Psychologie für Yogaübende

Die Wahrheit ist ein pfadloses Land

(J. Krishnamurti)

Hinweis: Die in dem Buch beschriebenen Anregungen zur psychologischen Selbsterforschung und heilsamer Veränderung haben sich bewährt und sind für Menschen von hinreichender psychischer Stabilität entwickelt worden. Die Verantwortung für ihre Anwendung liegt jedoch allein bei den Übenden selbst. Im Zweifelsfalle oder bei Auftreten von psychischen Krisen ist professionelle psychologische Beratung beziehungsweise bei Fragen zu Yoga die Hilfe von Yogalehrer*innen in Anspruch zu nehmen.

Inhalt

Vorwort 16

Wie es zu diesem Buch kam 15

Motivation: Warum üben wir Yoga – berechtigte und überzogene Erwartungen 25

- Gesundheitliche Gründe für Yoga 27
- Psychische Gründe für Yoga 30
- Spirituelle Gründe für Yoga 37

Über die Bedeutung unserer bisherigen Biografie für unseren Lebens- und Yogaweg 43

- Erste Frage: In welche Lebenssituation wurde ich hineingeboren? 55
- Zweite Frage: Wie habe ich darauf reagiert? 61
- Dritte Frage: Reagiere ich auch heute noch in ähnlicher Weise? Sind später andere Verhaltensformen dazugekommen? Und wenn ja, warum? 70
- Vierte Frage: Was hat sich davon für mich bewährt, was nicht? Passt dieses Verhalten noch zu meinem heutigen Leben? Was sollte ich davon beibehalten und was ändern – und wenn ja, warum? 95
- Fünfte Frage: Wie kann ich notwendige Änderungen vollziehen? 107

Über die Praxis der Achtsamkeit 121

Sich selbst auf die Schliche kommen – das Wirken der Abwehrmechanismen 128

Im Reich der Träume 139

Das Reich der Schatten – Abgründe unserer Seele 156

Im Banne der inneren Dämonen – sich selbst ein Feind sein 166

Eros, der Lebenstrieb - Liebe und Sexualität auf Yogawegen 177

Traditionelle indische Konzepte zu Liebe und Sexualität im Yoga 179

Gedanken zu Liebe und Sexualität für heutige Yogaübende 184

Yoga und Psychosomatik – den Leib als Freund gewinnen 186

Sich selbst ein Freund sein – Selbstakzeptanz, Selbstliebe und Selbstfürsorge 197

Selbstakzeptanz 197

Selbstliebe 201

Selbstfürsorge 204

Schüler*innen im Yoga - Autonomie und Lernbereitschaft oder Unterwerfung unter spirituelle Autoritäten? 256

Anmerkungen 268

Dank 270

Ein kleines Literaturverzeichnis 272

Über den Autor 275

Vorwort

NAMO GANESHÂYA !

(Mantra der Kraft des Anfangs)

Dieses Buch wendet sich an alle, die bereits Yoga üben oder vielleicht damit beginnen wollen und zudem an psychologischer Selbsterforschung interessiert sind.

Yoga auf fortgeschrittener Ebene kann verstanden werden als die Gesamtheit der in Indien entwickelten Methoden, zu jenen Tiefenschichten des Bewusstseins zu gelangen, die über unser alltägliches Ich-Bewusstsein hinausgehen. Die verschiedensten indischen religiösen Traditionen haben sich der Methoden des Yoga bedient und diese weiterentwickelt, um Erfahrungen auf dem Hintergrund ihrer jeweiligen Weltansicht zu bewirken. Doch Yoga selbst geht über alle religiösen und konfessionellen Grenzen hinaus und bewirkt spirituelle Erfahrungen, die sich zwar in den Worten einer bestimmten Religion ausdrücken lassen, aber über Worte hinausweisen.

Der Yoga in seinen vielfältigen Ausprägungen ist eine indische Erfahrungswissenschaft, die sich über mehr als 3.000 Jahre bis heute weiterentwickelt hat. Oft beginnen Wege des Yoga mit körperbezogenen Übungen, die heute im Westen häufig im Mittelpunkt stehen. Ebenso geschätzt werden in unserer westlichen Welt einfache Meditationsübungen, die eine beruhigende Wirkung auf unser hektisches Leben haben.

In der Tat können solche Anfängerstufen durchaus zu körperlicher und seelischer Gesundheit mit beitragen. Doch Yoga erschöpft sich darin nicht. Yoga im tieferen Sinn kann beginnen, wenn der Mensch wenigstens einigermaßen arbeits-, glücks- und liebesfähig ist und einen seinem Wesen entsprechenden Platz in Gesellschaft und Familie gefunden hat. Dazu ist ein hinreichendes Verständnis, Bewusstsein und Liebe der eigenen Person gegenüber erforderlich. Die Erkenntnisse unserer wissenschaftlichen westlichen Psychologie und Psychotherapie (die in den letzten 150 Jahren gewonnen wurden) könnten hierzu beitragen. Für diejenigen, die vertieft Yoga üben wollen, können sie jene psychische Stabilität vorbereiten, die hilfreich ist für die höheren Stufen des Yoga.

In diesen höheren Stufen haben wir vielleicht manchmal Erfahrungen eines Unendlichen im eigenen Bewusstsein und einer Beziehung zu allem Leben, von dem wir ein Teil sind. Dies kann unserem individuellen Leben einen tieferen Sinn und die Ahnung eines „Hintergrundes" allen Seins vermitteln, an dem wir teilhaben. Wir könnten solche meditativen Erlebnisse vielleicht verstehen als eine Annäherung an ein Göttliches im Sinn unseres klassischen Dichters Friedrich Schiller, der meinte, dass hinter allen Religionen die Religion selbst läge – *die Idee eines Göttlichen*. – Nur möchten die Wege des Yoga von der „Idee" zur Erfahrung weisen …

Dieses Buch möchte Anregungen geben zur Selbsterfahrung im Licht westlicher Psychologie und Psychotherapie, um so das Leben erfüllender zu gestalten und gegebenenfalls für höhere Stufen des Yoga gut vorzubereiten. Für diejenigen, die an stärkeren psychischen oder psychosomatischen Beschwerden leiden, ist eine Psychotherapie sinnvoll, gegebenenfalls begleitet von Yoga. Möge dieses Buch ihnen den Mut geben, eine Psychotherapie zu beginnen. Für die anderen Yoga-übenden hoffe ich, dass meine Anregungen hilfreich sind auf dem Weg der Selbsterforschung zur Vorbereitung auf die Tiefendimensionen des Yoga.

Wie es zu diesem Buch kam

Vor Jahren hatte ich ein denkwürdiges Gespräch mit meinem alten indischen Lehrer und Freund. Er war Brahmane, der tief in den indischen Yogatraditionen verwurzelt war. Gleichzeitig verstand er es, die vielfältigen Wege des Yoga für Menschen im Westen erlebbar zu machen. Ich traf ihn damals kurz vor seinem Tod.

Nachdenklich meinte er, in Indien sei Yoga in Gefahr, in der Kruste von engen Traditionen, Brauchtum, magischen Vorstellungen und auch in der Aufgeblasenheit einiger eitler Yogis stecken zu bleiben. Europäer könnten vielleicht unbefangener, vorurteilsloser, offener an Yoga herangehen. Sie würden dem Yoga neue Impulse verleihen, die eine Rückwirkung für Indien und für die Menschheit hätten.

Ich war erstaunt, dies aus dem Mund eines Mannes zu hören, der sich bemühte, uns Europäern *traditionellen* Yoga zu lehren. Gegenüber so mancher angeblich modernen Variante von Yoga war er skeptisch eingestellt. Aber er war bereit, uns Westler trotz seiner traditionellen Einstellung z.B. Mantras zu lehren, die nach altem Brauchtum nur „zweimalgeborenen" Hindus anvertraut werden sollten. Er hatte dies damit begründet, dass im gegenwärtigen Kaliyuga-Zeitalter alle, die wirklich dafür bereit seien, mit den tieferen Aspekten des Yoga vertraut gemacht werden können, auch unabhängig von einer Kastenzugehörigkeit und Religion. Was für ein Vertrauen setzte er in uns westliche Menschen!

In Indien hatte ich als Jugendlicher zwei Jahre in einem Yogakolleg verbracht, als einziger und damals erster Europäer unter Indern. Ich hatte erlebt, wie sehr sich indisches Denken und Empfinden von unserer europäischen Lebensweise unterscheidet. Mein Lehrer und Freund war seinerzeit der jüngste Dozent dieses Kollegs gewesen. Viele Jahre standen in mir die indische Welt und meine deutsche Prägung und Ausbildung nebeneinander. Es bedurfte einer langen Lehranalyse im Rahmen meiner Weiterbildung zum Psychotherapeuten sowie weitere Jahre der Reifung, bis sich beide Welten in mir zu einem Ganzen zusammenfügten. Und aus dieser Kenntnis der beiden Welten antwortete ich:

„Es mag sein, dass manchen Indern der Blick auf das Wesentliche des Yoga verstellt ist wegen einer Einengung durch Sitten, Gebräuche und Traditionen. Andererseits fördert die indische Erziehung und religiöse Prägung eine Ehrfurcht, ja vielleicht auch eine Hingabe gegenüber Yoga, selbst wenn man zunächst nicht alles versteht. Und so können sich viele Inder mit Hochachtung und Respekt der uralten Tradition und Erfahrungswissenschaft des Yoga nähern. Mit dem Hintergrund eines solchen Vertrauens und mit Hilfe eines weitsichtigen Gurus sind sie gut vorbereitet für ihren spirituellen Weg.

Ein solcher „ethnischer" Zugang fehlt den westlichen Menschen. Wir haben nicht den Hintergrund der indischen Grundkultur, nicht eine selbstverständliche Hochachtung und

Ehrfurcht vor den Yogatraditionen. Wir müssen uns daher die Grundlagen des Yoga systematischer erarbeiten durch Studium und Üben. Sicher ist auch wissenschaftliche Forschung über mögliche Effekte von Yoga hilfreich, unser Vertrauen in die Methoden des Yoga zu stärken. Denn der westliche Mensch ist oft nicht mehr so verwurzelt in Religion oder Tradition, sondern „wissenschaftsgläubig", will wissen, warum und wie etwas wirkt.

Historisch gesehen gab es aus meiner Sicht den ersten Impuls, westlich-wissenschaftliche Herangehensweise auch ergänzend auf Yoga anzuwenden, bereits 1920: Damals begann unser gemeinsamer Guru Swami Kuvalayananda mit seinen aufsehenerregenden Forschungen über physiologische Wirkungen von Yogaübungen. Zu den Zeiten unseres Gurus waren die „gebildeten" Inder zumeist in britischen Missionarsschulen erzogen worden, wo ihnen in kolonialer Hybris die Überlegenheit des Westens (und insbesondere die der Briten) nahegelegt worden war. Für ihre altehrwürdige Kultur - und damit auch für Yoga - hatten sie wenig Verständnis und Achtung entwickeln können. Und da kam nun Swami Kuvalayananda, der nachwies, dass selbst die einfachsten Übungen des Yoga westlich-wissenschaftlicher Prüfung standhalten konnten!

Seitdem sind tausende von wissenschaftlichen Arbeiten über Wirkungen des Yoga auf medizinischem, psychosomatischem und psychologischem Gebiet erschienen. Auch ich habe ein wenig dazu beigetragen mit meiner Dissertation über den Einfluss einer Yoga-Atemübung auf den Wachheitsgrad eines Menschen. Und so gehen von westlich-wissenschaftlicher Forschung sicherlich einige Impulse für den Yoga aus.

Allerdings sehe ich auch deutliche Grenzen solcher Herangehensweisen. Sie führen nämlich häufig zur Frage nach dem „Nutzen“ von Yogaübungen. Wird hierdurch der Yoga nicht allzu sehr eingeengt und geht dadurch nicht die Schönheit, das Erleben und die spirituelle Dimension des Yoga verloren? Wir können Yoga auf diese Weise nicht in seiner Tiefe erfassen! Zwar finde ich es interessant, wenn wir heute nachweisen, wie sich z.B. Hirnstromkurven und Gehirnaktivität unter Meditation verändern - doch bringt uns das dem *Erleben* in der Meditation auch nur einen einzigen Schritt näher? Sind wir Europäer in unserem Nützlichkeitsdenken und unserer Orientierung an Erfolgen nicht in Gefahr, am Wesen des Yoga vorbei zu gehen?“

Unser Gespräch nahm nun eine Wendung. Denn mein Freund sagte: „Du meinst, neben den hilfreichen Impulsen westlicher Denkweise und Wissenschaft scheint es also für westliche Menschen wohl öfter eine übermäßige Bezogenheit auf ein Ergebnis, auf Wissenschaftsgläubigkeit und einen Mangel an grundlegendem Vertrauen auf die Wege des Yoga zu geben. Siehst du noch andere Hindernisse für die Praxis von Yoga im Westen?“

Ich entgegnete: „Wenn wir Europäer mit Yoga beginnen, sind wir bereits in vielfältiger Weise geprägt - und manchmal auch geschädigt - durch Erziehung, westlichen kulturellen Hintergrund, manchmal etwas enger Religionsauffassung und Konfession, Gesellschaftsformen und belastenden lebensgeschichtlichen Erfahrungen. Wir gehen an den Yoga mit unterschiedlichen Erwartungen heran und sind oft festgefahren in bestimmten Reaktionsmustern, die wir mit in unsere Yogapraxis hineinnehmen.

Ich habe den Eindruck, dass der durchschnittliche westliche Mensch häufig ausgeprägte Persönlichkeitsmerkmale entwickelt hat, bevor er zum Yoga kommt. Nicht immer sind diese Wesenszüge und alte Prägungen schädlich. Oft regen sie einen besonderen individuellen spirituellen Weg an, der nicht deckungsgleich mit Ansichten traditioneller Yogarichtungen ist und auch nicht deckungsgleich sein muss. Ich will dir dafür zwei Beispiele nennen von Schülerinnen unserer Yogalehrer*innen-Ausbildungsklassen.

Eine Schülerin wuchs in einem marxistisch geprägten Haushalt der ehemaligen DDR auf. Und bis heute meint sie, jede Idee von einem persönlichen oder gar gütigen Schöpfergott sei absurd. Das Üben mit Mantras empfindet sie als eine „einlullende Einschläferungstechnik, auch wenn es schön klingt". Und doch sehe ich sie als eine fortgeschrittene Yogaschülerin an. In der DDR war sie als junger Mensch Leichtathletin mit einigen Anfangserfolgen, später dann Sportlehrerin. Bereits damals übte sie ergänzend zu ihrem Sportprogramm „Yoganastik", Yoga-Gymnastik, wie man es damals nannte. Trotz ihrer schon etwas fortgeschrittenen Jahre ist sie heute die Beste im Hatha-Yoga dieser Klasse, den anderen Schülerinnen in der Körperbeherrschung weit überlegen. Es ist aber nicht nur die äußere Perfektion in ihren Âsanas. Sie selbst sagt: „In meinen Âsanas erlebe ich die Freude am Da-Sein, meinem Sein. Mein Körper und mein Geist sind aus einem langen evolutionären Prozess auf dieser wundervollen Erde entstanden - vom Einzeller bis zu uns Menschen. Und so fühle ich mich allem Leben zutiefst verbunden." Hat diese Schülerin nicht auf überraschende Art einen Aspekt jener Einheitswirklichkeit begriffen, von denen die Upanischaden in ergreifender Weise berichten?

Eine andere Schülerin wuchs in Bayern in einer konservativen katholischen Familie auf. Erfüllt von traditionsgeprägter Frömmigkeit, verlor sie ihren Glauben durch schwerwiegende Erlebnisse im Umfeld der katholischen Kirche. In einer längeren Psychotherapie verarbeitete sie die bedrückenden Erlebnisse der Jugend. Obwohl sie sich danach deutlich besser fühlte, konnte die Psychoanalyse ihre Sehnsucht nach Tiefe und Spiritualität nicht befriedigen. Und so wandte sie sich dem Yoga zu, vor allen der Meditation. Sie sagt, aus der Stille der Meditation heraus könne sie sich nunmehr wieder im Gebet an Maria, die Gottesmutter, wenden. Dies seien Gebete der Dankbarkeit, keine Bitten voller Verzweiflung wie in ihrer Kindheit. Sie ist vom Grundberuf Psychologin und hat als Abschlussarbeit ihrer Yogalehrerinnen-Ausbildung über „indische Göttinnen als Symbole innerpsychischer Reifungsprozesse“ geschrieben. Manchem gläubigen Hindu würde es wohl zu weit gehen, die traditionell verehrten Götter lediglich als Eigenschaften der eigenen Psyche zu begreifen. Und doch - lehren uns nicht einige indische philosophische Richtungen, die äußere Welt und unser subjektives Erleben als eine Einheit zu betrachten?

Aber oft beeinträchtigen uns die im Laufe des Lebens erworbenen Prägungen und Reaktionsweisen auf unserem Lebens- und Yogaweg und sollten allmählich verändert werden.“

„Die tieferen Wege des Yoga“, meinte mein Freund, „können beginnen, wenn der Mensch seinen Platz in der Welt und der Gesellschaft gefunden hat, mit körperlichen Einschränkungen umzugehen vermag, ein stabiles Ich und hinreichendes Selbstbewusstsein entwickelt hat. Dann kann der Mensch mit Yoga seinem inneren Wesen begegnen. Dann ergibt sich im

Leben ein tieferer Sinn, in Verbundenheit mit allem Sein. Hieraus entwickelt sich eine Spiritualität, die mit oder ohne speziellen religiösen Glauben bestehen kann."

Und doch - so stellten wir beide fest - stehen heute vielfach die therapeutischen Aspekte von Yoga mehr im Mittelpunkt, sei es nun der ganzheitliche Ansatz des körperbezogenen Hatha-Yoga, sei es Stressreduktion, Entspannung oder affektive Distanzierung durch Achtsamkeitstraining. Allein darauf sollte Yoga nicht reduziert werden. Auch dürfen wir nicht erwarten, dass allein durch Yoga alle unsere körperlichen, psychosomatischen und seelischen Leiden umfassend geheilt werden könnten. Oft sind hierfür die Methoden unserer westlichen Medizin, Krankengymnastik und Psychotherapie erforderlich, gegebenenfalls sinnvoll ergänzt durch Yoga.

Viele unserer Einstellungen und Reaktionsweisen haben sich in unserem Leben bewährt. Andere hingegen beeinträchtigen unser Leben, sind Hindernisse, machen uns depressiv, ängstlich, unsicher, zwanghaft, engen unsere Liebes- und Beziehungsfähigkeit ein, führen zu psychosomatischen Krankheiten, vermindern unsere Fähigkeit, den Stürmen des Lebens standzuhalten. Wenn wir die Hemmungen auf unserem Lebensweg erkannt haben und wir begreifen, wie es zu diesen Prägungen kam, können wir unsere Einstellung dem Leben gegenüber langsam verändern. Es wäre schön, an diese Aufgabe geduldig und zunehmend unerschrockener heranzugehen, Wahrhaftigkeit gegenüber unseren Lebenslügen zu entwickeln und sie aufzulösen, liebesfähiger gegenüber uns selbst und anderen zu werden.

„Vieles und Schönes wurde bereits über die Kombination von Psychotherapie, Yoga und anderen spirituellen Wegen geschrieben“, sagte ich nachdenklich. „Manche Psychotherapeuten bemühen sich zudem in ihrer Arbeit auch um eine spirituelle Dimension. Und bedeutende Meditationslehrer*innen sowie Yogalehrer*innen versuchen, Erkenntnisse westlicher Psychologie und Psychotherapie in ihrem Unterricht zu berücksichtigen.“

Da meinte mein Freund: „Du hast *deine eigenen Erfahrungen* gemacht, auch mit Deinen Yogaschülern und Patienten. Davon solltest du berichten, der du sowohl Yogalehrer als auch Psychotherapeut bist. Schildere *deine* Gedanken bezüglich typischer Hindernisse auf dem Lebens- und Yogaweg. So viele Menschen überspielen ihre psychischen Probleme und wundern sich, dass sie im Yoga nicht vorankommen. Yoga vermag zwar manches auch auf körperlichem und seelischem Gebiet zu heilen oder zu lindern - aber eben nicht alles. Niemand würde wohl verlangen, dass ein Knochenbruch ausschließlich durch Yoga geheilt werden könnte oder sollte. Und ähnlich ist es im Bereich der westlichen Psychologie, der mir so oft eine spirituelle Dimension zu fehlen scheint. Mache Yogaübende auf ihre psychischen Probleme aufmerksam, so dass sie daran arbeiten können - sei es durch persönliches bewusstes Arbeiten an ihrer Problematik, sei es durch medizinische oder psychotherapeutische Hilfestellung, sei es mit und durch Yoga. Versuche nicht, die Menschen durch enge Konzepte und einfach gestrickte „psychologische Übungen“ einzuengen. Deute hingegen an, welche Möglichkeiten zur Veränderung es gibt, so dass jede/r einen eigenen Weg finden und selbst entwickeln kann.“

Das vorliegende Buch ist ein erster Versuch, auf die Anregung meines Lehrers und Freundes einzugehen. Möge es uns Freundinnen und Freunden des Yoga gelingen, alte und überholte Bahnen zu verlassen und der Weite und Offenheit des Lebens zu begegnen!

Motivation: Warum üben wir Yoga - berechtigte und überzogene Erwartungen

Blumen blühen absichtslos (japanisches Sprichwort)

Es gibt mehrfache Gründe, warum wir uns in unserem Kulturkreis der Praxis des Yoga zuwenden, und oft sind uns die Motive dafür nur teilweise bewusst. Yoga ist im Westen „angekommen", wird weitgehend akzeptiert. Das war nicht immer so. In der DDR war Yoga nur als eine Form der Gymnastik zugelassen. Aber auch in der BRD gab es vor fünf Jahrzehnten noch erhebliche Vorbehalte. Als ich damals als Medizinstudent dem Leiter der Volkshochschule einer kleineren Universitätsstadt einen Yogakurs anbot, musste ich mich erst einmal von einem Ordinarius für Psychiatrie überprüfen lassen. Der Volksschulleiter fürchtete Einsprüche der Kirchengemeinde gegen das „östliche Gedankengut".

Neben einer Neugier, zur Abwechslung mal etwas anderes zu machen, kommen Menschen oft zum Yoga wegen

Einschränkungen der Gesundheit, durch ein gewisses Unbehagen gegenüber der bisherigen Lebensführung, aufgrund spezieller psychischer Schwierigkeiten oder aus spirituellen Gründen. Oft gibt es ein vordergründiges Motiv, während andere unbewusst im Hintergrund bleiben.

In der westlichen Neigung, einem Ziel verhaftet zu sein, könnte unsere spezielle Motivation die Yogapraxis in eine einseitige Richtung lenken. Yoga hat so viel mehr zu bieten als ein begrenztes Ziel. Daher sollten wir uns der anfänglichen Motivation und zunehmend auch der unbewussten Erwartungen klar werden. Und in einem zweiten Schritt wäre zu fragen, ob auch andere Ideen aus den vielen Yogatraditionen für unser Leben hilfreich sein könnten – oder eben auch nicht.

Sowohl die bewusste Motivation als auch eine diffuse Sehnsucht können zu überzogenen Erwartungen führen, dass sich durch unser Üben sogleich etwas entscheidend ändern würde. Obwohl wir wissen, dass Veränderungen Zeit benötigen, sind wir ungeduldig und erwarten zumindest Anfangsresultate. Dieses kurzfristige westliche Denken an sofortigen Gewinn hat zu den heutigen ökonomischen und ökologischen Katastrophen beigetragen. Es ist auch in der Yogapraxis schädlich, wird zu Enttäuschungen führen. Manchmal wird Yoga rasch - allzu rasch - aufgegeben, wenn sich keine unmittelbaren Resultate einstellen.

Andere Anfänger leiden darunter, dass sie in ihren Erwartungen auf Änderungen im Leben mehrfach enttäuscht wurden. Sie leiden an erlernter Hilflosigkeit: „Nichts hat mir geholfen … Ich werde es zwar mal mit Yoga probieren, aber mir hilft ja doch nichts auf Dauer …". Es liegt auf der Hand, dass eine solche Grundhaltung im Sinne einer sich selbst erfüllenden negativen Prophezeiung wirkt.

Die beiden Tendenzen, entweder rasche Erfolge haben zu müssen oder bald zu resignieren, wechseln oft miteinander ab. Wir sollten erkennen, was sie sind: alte, wirkmächtige Grundannahmen und Reaktionsmuster unserer Vergangenheit. Wir können lernen, diesen alten Bekannten mit Achtsamkeit zu begegnen, sich nicht ihren Diktaten zu beugen und ihnen einen angemessenen begrenzten Platz in unserem Leben zuzuweisen. Möge daraus ein Optimismus erwachsen, dass es sinnvoll sein kann, etwas Neues zu beginnen. Und zugleich sollten wir uns vor einer übertriebenen Erwartung hüten, dass sich das Leben dadurch sofort völlig verändern würde.

Im Folgenden will ich einige der Gründe andeuten, die uns veranlassen, Yoga zu üben. Denn aus guten Gründen und berechtigten Hoffnungen gehen wir an die Praxis des Yoga heran. Ich möchte mit diesem Buch dazu beitragen, dass unsere Praxis des Yoga freier wird von überzogenen Erwartungen, Einseitigkeiten und Fehleinschätzungen.

Gesundheitliche Gründe für Yoga

Viele kommen zum Yoga in der Hoffnung auf Besserung einer körperlichen Krankheit. Oft haben westliche Medizin und auch Naturheilmethoden keine hinreichende Wiederherstellung der Gesundheit erbracht. Der Patient setzt nun seine Hoffnung auf Yoga, „nachdem nichts geholfen hat". In vielen Fällen wird die überzogene Erwartung, dass Yoga alles zu heilen vermag, enttäuscht werden. Wenn es um Heilung oder Linderung körperlicher Beschwerden geht, wäre es besser, Yogaübungen als Ergänzung, als adjuvante Therapie zu begreifen. In diesem Sinne wird Yoga heute auch von manchen Ärzten, Heilpraktikern und Psychotherapeuten empfohlen.

Was als körperliche Krankheit in Erscheinung tritt, hat oft eine seelische Mitbeteiligung. Etwa die Hälfte aller Menschen, die ihren Hausarzt wegen körperlicher Symptome aufsuchen, haben hintergründig psychische Probleme, die die körperlichen Beschwerden mit auslösen oder verstärken. Es ist offensichtlich, dass in solchen Fällen ein ausschließlich körperliches Üben (etwa von Âsanas) keine dauerhafte Heilung bewirken kann. Es ist das Gebiet, mit dem sich unsere westliche psychosomatische Medizin beschäftigt. Auch der Yoga kennt durchaus Methoden, die erhebliche heilsame psychosomatische Einflüsse ausüben können. Doch sind hier oft auch die Möglichkeiten der psychosomatischen Medizin gefragt, und Yoga allein ist nicht ausreichend. Wer sich bei hintergründigen psychischen Problemen allein auf seine körperlichen Beschwerden versteift, dem kann oft nur wenig geholfen werden, und auch nur begrenzt durch Yogaübungen. Oft bedarf es in diesen Fällen einer anstrengenden und manchmal schmerzhaften Bewusstwerdung hintergründiger psychischer Probleme und Konflikte. Hinweise und Anregungen hierzu werden Sie, verehrte Leser*innen, an mehreren Stellen dieses Buches finden.

Andere haben keine körperlichen Beschwerden, möchten aber „fit" bleiben oder werden. Manchen erscheint ein sanfter Yoga-Übungsweg angemessener als Sport oder anstrengende Gymnastik. Und Weitere kombinieren ihre Yogaübungen mit einem Sportprogramm. Psychisch findet sich hier oft der Wunsch nach körperlicher Leistungsfähigkeit, Jugendlichkeit und Attraktivität. All dies sind durchaus erstrebenswerte Wünsche. Aus der Sicht des Yoga wäre es jedoch umfassender, wenn unser Leben nicht einseitig darauf ausgerichtet wird.

Einige ältere Menschen haben den Wunsch, mit Hilfe von Yoga das körperliche Altern aufzuhalten oder sogar den Alterungsprozess zurückzudrehen, nach dem Motto „als 60-Jähriger 20 Jahre fit wie ein 50-Jähriger zu sein". – Ja, auch das ist ein durchaus legitimer Wunsch, zu dem Yoga beitragen kann. Yoga ermöglicht aber noch viel mehr: Fast jeder ältere Mensch hat Ängste vor Alter, Krankheit und Tod, selbst wenn diese Fragen in den Hintergrund des Bewusstseins verbannt sind. Yoga kann zur Entwicklung einer Gelassenheit beitragen, die es ermöglicht, selbst Schmerzen und Einschränkungen anzunehmen, dem Wunder des Lebens und Seins gegenüber offen zu sein und dem zeitlich herannahenden Tod furchtloser ins Auge zu sehen.

Psychische Gründe für Yoga

So mancher möchte mit Yoga der Hektik des Alltags ein Gegengewicht setzen. Häufig pendelt ja unser modernes Leben zwischen der Anspannung in der Arbeitswelt und nachfolgender Erschöpfung. Mag auch unser Familienleben einen gewissen Ausgleich bewirken, so ist letzteres auch zeitweilig belastend durch die vielfältigen Aufgaben des Haushalts, der Kindererziehung sowie die gelegentlichen Auseinandersetzungen in der Partnerschaft. Und auch Singles bleiben von Aufgaben nach der Arbeit nicht verschont und müssen sich zudem zeitweilig mit Einsamkeit auseinander-setzen.

Als Reaktion auf Erschöpfung finden sich verschiedene Reaktionsweisen: Einige neigen dazu, sich treiben zu lassen, etwa vor dem Fernseher hocken zu bleiben. Und im Extremfall findet sich eine Neigung, durch Alkohol „abzuschalten", mit der Gefahr einer Gewöhnung und Abhängigkeitsentwicklung. Andere stürzen sich in der Freizeit hektisch in anstrengende Aktivitäten. Manchem aber gelingt ein befriedigender Ausgleich zum Arbeits- und Alltagsleben. Dazu können neben sozialen Kontakten in Maßen betriebene Hobbies, Sport, Lernen und kulturelle Interessen und auch Yoga in der einen oder anderen Form hilfreich sein. Alle diese Aktivitäten können durchaus einen entspannenden, ausgleichenden Effekt für unsere Lebensführung bieten– sofern wir daran wirklich Freude haben oder gewinnen können und wir nicht in einem Maße übertreiben, das zu weiterer Erschöpfung führt.

Übertriebene hektische Freizeitaktivität kann mehrere Gründe haben. Um hier einige zu nennen: Gefühle von beunruhigender innerer Leere, Sinnlosigkeit, Einsamkeit, fehlender Anerkennung, Schwierigkeiten in Partnerschaften, Spannungen im sozialen Umfeld, Arbeitsplatzprobleme, ausgeprägte Zukunftssorgen, deutliche Gesundheitsbefürchtungen, Minderwertigkeitsgefühle, Ängste, Depressionen, gravierende finanzielle Nöte etc. werden überspielt durch Geschäftigkeit. Die Probleme werden sozusagen „vergessen", ausgeblendet. Wir möchten sie nicht sehen, nicht daran denken. Das kann so weit gehen, dass uns diese schließlich nicht einmal mehr bewusst sind. Da sie aber im Hintergrund weiter bestehen, muss die Freizeitaktivität hektisch und anstrengend sein, Anerkennung vor uns selbst und anderen schaffen, uns alles vergessen lassen. So stabilisiert sich vordergründig das Selbstwertgefühl, führt aber zu weiterer Erschöpfung. Schön wäre es, wenn es gelänge, sich der Sorgen und Nöte bewusst zu werden und an ihnen zu arbeiten. Einige Vorschläge, wie dies vielleicht möglich wäre, möchte dieses Buch in weiteren Kapiteln aufzeigen.

Andere können nicht mehr „abschalten", können nicht aus einem Aktivitätsmodus herauskommen. Oft bezieht sich dies auf die Arbeit. Der „Workaholic" lebt vorwiegend für seine Arbeit, kennt kaum noch etwas anderes. Und oft werden auch hier ähnliche Probleme überspielt, wie ich sie im letzten Abschnitt angedeutet habe.

Auch mir ist in einer bestimmten Phase meines Lebens das Nicht-mehr-Abschalten-können begegnet. Es war, als ich eine psychotherapeutische Praxis mit einigen finanziellen Risiken gründete und mich für zwei Jahre in übermäßige Arbeit stürzte. Selbst meine täglichen Yogaübungen waren Teil eines

Pflichtprogramms, das ich absolvierte, weil ich es gewohnt war. Und meine tägliche Meditation verstand ich als weitere Pflicht, die mir zwar eine gute Konzentrationsfähigkeit für den restlichen Tag bescherte, aber letztlich freudlos und wenig inspirierend war. Meine finanziellen Sorgen, meine Erziehung zu „preußischer Pflichterfüllung" und mein Wunsch, ein guter Therapeut zu sein (und die Anerkennung meiner Patienten und Kollegen zu gewinnen) trieben mich mehr und mehr an – gerade auch, als sich die ersten Erfolge einstellten. Nach zwei Jahren beschloss ich, mir einen Urlaub zu gönnen. Ich fuhr ans Meer, was ich immer gern getan hatte – und saß voller Unruhe am Strand, verkürzte den Urlaub!

Auch wenn ich es eigentlich schon wusste – die Erkenntnis, was tiefer liegend geschehen war, bekam ich, als ich meinen alten Rasenmäher bediente. Wenn man ihn mit Superbenzin füllte, ließ er sich nach einer gewissen Laufzeit nicht mehr abschalten und lief, bis der Sprit vollständig verbraucht war. Da beschloss ich, nicht nur für meinen Rasenmäher, sondern auch in meinem Leben „Normalbenzin" zu verwenden. Es dauerte eine Weile, bis mir dies gelang. Denn es war nicht einfach, mich meinen Ängsten, Unsicherheiten und Zukunftssorgen sowie meinem Wunsch nach Anerkennung zu stellen und sie als Teil meines Wesens zu begreifen, ihnen einen angemessenen Platz in meinem Leben zu geben, aber sie nicht übermächtig werden zu lassen. Und die dafür in Alltagssituationen immer wieder notwendige Achtsamkeit entwickelte ich nur langsam, „verurteilte" mich anfangs, weil ich immer wieder in alte Denk-, Erlebens- und Handlungsmuster zurückfiel. Doch dann entdeckte ich (erneut) die Schönheit und die Freude im Yoga. Und sowohl meine Hatha-Yoga-Übungen als auch die Meditation wurden von der „Pflicht" zum Üben befreit, wurden inspirierende und Halt gebende Bestandteile meines Alltags.

Dieses Problem, sich zu verurteilen für etwas, was wir nach unseren Vorsätzen machen (oder nicht machen) hätten sollen, kennen sicher viele von Ihnen, liebe Yogafreund*innen. In den Kapiteln über Selbstliebe und Achtsamkeit werde ich näher darauf eingehen.

Ja, es ist durchaus möglich, auch mit Hilfe von Yoga eine bessere Work-Life-Balance zu entwickeln, Erholung, Entspannung und Ruhe zu finden. Doch dazu ist es nötig, die Yogawege als etwas Schönes, Freudvolles, zu eigener Tiefe Führendes zu begreifen, nicht als eine weitere Routine im Tagesablauf, die der bloßen Selbstoptimierung und Steigerung der Leistungsfähigkeit dient.

Ich muss allerdings zugeben, dass anfänglich eine gewisse Disziplin beim Üben erforderlich ist. Es ist sinnvoll, relativ regelmäßig zu üben und am Ball zu bleiben auch in Durststrecken, in denen sich nichts zu ereignen scheint und keine „Fortschritte" sichtbar werden. Der alleinige Besuch eines einmal wöchentlich stattfindenden Yogakurses ist meistens zu wenig - wenn auch besser als nichts. Doch wäre es schön, wenn wir uns von einer unfrei machenden zwanghaften „Verpflichtung" zum Üben befreien könnten. Wenn uns das Üben Freude macht, wird es ohnehin zum „Selbstläufer".

Diejenigen unter uns Yogaübenden, die in ihrem Leben vorwiegend spontan handeln, täten gut daran, mit einer gewissen Regelmäßigkeit zu üben. Diejenigen aber, die vorwiegend pflichtbewusst, genau, ja vielleicht sogar etwa zwanghaft sind, könnten vielleicht lernen, nicht immer so genau und diszipliniert zu sein.

Einige der mehr gewissenhaften und zwanghaft veranlagten Yogaübenden werden leicht zu Opfern jener indischen und asiatischen spirituellen Lehrer, die von ihren Anhängern eiserne Disziplin verlangen, sogar lebenslänglich. Sie behaupten, die von ihnen übermittelten kostbaren Lehren würden sich als schädlich erweisen, wenn sie nicht täglich geübt würden bis zum Lebensende. Dies ist nach meiner Auffassung schrecklich, vor allem für sowieso pflichtbewusste und gewissenhafte Menschen. Wenn sie nach einiger Zeit die Übungen nicht mehr als hilfreich empfinden, nicht mehr regelmäßig praktizieren oder gar mit der speziellen Meditationsform aufhören, plagt sie ein schlechtes Gewissen, manchmal sogar einhergehend mit der Vorstellung, dass es ihnen nach dem Tod in anderen Daseinsbereichen übel ergehen könnte! Solche Lehren sind nach meiner dezidierten Meinung finsterstes spirituelles Mittelalter, verbunden mit Ängsten vor Höllenstrafen und Verdammnis. Sie beinhalten spirituelle Leibeigenschaft. Yoga aber ist der Weg der Freiheit, nicht der einer Abhängigkeit.

Eng verwandt mit der Neigung, sich selbst zu verurteilen, ist der Drang, sich mit Hilfe von Yogatechniken psychisch zu „optimieren“. Sie ist oft verbunden mit einer Unzufriedenheit bezüglich der eigenen Person und gehen dann mit Minderwertigkeitsgefühlen einher. Sicherlich kann Yoga dazu beitragen, leistungsfähiger, konzentrierter, gelassener, ausgeglichener, gesünder und willensstärker zu werden. So weit, so gut … doch wenn solche Ziele übermäßig in den Mittelpunkt gestellt werden, besteht die Gefahr, dass wir zu selbstbezogenen, narzisstischen spirituellen Egoisten werden. Und selbst bei Fortschritten auf all diesen Gebieten könnte das hintergründige Minderwertigkeitsgefühl weiter bestehen, uns weiter mit Unzufriedenheit antreiben, ohne dass es letztlich zur Ruhe kommt. Gut ist dann nie gut genug.

Wer von dieser Unzufriedenheit mit sich selbst, ja mit Selbsthass konfrontiert ist, täte gut daran, sich mit den Wurzeln der mangelnden Selbstliebe auseinanderzusetzen. Oft ist es dabei hilfreich, sich mit den Prägungen durch die eigene Lebensgeschichte zu beschäftigen. Davon wird später noch ausführlicher die Rede sein.

Einige kommen zum Yoga, weil sie sich Hilfe bei der Bewältigung von Ängsten, Depressionen, Zwängen, sozialen Phobien und Umgang mit Gefühlen versprechen. Davon haben manche bereits therapeutische Unterstützung und Behandlung durch Ärzte und Psychologen oder Heilpraktiker in Anspruch genommen. Waren diese Behandlungen erfolgreich, wird Yoga zur weiteren Unterstützung und Stabilisierung eingesetzt - oft mit ausdrücklicher Empfehlung durch die Behandler. Dies ist durchaus legitim und kann hilfreich sein. Allerdings sollte das Augenmerk dabei nicht ausschließlich auf die Bewältigung des einen psychischen Symptoms gelegt werden. Denn Yoga wirkt umfassender, ganzheitlicher und nicht nur auf ein Symptom bezogen.

Andere Menschen mit psychischen Problemen scheuen den Gang zu Psychotherapeuten und hoffen auf direkte Hilfe durch Yoga oder haben keine Besserung durch eine Psychotherapie erfahren. Oft meinen sie, sich nicht mit „Negativem" aus Vergangenheit und Gegenwart auseinandersetzen zu wollen, es würde sie in Schmutz ziehen, zu weiterer Verzweiflung führen. Sie möchten „positiv" und vielleicht auch ergebnisorientiert denken und empfinden. Manche von ihnen fühlen sich beeinflusst von der sogenannten „positiven Psychotherapie" (die durchaus ihre begrenzte Berechtigung hat) und einem Trend zum Streben nach Glück als höchstes Ziel und Selbstzweck.

Ich als analytischer Psychotherapeut finde es hingegen als ausgesprochen „positives" Denken und Empfinden, wenn jemand sich mit dem erlittenen Unschönen, Schmerzlichen auseinandersetzt und es dann allmählich bewältigt. Doch gebe ich zu, dass dies nicht jedem - zumindest zunächst - möglich ist, weil es zu belastend wäre. Hier kann Yoga durchaus in gewisser Weise stabilisierend wirken. Manchem genügt dann diese Stabilisierung. Andere hingegen stabilisieren sich so weit, dass sie später eine tiefergehende Psychotherapie wagen können.

Viele kommen zum Yoga durch Lebenskrisen, in denen sich die Frage nach dem Sinn des bisherigen und künftigen Lebens stellt. Beispiele für solche Krisen sind: Übergang von Adoleszenz ins Erwachsenenalter, Ausbildungs- und berufliche Probleme, Verlust von Freunden, Todesfälle, Trennungen von Partnern, Auszug von Kindern, Verletzungen durch andere, Arbeitsplatzverlust, Traumata, Berentung, Älterwerden, schwerwiegende Krankheiten sowie andere Veränderungen im Leben, die schwer zu verkraften sind. Nach teilweiser Bewältigung der Krise stellt sich die Frage: „Wie will ich weiter leben, welchen Sinn kann ich meinem Leben geben?". Hier hat Yoga durchaus sinnstiftende Antworten, die jedoch individuell gefunden werden müssen. Das bloße Füllen einer Lücke durch Yogapraxis oder traditionelle Yogakonzepte über den Sinn des Lebens reichen dabei nicht aus. Für Yogaübende mag es hilfreich sein zu erleben, dass wir nicht nur auf uns selbst beschränkte Individuen mit unseren kleinen Freuden und Leiden sind, sondern in einem größeren Zusammenhang mit allem Leben stehen. Ein solches Empfinden, geboren aus einer Krise, ist bereits ein Übergang zu spirituellen Gründen für eine Yogapraxis.

Spirituelle Gründe für Yoga

Spiritualität ist jene Art des Empfindens, Denkens und Handelns, in der wir unser individuelles Dasein auf die uns umgebende Welt und die Gesamtheit des Lebens beziehen. Oft beinhaltet sie eine Sinngebung für unsere Existenz. Sie ist eine „Welt-Anschauung", die mit einem bestimmten religiösen Glauben oder/und einer mystischen Erfahrung verbunden sein kann, aber nicht sein muss. Auch ein Mensch ohne religiösen Glauben im engeren Sinne, der sich z.B. für seine Mitmenschen, die Gesellschaft oder die Natur einsetzt und damit über den Tellerrand der eigenen kleinen Existenz blickt, ist in diesem Sinne spirituell.

Die fortgeschrittenen Stufen des Yoga beinhalten letztlich eine Fülle von praktischen Wegen, um zur Erfahrung dessen zu gelangen, was über unsere begrenzte individuelle Existenz hinausweist. Yoga ist nicht eingeengt auf eine bestimmte Religion Indiens, wie etwa auf die verschiedenen Richtungen des Hinduismus, Buddhismus, Jainismus und Sikhismus. Doch alle indischen Traditionen nutzen die Möglichkeiten des Yoga, um zur Erfahrung eines Numinos-Transzendenten jenseits eines einseitigen und begrenzten Ich-Bewusstseins zu gelangen. Somit erweist sich Yoga als überreligiös und kann - entsprechend angepasst – hilfreich auch für nicht-indische Religionen einschließlich Christentum, Weltanschauungen und individuell geprägte Spiritualität sein.

Oft stellt sich die Frage nach dem Sinn unserer Existenz in Krisen und Wendepunkten des Lebens. Ideologien wie Nationalismus, Humanismus, Kommunismus oder gar der Materialismus (besonders in Form des Konsumismus) bieten häufig keine hinreichend befriedigenden Antworten mehr. Und auch die angestammte Religion oder Konfession wird – gerade in Sinnkrisen – als blutleer empfunden. Letzteres macht insbesondere Menschen Angst, die sich vormals als gläubig und religiös empfunden hatten. Sie fühlen sich schuldig, unwert vor Gott, anstatt zu begreifen, dass es das Wesen jeder Krise ist, an allem und jedem zu zweifeln. Wenn uns der Zweifel jedoch nicht vollkommen hoffnungslos macht, ist er ein Ansporn, Neues zu entdecken, wie es etwa durch Yoga möglich sein mag.

Ob nun Leben als solches einen Sinn hat oder nicht – bin ich in der Lage, *meinem individuellen Leben einen Sinn zu geben* – einen Sinn, der zu meiner jetzigen Lebenswirklichkeit passt? Manche suchen nach *dem* Sinn ihres Lebens, doch gibt es nicht vieles gleichzeitig, das sinnstiftend sein kann? Die Pflege eines Gartens und Verbundenheit mit der Natur, die Erziehung von Kindern, die Hinwendung zum Partner und zu Freunden, die Arbeit, das Feiern, Hobbies und vieles mehr können für eine gewisse Zeit oder Phase des Lebens sinnerfüllend sein.

Yoga mit seinen vielfältigen Wegen, die über uns selbst hinausweisen und doch mit unserer individuellen Existenz verbunden sind, ermöglicht uns Tiefenerfahrungen, die ein Fundament für Spiritualität sein können. Und so mag Yoga beitragen zur Sinngebung unseres Lebens.

Einige Yogaübende erhoffen sich, durch Yoga wieder mehr Zugang zu finden zur eigenen Religion und Konfession. Diese Hoffnung ist durchaus berechtigt - mir wurde immer wieder berichtet, wie Menschen eine Vertiefung der eigenen Gebetspraxis auf dem Hintergrund der durch die Yoga-Meditation gewonnenen Stille erfahren haben.

Völlig unberechtigt ist die Sorge einiger christlicher Kirchenkreise allerdings nicht, dass Menschen durch Yoga eine eigenständige Spiritualität entwickeln oder gar durch östliche Religionen vom Christentum „abfallen" könnten. Nach meinen Erfahrungen ist letzteres allerdings bei in ihrem Glauben verwurzelten Christen selten der Fall. Diese erhoffen sich mit Recht eine Vertiefung ihres Glaubens in der Auseinandersetzung mit fernöstlichen Religionen. Eine zutiefst anregende Frage ist z.B. der extreme Gegensatz im Christentum zwischen Schöpfer (Gott) und der Schöpfung – ein Gegensatz, den der Hinduismus nicht in dieser Absolutheit empfindet. Auch nehmen diese Yogaübenden gern Anleihe an den Meditationspraktiken des Yoga und erleben sie als Bereicherung. Denn die „mystischen" Traditionen sind im Christentum seit dem Mittelalter teilweise verlorengegangen, wurden immer wieder unterdrückt. Man denke z.B. an Meister Eckehardt, der - geschützt durch seine Ordensbrüder - nur mit knapper Not der Inquisition entkam.

Ja, es stimmt - einige wenige Yogaübende haben durch vertiefte Praxis des Yoga ihren althergebrachten Glauben verloren oder erheblich modifiziert. Es sind diejenigen, die bereits erhebliche Zweifel an ihrem jeweiligen Glauben hatten. So lernte ich vor vielen Jahren eine Yogafreundin kennen, die vom Katholizismus zum Buddhismus konvertiert war. Trotz gewisser von ihr empfundener Ungereimtheiten der Amtskirche war sie lange ihrem Glauben treu geblieben. Damals besuchte Pater Lasalle – ein in Japan lebender jesuitischer Missionar – regelmäßig deutsche Kirchengemeinden, denen er Meditation im Stil des Zen beibrachte und dies als Vertiefung für den christlichen Glauben empfahl. Meine Bekannte übte mehrere Jahre nach seinen Anweisungen. Die Meditation, für die sie sich als äußerst begabt erwies, veränderte sie. Und so bat sie eines Tages Pater Lasalle um ein persönliches seelsorgerisches Gespräch.

„Jahrelang", sagte sie, „habe ich nach Ihren Anweisungen geübt. Endlich fand sich ein Weg für meine spirituellen Sehnsüchte. Ich bin Ihnen sehr dankbar … Aber ich merke, ich kann jetzt nicht mehr so recht an einen persönlichen Schöpfergott oder an die Dogmen der Kirche und ihre Rituale glauben. In anderen Worten - ich fühle mich mehr als Buddhistin, habe mich intensiv damit auseinandergesetzt." Lange habe der Pater sie angeschaut und dann nachdenklich mit freundlicher Stimme geantwortet: „Dann haben Sie falsch geübt …" – Wir haben lange darüber gesprochen, ob dies die Meinung des Paters war oder ob er dies als Vertreter der Amtskirche sagen musste. Ich selbst empfinde große Hochachtung vor Pater Lasalle, habe bei ihm tiefe Menschlichkeit erlebt. Pater Lasalle kannte die Abgründe des Daseins, hatte die Atombombe von Hiroshima mit schweren

Verbrennungen überlebt. Er erschien mir als Grenzgänger zwischen Buddhismus und Christentum - aber hätte er dies zur damaligen Zeit sagen dürfen?

Eine hintergründige Motivation, Yoga zu üben, ist vielen Yogafreunden oft lange nicht bewusst. Fast jeder von uns hat in seinem Leben spontane Meditationserlebnisse erfahren, die als solche nicht erkannt wurden. Es waren Augenblicke der inneren Ruhe und des Friedens, oft verbunden mit einem Glücksgefühl und einem intensivierten erweiterten Bewusstsein. Sie können auftreten in der Natur, in der Liebe, nach Bewältigung von Aufgaben oder Schwierigkeiten, in der Einsamkeit, ja selbst in Krisensituationen und vielleicht auch noch im Angesicht eines drohenden Todes. Solche „mystischen" Erfahrungen gehen dann aber oft im Alltagserleben unter, wirken jedoch unbewusst weiter als Sehnsucht nach Überschreiten des bloß ich-bezogenen Bewusstseins, nach Freiheit vom Gewohnten und Althergebrachten, als Wunsch nach dem Unbegrenzten, nach der Beziehung zur Natur, zur unbefangenen Begegnung mit anderen, zum Leben und vielleicht zu Gott.

Ich habe einige Erlebnisse dieser Art in meinem Buch „Reise zum inneren Licht" dargestellt und angeregt, eigene ähnliche Erfahrungen zum Ausgangspunkt eines individuellen spirituellen Weges zu machen. Denn diese halbvergessenen Erlebnisse lösen eine Sehnsucht aus, mit Yoga zu beginnen, um zu ähnlichen Erfahrungen nun auf systematischere und länger anhaltende Weise zu kommen. Möge uns diese Sehnsucht erhalten bleiben in den alltäglichen Erfordernissen und Schwierigkeiten des Lebens! Ich möchte diese Sehnsucht in Beziehung setzen zu unserer europäischen Sage vom heiligen Gral, der immer wieder in der Ferne gesehen wird,

Menschen zu ihrem Lebensweg aufruft - aber unerreichbar bleibt. Aber indem wir dieser Sehnsucht folgen, erlangen wir die Fähigkeit, das Große in unserem kleinen individuellen Leben zu erahnen.

Wir leben auf einem winzigen Planeten, der eine unbedeutende Sonne umkreist. Es gibt mehr als 100 Milliarden solcher oder ähnlicher Sonnen allein in unserer Galaxie. Und ähnliche oder größere Galaxien gibt es mehr als 100 Milliarden mal in dem uns bekannten Universum. Daneben besteht unser Kosmos aus uns unbekannter dunkler Energie und Materie, die vielleicht mehr als 90% unseres Universums ausmachen sollen. Und was reicht darüber hinaus, ist an-anta (ohne Ende), wie die alten indischen Kosmologien nahelegen? Wir können es nicht begreifen, aber ahnen, denn wir sind ein Teil dieses Unendlichen.

Liebe Leser*innen und Yogaübende – Sie haben sich in fast all diesen Motivationen wiederfinden können? Das ist gut so, denn Yoga ist nicht einseitig auf ein Ziel zu begrenzen. Schön ist es, wenn wir Yoga üben - weil wir eben Yoga üben!

Über die Bedeutung unserer bisherigen Biografie für unseren Lebens- und Yogaweg

Was du ererbt von deinen Vätern hast –

erwirb es, um es zu besitzen

(J. W. Goethe)

Manche Yogaübende glauben, sie könnten „ganz entspannt im Hier und Jetzt" leben, in der „Kraft des gegenwärtigen Augenblicks" – einfach so könnten sie ihre bisherigen Lebenseinstellungen hinter sich lassen. Einige dieser Menschen habe ich als ausgesprochene Egoisten erlebt. Sie meinten, sich über alle gesellschaftlichen Gepflogenheiten hinwegsetzen zu können oder gar zu müssen. Sie wollten „spontan" sein. Sie waren aber nicht wirklich spontan oder gar frei, sondern hatten nur ihre Hemmungen abgebaut und frönten ihren zuvor unterdrückten Neigungen als Gegenmodell zu ihrer spießigen Erziehung. Manche von ihnen waren sogar davon überzeugt, auf diese Weise ein spirituelles Leben zu führen. Namentlich zur Zeit der 68-er Studentenrevolution und danach hatte ich mehrere solcher Begegnungen.

Es mag möglich sein, dass es einige Menschen gibt, die unmittelbar eine Freiheit von Vergangenem, von Vorurteilen, Meinungen, Verletzungen und alten Prägungen durch ein überwältigendes spontanes spirituelles Erlebnis oder durch eine andere tiefgreifende Erfahrung wie die der Liebe erlangt haben. Sie fallen dann aber in der Regel nicht als Egoisten auf, sondern können sich weiter im gesellschaftlich akzeptierten Rahmen bewegen, auch wenn sie in ihrer inneren Freiheit gelegentlich darüber spotten.

Die zutiefst mystische Erfahrung eines Lebens im gegenwärtigen Augenblick hat der Dichter Andreas Gryphius - der in der schrecklichen Zeit des 30-jährigen Krieges lebte - so ausgedrückt:

„Mein sind die Jahre nicht, die mir genommen,
mein sind die Jahre nicht, die etwa mögen kommen,
der Augenblick ist mein - und nehm' ich den in acht
so ist DER mein, der Jahr und Ewigkeit gemacht."

Anderen Menschen ist es von ihrem Charakter her gegeben, in Augenblicken der Freude, der Liebe oder der Ruhe immer wieder für eine Weile im gegenwärtigen Augenblick zu leben. Und auch für uns gewöhnliche Yogaübende wäre es aus spiritueller Sicht wunderbar, wenn wir ein gegenwärtig-sein nicht nur in der Meditation, sondern zeitweilig auch im Alltag erleben könnten. Eine solche „Gegenwärtigkeit" beinhaltet eine teilweise Freiheit gegenüber alten Reaktionsmustern, erworbenen Vorurteilen und Meinungen sowie Verletzungen. Die Befreiung von alten Reaktionsmustern kann aber noch dauerhafter durch die Auseinandersetzung mit der bisherigen

Lebensgeschichte und deren psychischer Verarbeitung erlangt werden. Sie beinhaltet dann vielleicht auch eine hintergründige Ahnung einer Wirklichkeit, die den gegenwärtigen Augenblick mit einschließt. Bei seiner religiösen Prägung sah Andreas Gryphius diesen Hintergrund in Gott. Andere mögen dies vielleicht eher erleben als Teilhabe und Eingebettet-sein in der Natur oder dem Kosmos.

Ein spirituelles Leben schließt keineswegs tief gehende Gefühle in den Schönheiten, Widrigkeiten und Schmerzen des Lebens aus. Einige von uns Yogaübenden meinen ja, dass man dem weltlichen, gewöhnlichen Leben mit Gleichgültigkeit gegenübertreten und sich zunehmend einem Göttlichen zuwenden sollte. „Gewöhnliche" Gefühle sollten nach dieser Meinung allmählich ganz in den Hintergrund treten. In meinem Verständnis von Yoga teile ich diese einseitige Auffassung nicht, sehe keine scharfe Trennlinie zwischen angeblich „niederer" (materieller) und „höherer" spiritueller Wahrheit.

Aus eigener Erfahrung weiß ich, dass bei einem spirituellen Leben Gefühle sogar noch stärker erlebt werden, denn wir werden sensibler, als wir im Leben vor unserer Yogapraxis waren. Sensibler heißt aber nicht empfindlicher! Denn unsere lebendigen Gefühle werden vom Hintergrund des Gleichmuts (Sanskrit: *upeksha*) getragen, weil wir etwas von der Einheitswirklichkeit des Lebens ahnen. Gleichmut ist nach Yogatradition nicht Gleichgültigkeit. Er bedeutet vielmehr eine Standfestigkeit und Unerschütterlichkeit gegenüber allem, was uns im Leben begegnet. Nehmen wir dieses schöne deutsche Wort wörtlich: gleichen Mut zu haben, in allen Lebenssituationen! Trauen wir uns als Yogafreund*innen, starke Gefühle zu haben – aber lassen wir uns nicht mehr von ihnen davontragen und überschwemmen.

Wie können wir nun zu jener spirituell geprägten Spontaneität des Lebens im Augenblick gelangen, ohne dass wir immer wieder zum Opfer unserer alten Reaktionsweisen sowie unserer bewussten und unbewussten Triebe und Wünsche werden? Wie werden wir unabhängiger von den alten Wirkmustern, die uns immer wieder in alte Bahnen zwingen und uns damit keine Freiheit geben?

Wir werden nie völlig frei sein von den Prägungen unserer Vergangenheit. Aber wir können von ihnen *freier* werden, wenn wir sie bewusst erkannt haben und uns dann in einem zweiten Schritt bemühen, jene Verhaltensweisen und Lebensüberzeugungen geduldig und liebevoll zu verändern, die wir als nicht heilsam erkannt haben, weil sie uns und andere schädigen. Dann ist es mehr und mehr möglich, ein Leben in der Gegenwärtigkeit zu führen im Licht der Erfahrungen der Vergangenheit, die uns jedoch nicht mehr instinktiv zwingen, in den Kategorien alter Reaktionsweisen zu empfinden, zu denken und zu handeln. Ein Leben im „Jetzt" *völlig* ohne den Hintergrund unserer Prägungen und Gene gibt es nach meiner Auffassung nicht. Und nach asiatischer Ansicht gibt es zudem möglicherweise noch weitere Einflüsse aus vergangenen Leben, deren Spuren bis ins jetzige Leben hineinreichen und die karmisch bedingt seien.

Auch wenn wir heutigen westlichen Menschen oft nicht an die Möglichkeit von Wiedergeburten glauben, ist doch eins unbestritten – unser genetisches Erbgut enthält viel, was uns von Anfang an mit prägt. Und in diesem Erbgut werden die

Erfahrungen der Ahnen (unsere „biologischen Vorleben“) in unser Leben hineingetragen. Nicht alles, was dort enthalten ist, kommt notwendigerweise in unserem Leben zum Tragen. Einige genetische Informationen werden offenbar an- oder abgeschaltet, je nach den Erfordernissen und Gegebenheiten der Erziehung und der Umwelteinflüsse. – In Asien besteht schon lange der Glaube, dass wir unser genetisches Material – unsere Eltern - in einem Zwischenzustand zwischen Tod und Wiedergeburt gemäß der karmischen Neigungen aus früheren Leben aussuchen und dorthin gezogen werden.

Als Student auf einer Säuglingsstation war ich beeindruckt, dass schon Neugeborene individuelle Persönlichkeiten sind, die unabhängig von jeglicher Erziehung vorhanden sind - es sei denn, man nimmt an, dass bereits Erlebnisse des Embryos im Mutterleib prägende Einflüsse darstellen. Zwar spricht für Letzteres einiges, kann jedoch nicht den gesamten „Charakter“ eines Neugeborenen erklären. Ich sah Neugeborene mit deutlich ausgeprägtem intro- bzw. extravertierten Verhalten, Kinder, die sich in Gegebenheiten (z.B. nicht gleich ein Milchfläschchen zu bekommen) klaglos fügten, während andere lauthals protestierten.

Die Säuglinge brachten bereits ihren Einstellungstyp nach C. G. JUNG mit auf die Welt. Sie reagierten entweder extravertiert, auf die Welt deutlich nach außen reagierend, oder aber introvertiert, nach innen reagierend, mit einem lebhaften Innenleben. Dieser Einstellungstyp scheint wesentlich im Laufe eines Lebens stabil zu bleiben. Allerdings sind aufgrund von Lebenserfahrung und Erziehung durchaus gewisse Modifikationen möglich, so dass auch extrem Introvertierte lernen können, adäquat mit der Außenwelt umzugehen, und Extravertierte können auch die Fähigkeiten vertiefter Innenschau entwickeln, wenn sie sich darum bemühen. So werden Introvertierte vielleicht sogar als „Salonlöwe" bei Partys auftreten können – aber es wird sie anstrengen, während der Extravertierte damit keine Schwierigkeiten haben wird und die Situation genießt. Neben diesem „Einstellungstyp" gibt es nach C. G. JUNG die Neigung, mit der einen oder anderen „Bewusstseinsfunktion" bevorzugt zu reagieren. Nach JUNG sind dies: Denken, Fühlen, Orientierung an der konkreten Außenwelt i. S. einer genauen Wahrnehmung oder Intuition. Mit einer dieser Funktionen orientiere sich der Mensch vorwiegend in der Welt, die anderen drei blieben mehr im Hintergrund. Davon sei die gegensätzliche Funktion jeweils die zunächst Minderwertigste, mehr im Unbewussten beheimatet. Sie diene somit nicht zuverlässig zur Orientierung. Denken sei dem Fühlen entgegengesetzt und Intuition der konkreten Wahrnehmung der Außenwelt.

Die Neigung zu einer dieser vier Funktionen, mit denen sich ein Mensch in der Welt orientieren kann, scheint also - zumindest keimhaft - schon in frühen Jahren angelegt zu sein. Dem späteren Leben ist es vorbehalten, dass die „minderwertige" Funktion ins Bewusstsein gehoben und differenzierter ausgestaltet wird. So müssen Denker*innen lernen, besser mit den Gefühlen umzugehen und die sich an der Wahrnehmung der Außenwelt Orientierenden sollten die Möglichkeit intuitiven Erfassens ausbilden – und umgekehrt.

Auf unsere grundlegende genetische Ausstattung haben wir nur indirekten Einfluss, etwa durch gesunde Ernährungsweise und Vorsorgeuntersuchungen, besonders in Bezug auf jene

Krankheiten, an denen unsere Vorfahren litten. Darüber hinaus wird durch unsere psychologische und spirituelle Ausrichtung vielleicht das eine oder andere Gen ab- bzw. angeschaltet.

Jedoch können wir einwirken auf unsere vielen lebensgeschichtlichen Prägungen, Erfahrungen und Traumata, entstanden durch gesellschaftliche, erzieherische, soziologische und umweltbedingte Einflüsse, um freiere, glücklichere, zufriedenere und sozial aufgeschlossenere sowie spirituellere Menschen zu werden.

Bei stärkeren seelischen Störungen ist es oft erforderlich, psychotherapeutische Hilfe und eventuell auch medikamentöse Behandlung in Anspruch zu nehmen. Hierzu zählen unter anderem schwerere Formen von Depressionen oder Manien, starke Ängste, quälende Zwänge, manisch-depressive Erkrankungen, Psychosen mit Halluzinationen oder Wahnideen. Hier können allein weder Freunde, Partner, Verwandte noch Yoga helfen - wenn auch all dies unterstützend wichtig ist beziehungsweise sein kann.

Bei *schweren* seelischen Störungen und Krisen ist oft kein Üben von tiefergehendem Yoga möglich. Wer voller innerer Ängste ist oder seinen Antrieb weitgehend verloren hat, ist zu unruhig oder allzu hoffnungs- und antriebslos für vertiefte Meditation. Jedoch kann ein körperbezogenes Üben - z.B. mit Âsanas und leichten Atemübungen - zur Genesung mit beitragen. In schweren seelischen Krisen geht häufig das Empfinden für den eigenen Leib verloren und damit auch das Bewusstsein, nicht nur einen Körper zu haben, sondern auch „Leib zu sein" (im Sinne von DÜRCKHEIM). Durch den körperbezogenen Yoga wird ein Wieder-Erleben des eigenen Körpers – und damit eigener Identität - gefördert.

Psychotherapie ist kein Allheilmittel. Auch benötigen viele von uns keine Psychotherapie. Mir ist jedoch wichtig, dass Yogaübende auch ohne Psychotherapie sich ihrer Vergangenheit bewusster werden und die Prägungen und Reaktionen verstehen, die sie daraufhin entwickelt hatten. Solange wir in den alten Mustern denken, empfinden und handeln, sind wir in festgefahrenes instinktives Reagieren eingebunden. Und das könnte nicht nur unser Leben einengen, sondern auch unsere Yogapraxis. Durch die Bewusstwerdung und Überprüfung dieser alten Überzeugungen entsteht allmählich die Freiheit, weiter so leben zu wollen - oder unser Leben anders zu gestalten. In den Worten Siegmund Freuds, dem Begründer der Psychoanalyse: „Wo ES war, muss ICH werden." (Dabei ist für Freud das Es der Bereich des Unbewusst-Triebhaften, das Ich das willensgeprägte Bewusstsein meiner selbst).

Um die unser Leben beherrschenden unbewussten Reaktionsmuster zu verstehen, ist es sinnvoll, unsere bisherige Lebensgeschichte detailliert anzuschauen. Dazu ist professionelle psychotherapeutische Hilfe nicht unbedingt erforderlich, *es sei denn, wir tragen allzu schwer an den Erlebnissen der Vergangenheit.* Es geht nicht nur darum, an unsere Vergangenheit zu denken, sondern sie bis zu einem gewissen Grad noch einmal zu erleben, damalige Gefühle aufkommen zu lassen – und das Ganze aus heutigem Bewusstsein zu betrachten. Nachfühlen ist wichtig, jedoch für die Zwecke von uns Yogaübenden wäre es toll, wenn wir alles mit einer gewissen liebevoll-interessierten Gelassenheit betrachten - auch da, wo es weh tut, Schmerzen und Freude auslöst, Wehmut aufkommen lässt und vielleicht manchmal auch Gefühle der Beschämung auslöst. Wenn Sie, liebe Yogaübende, sich mit Ihrer Vergangenheit vertrauter machen wollen, so nehmen Sie sich bitte Zeit, in den kommenden Wochen immer mal wieder ihrem bisherigen Leben nachzufühlen, ohne sich dabei in Ihren Gedanken und Gefühlen festzubeißen.

Fünf Fragen könnten wir uns für unsere Lebensbetrachtung stellen:

- *In welche Lebenssituation wurde ich hineingeboren?*
- *Wie habe ich darauf reagiert?*
- *Reagiere ich heute noch in ähnlicher Weise? Sind später andere Verhaltensformen dazugekommen und wenn ja, warum?*
- *Was hat sich davon bewährt, was nicht? Passen Verhalten und Einstellung zu meinem Leben noch heute? Was sollte ich davon beibehalten und was ändern - und warum?*
- *Wie kann ich notwendige Änderungen vollziehen? Was hindert mich daran?*

Zusammen mit unserer genetischen Ausstattung stellen besonders die ersten 5 – 6 Lebensjahre die Weichen für unsere späteren Lebenseinstellungen und Verhaltensweisen. Zwar haben auch spätere Ereignisse, Erfahrungen und Einsichten deutlichen Einfluss auf unser weiteres Leben. Sonst gäbe es ja auch keine Möglichkeit einer psychischen Veränderung. Doch Grundlegendes formt sich zunächst einmal hier.

Eigene Erinnerungen an diese Zeit sind oft nur begrenzt vorhanden. Meist setzen erste Erinnerungen etwa mit dem 3. - 5. Lebensjahr ein. Manchmal erzählen uns Eltern, Geschwister und andere Verwandte etwas über uns aus dieser Zeit. Dies ist nicht unwichtig für die Erforschung der Bedingungen unserer ersten Lebensjahre. Die Berichte sind aber meistens nicht objektiv, sondern entstammen den subjektiven Erinnerungen anderer Menschen. Hierzu zwei Beispiele:

Ein älterer Bruder einer Patientin berichtet ihr, sie sei in der Familie immer bevorzugt worden und er habe darunter gelitten. Dies ist seine aufrichtige subjektive Wahrheit. Aber es ist keineswegs klar, ob es so war. Möglicherweise haben sich seine Eltern bemüht, beiden Kindern ähnliche Aufmerksamkeit zukommen zu lassen, während er sich „entthront" fühlte durch die Geburt der kleinen Schwester. – Einem anderen meiner Patienten erzählten dessen Eltern in tiefster Überzeugung, dass sie sich enorm viel Zeit für ihn genommen hätten. Aufgrund äußerer Fakten war hingegen klar, dass sie kaum Zeit für ihn gehabt haben konnten. Sie wehrten ihr „schlechtes Gewissen" ab. Dies geschah offenbar durch unbewusste Vorgänge, die in der Psychoanalyse „Abwehrmechanismen" genannt werden. Mit ihnen werden wir uns später noch ausführlicher beschäftigen, da sie auch unsere eigenen Erinnerungen verfälschen und oft auch beschönigen. Gelegentlich werden objektive Gegebenheiten aber auch in der Erinnerung subjektiv verschlimmert und bieten dann dem Erlebenden die Möglichkeit, die Schuld eigenen Versagens anderen (z.B. den „bösen Eltern") zuzuschieben. Damit kann dann eine trügerische Selbstachtung bewahrt werden.

So sind auch unsere Erinnerungen subjektiv, wenngleich nicht zufällig. Im ersten Schritt der Erforschung unserer Lebenslinie ist das völlig in Ordnung. Denn dies ist ja die *psychologische* Wahrheit, die uns geprägt hat. Erst in einem späteren weiteren Schritt kann es sinnvoll werden, sich auch einer *objektiveren* Wahrheit zu stellen – so wie es der ältere Bruder meiner oben erwähnten Patientin tat, nachdem er mehrere Gespräche mit ihr geführt hatte. Er hatte aufgrund seines frühkindlichen Erlebens im Erwachsenenalter immer wieder das Gefühl, nicht hinreichend wahrgenommen und geliebt zu werden. Nach dem Bericht meiner Patientin habe er nach ihren Gesprächen begonnen, vertrauensvoller anderen Menschen zu begegnen.

Von besonderer Bedeutung auf der Suche nach unseren Grundeinstellungen gegenüber dem Leben sind die ersten Begebenheiten, an die wir uns selbst erinnern können und über die wir nichts von anderen erzählt bekamen. Oft drücken diese Erinnerungen eine Lebenshaltung aus, selbst wenn sie nicht in allen Einzelheiten objektiv wahr wären, sondern eher eine Verarbeitung unserer Psyche von bestimmten Ereignissen darstellen. Hierzu zwei meiner eigenen ersten Erinnerungen aus dem späten zweiten Lebensjahr:

In einer der - wohl letzten - Bombennächte des zweiten Weltkrieges kauere ich mit meiner Mutter in einem Kellergewölbe. Mit ohrenbetäubendem Knall erfasst uns eine Druckwelle und schleudert uns gemeinsam durch den Raum. In der folgenden Stille habe ich große Angst, beruhige mich dann aber. Bis auf Prellungen ist nichts passiert, die Mutter ist bei mir.

In einem kleinen Kindergarten (offenbar kurz nach Kriegsende). Es ist kalt. Von einem geborstenen Oberlichtfenster wird der Raum erhellt. Wir Kinder bekommen alle einen Klecks Pudding; es reicht nicht zum satt werden. Alle brüllen, ich nicht. Ich weiß, dass es nichts mehr zu essen gibt, füge mich in die Tatsache. Der Lärm ist mir zuwider. Da sehe ich, wie Sonnenlicht durch das Fenster auf den Boden fällt. Ich setze mich im Schneidersitz davor und schaue auf das Licht. Es gibt nur noch das Licht, ich fühle mich glücklich.

Die erste Erinnerung lässt sich tiefenpsychologisch auf mehreren Ebenen deuten. Wichtig ist mir aber, dass sie meinem Lebens-Grundgefühl entspricht: Viel Bedrohliches begegnet uns im Leben. Aber schließlich geht es gut, auch wenn wir einige Verletzungen abbekommen … In den Worten Hölderlins: „Wo aber Gefahr ist, wächst das Rettende auch".

Die zweite Begebenheit ähnelt einer spontanen Meditationserfahrung. Das Patanjala Yoga Sûtra schildert es so: „So wie ein fleckenloses Juwel einen Gegenstand vollkommen widerspiegelt, so kommt man in einen Prozess (*samâpatti*), in dem der Meditierende eins wird mit dem Meditationsobjekt" (PYS I,41). In etwa entspricht mein damaliges Empfinden auch M. Montessoris Beschreibung des „absorbierenden Geistes" kleiner Kinder.

Hat nun die erste Früherinnerung mein Leben geprägt oder ist sie Ausdruck meiner (auch anderweitig gewonnenen) Lebenseinstellung? Und habe ich mich durch die zweite Erfahrung auf verschlungenen Lebenspfaden auf den Weg des Yoga begeben, hat sie dazu beigetragen? Oder erinnere ich mich gerade daran, weil ich eben Yoga seit meiner Pubertät geübt habe? Wie dem auch sei - an diesem persönlichen Beispiel wird vielleicht die Bedeutung erster Erinnerungen für das Verständnis unserer Lebenslinie deutlich. - Was sind Ihre ersten Erinnerungen, liebe Yogafreund*innen?

Erste Frage: In welche Lebenssituation wurde ich hineingeboren?

Die Einflüsse, denen wir in Kindheit und Jugend ausgesetzt waren, sind in ihrer Gesamtheit ausgesprochen vielfältig, durchdringen sich gegenseitig. Im Folgenden möchte ich beispielhaft einige von ihnen andeuten, sowohl auf den Gebieten der Erziehung, der familiären Umstände sowie der gesellschaftlich-soziologischen Einbettung. Liebe Yogafreund*innen, verstehen Sie das Nachfolgende daher lediglich als Anregung, worauf Sie Ihr Augenmerk bei der Erforschung der prägenden Umstände aus Kindheit und Jugend richten könnten.

Förderlich für eine gesunde psychische Entwicklung in der Kindheit wären unter anderem: konstante Bezugspersonen (nicht nur die Eltern), liebevolle Zuwendung, die aber auch nach dem ersten Lebensjahr zunehmend gewisse klare Grenzen, das „Nein", mit einschließen müssen. Bedeutsam ist, ob dieser Erziehungsstil von den Bezugspersonen einheitlich getragen wird oder nicht. Die liebevolle Zuwendung sollte weder materiell verwöhnend sein noch übermäßig streng-versagend.

Ungünstige Einflüsse können u. a. sein: Mangel an Liebe und Zuwendung einerseits, ein „Begluckt-werden" und Verwöhnen andererseits. Mit am Unheilvollsten erscheint mir die Kombination aus emotionaler Vernachlässigung durch die Bezugspersonen in Kombination mit materieller Verwöhnung (das Kind wird am Fernsehschirm abgestellt oder erhält bereits mit drei Jahren ein Smartphone, ein Elektroauto, Unmassen an Spielzeug).

Schwierig sind Brüche in der Zuwendung, wie etwa bei alkoholkranken Eltern, die – im nüchternen Zustand – liebevoll sein können, aber in Trunkenheit als Erziehende ausfallen. – Woran kann sich das Kind orientieren?

Belastend sind auch „double bind"-Situationen; in denen etwa die Mutter sagt, „ich liebe dich", während das Kind unterschwellig eine Ablehnung spürt, die z. B. daraus resultiert, dass sich die Mutter durch das Kind in ihrer Entfaltung eingeschränkt fühlt und sich das selbst nicht eingestehen kann. - Welcher „Wahrheit" soll das Kind gefühlsmäßig folgen - der vordergründigen oder der hintergründigen?

Die Trennung von einem Elternteil wird von Kindern oft traumatisch erlebt. Und dies vor allem dann, wenn Vater oder Mutter nicht mehr anwesend und bestenfalls besuchsweise präsent sind. Wenn es allerdings in der Familie zu massivem Streit und Spannungen gekommen war, kann eine Trennung auch entlastend für die Kinder sein. Die gängigsten Konstellationen nach einer Trennung sind: Beide Eltern bleiben für das/die Kinder erreichbar. Oder ein Elternteil ist kaum noch verfügbar. In anderen Fällen klammern sich Kind und verbliebener Elternteil zu sehr aneinander; der verbleibende Elternteil sieht seine „Lebensaufgabe" einseitig im Kind. Und schließlich kann ein neuer Partner hinzukommen – und dann stellt sich die Frage, wie sich die neue Dreierkonstellation gestaltet.

Am verheerendsten für die weitere Lebensgeschichte wirken sich sexueller Missbrauch, körperliche und seelische Gewalt in Kindheit, Jugend, aber auch im Erwachsenenalter aus. Hier ist in den allermeisten Fällen Hilfe in Form einer Traumatherapie angezeigt. Allerdings habe ich auch einige wenige tapfere Menschen kennengelernt, die ihr Trauma weitgehend selbst bewältigt haben, ohne dann an größeren bleibenden psychischen Schäden zu leiden.

Die Rollenverteilung innerhalb einer Familie beeinflusst späteres Rollenverhalten des Kindes und des Erwachsenen. Ist die Mutter gebunden in ihrer Rolle als Hausfrau und Mutter? Ist der Vater der „Ernährer" der Familie?

Das Bildungsniveau der Eltern und ihre Einstellung zur Bedeutung eines Berufs beeinflusst die Bildungschancen eines Menschen. In einkommensschwachen Familien sollen Kinder zudem rasch ins Berufsleben eintreten, um den Eltern nicht länger auf der Tasche zu liegen. Und Mädchen wird nicht selten nahegelegt, dass Abitur oder gar Studium für sie nicht so wichtig seien. Oft orientieren sich Kinder an den Berufen innerhalb ihrer Familie. Manchmal treiben Eltern aber auch ihre Kinder zum Lernen und zu einem „höherwertigeren" Beruf an, damit sie es einst besser haben sollten. Oder nicht erfüllte Berufswünsche der Eltern werden als Erwartungshaltung auf die Kinder übertragen; sie sollen den Wunschberuf der Eltern ergreifen. Andere sollen in einen Familienbetrieb eintreten, auch wenn sie nicht dafür begabt sind.

Das gesamte familiäre Umfeld müssen wir betrachten, wenn wir uns mit unserer Lebensgeschichte auseinandersetzen. Welche Rolle spielten Großeltern, Onkel, Tanten in unserem Leben? Und es ist wichtig, welche Stellung wir im Rahmen einer Geschwisterreihe hatten? Es macht einen großen Unterschied, ob wir als Einzelkinder aufwuchsen (geplant oder ungeplant auf die Welt gekommen? „Korrekt" innerhalb einer Ehe geboren oder „ehestiftend"?). Oder ob wir eine bestimmte Stellung innerhalb einer Geschwisterreihe hatten und unseren Platz innerhalb der Familie erkämpfen mussten bzw. von den anderen zugewiesen bekamen.

Es ist ferner wichtig, ob wir als Krippen-, Hort- oder Schlüsselkinder aufwuchsen. Oder ob wir einen Kindergarten besucht bzw. nicht besucht haben. Welchen Einflüssen waren wir dabei ausgesetzt?

Die gesellschaftliche Einbindung ist ebenfalls von nicht zu unterschätzender Bedeutung. Hatte die Familie einen häufigeren Ortswechsel? Was war die Stellung der Familie innerhalb der Gesellschaft? Man denke z. B. an Kinder eines evangelischen Pfarrers, eines höheren SED–Funktionärs, eines Millionärs oder einer verarmten Familie. Sind wir in der alten BRD aufgewachsen mit der gesellschaftlichen Tendenz zum Konsum- und Konkurrenzdenken sowie der Neigung zum Individualismus? Oder in der DDR mit dem Versuch der Erziehung zum sozialistischen Menschen mit Sinn für das Gemeinschaftsgefühl und auf dem Hintergrund einer gewissen Konsum-Mangelgesellschaft, in der man sich gegenseitig helfen musste?

Schwer haben es oft Kinder aus Migrantenfamilien. Oft bestehen Lücken im Verständnis und in der Anwendung der deutschen Sprache, die verminderte Bildungschancen bewirken. Das Leben zwischen der Kultur der Ursprungsheimat und der Deutschlands schafft einen gewaltigen Spannungsbogen, auch noch in der zweiten Generation nach Migration.

Neben den äußeren Einflüssen unserer ersten Lebensjahre sind die Erziehungsmaßstäbe, Grundüberzeugungen und Erwartungen unserer Eltern und der anderen wichtigen

Personen der Kindheit von entscheidendem Einfluss auf unser Leben. Förderliche und schädliche Einflüsse der Erziehung klangen in den ersten Abschnitten dieses Kapitels bereits an. – Doch wie kamen diese Menschen zu ihren Überzeugungen und Reaktionen? Bis auf die Erzieherinnen im Kindergarten hatte wohl keiner von ihnen einen Grundkurs in Erziehungswissenschaft und Frühpädagogik gemacht. Sie schöpften aus den Erfahrungen des eigenen Lebens, im Guten wie im Schlechten. Und so lohnt es sich für uns Yogaübende, auch einen Blick auf die Lebensgeschichte unserer Vorfahren zu werfen. Manches, was uns von den Reaktionen der Eltern und anderer geschadet oder geholfen hat, ist hieraus besser zu verstehen. Wenn wir begreifen, was und warum etwas geschehen ist, ist es damit keinesfalls ungeschehen. Aber wir werden mit den Folgen besser umgehen lernen und vielleicht weniger in Verbitterung steckenbleiben.

Seien wir uns bewusst, dass innerhalb der letzten 110 Jahre zwei brutale Kriege, Obrigkeitsdenken und diverse Ideologien auf unsere Vorfahren eingewirkt haben. Nach dem 2. Weltkrieg waren zehn Prozent der Bevölkerung Flüchtlinge, und später haben drei Millionen Menschen die DDR verlassen. Hinzu kommt der Umbruch von 1989. All dies hat tiefe Spuren in der Lebenseinstellung unserer Vorfahren hinterlassen, deren Folgen wir alle bis auf den heutigen Tag in uns tragen.

Welche Grundüberzeugungen prägten Ihre Eltern und welche Erziehungsmaßstäbe haben sie und andere in Ihrer Kindheit und Jugend angewandt, liebe Yogafreund*innen? Um einige zu nennen: Gehorsamkeit, Pünktlichkeit, Fleiß, Pflichterfüllung, Ordnungsliebe, Wahrhaftigkeit. Wurde Spielen, Freiheit, eigenes Entscheiden, Entspannen geduldet oder gefördert? Wurde auf Ihre Eigenart als individueller Mensch eingegangen? Gab es Liebe und Verständnis, auch wenn Sie etwas gemacht haben, was eigentlich unerwünscht war oder führte es zu Bestrafung (wie schwer und wie)? Wurden eigene Neigungen gefördert oder unterdrückt? War eigene Meinung gewünscht oder galt sie nicht, wurde besser nicht geäußert? Wurde Leistung anerkannt oder war es nie gut genug? Oder war es gar den Erziehenden gleichgültig, ob eine Leistung erbracht wurde oder nicht?

Wichtig ist ferner, welche Erwartungen Eltern an ihre Kinder stellen. Vieles davon wird Ihnen bekannt sein: Manchmal sind aber sogar den Eltern diese Erwartungen nicht bewusst. Um diesen unbewussten Erwartungen auf die Spur zu kommen, gibt es manchmal eine verblüffende Möglichkeit: Betrachten Sie einmal Ihren Vornamen etwas genauer; ebenso eventuelle Zweit-Vornamen. – Mir sind im Laufe der Zeit mehrere Frauen begegnet, die den Vornamen „Renate“ (lateinisch: die Wiedergeborene) hatten. Überzufällig oft waren das Menschen, die nach dem Tod eines vorangegangenen Geschwisterkindes oder einer Totgeburt geboren wurden. Das Kind war also der Ersatz für das Verlorene … Und glauben Sie, dass es Zufall ist, dass muslimische Eltern ihre Jungen so oft Mohamed nennen (der häufigste männliche Vorname im Geburtenregister Berlins 2019)? Sollte Helena ein besonders schönes Mädchen sein, Sophia besonders klug und Max ein bisschen frech? Was sollen die in Mode gekommenen amerikanischen Namen vermitteln? Warum benennen Eltern ihre Kinder nach Filmstars oder Heiligen der katholischen Kirche? – Yogafreund*innen geben ihren Kindern häufiger indische Zweitnamen. Ob das hilft, dass diese Kinder dann später auch Yoga machen - müssen sie sich nicht ihren eigenen Weg suchen?

Sie sehen – so vieles hatte Einfluss auf Ihre frühen und späteren Lebensjahre. Aber Sie hatten schon bei der Geburt den Ansatz einer eigenständigen Persönlichkeit mitgebracht. Dies führt uns nun zum nächsten Überlegen und Nachfühlen.

Zweite Frage: Wie habe ich darauf reagiert?

Wir Menschen kommen als hilflose Wesen zur Welt. Während ein Fohlen kurze Zeit nach der Geburt auf seinen Beinen stehen kann, benötigen wir mehr als ein Jahr, um Stehen und Laufen zu lernen. Und die Fähigkeit, uns genauer über Sprache auszudrücken, erfordert noch mehr Zeit. Zum Überleben benötigen wir daher die Aufmerksamkeit, Zuwendung und Pflege von Bezugspersonen. Dies ist in der Regel zunächst die Mutter, in zweiter Linie der Vater. Auch andere können an deren Stelle treten; für eine gesunde psychische Frühentwicklung ist allerdings eine Konstanz von Bezugspersonen hilfreich, damit sich Gefühle der Sicherheit einstellen können - das Urvertrauen. Dies bildet eine gute Basis, damit wir dem Leben vertrauen können, auch wenn wir später Schwierigkeiten begegnen. Die meisten Mütter und Väter können ihr Kind liebevoll annehmen. Schwierige Umstände von Schwangerschaft, Geburt, sozialer Problematik sowie Überforderung und auch hormonelle Faktoren lösen jedoch gelegentlich eine Depression der Mutter aus, die zu einer Beeinträchtigung der Mutter-Kind-Beziehung in den ersten Monaten führen können und nicht immer durch andere einigermaßen ersetzt werden kann.

In den ersten Lebensmonaten empfindet sich der Säugling noch nicht als getrennt von der Mutter und der Welt. Es besteht eine Art umfassender Einheitswirklichkeit, die vielleicht auch schon in den letzten Monaten der Schwangerschaft vorhanden ist. – Manche Entwicklungspsychologen deuten meditative Erfahrungen einer Verbundenheit mit allem Leben (oder mit Gott) als eine Art Regression, ein Zurückgleiten in die Urerfahrung des Säuglings. Dem trete ich entschieden entgegen. Mystische Erfahrung dieser Art ist mehr: Ein *bewusst erlebendes Individuum macht die spirituelle Erfahrung einer Einheitswirklichkeit und bleibt sich in aller Regel dennoch seiner selbst als Individuum bewusst.*

Etwa ab dem 8. Lebensmonat beginnt das Kind, zwischen bekannten und unbekannten Personen zu unterscheiden: es fremdelt. Der erste Keim eines Ich-Bewusstseins ist entstanden. Dies differenziert sich in der Folge weiter, eine gewisse Autonomieentwicklung setzt ein, schließlich sagt das Kind nicht mehr: „Max will einen Apfel", sondern „ich will einen Apfel". Das Kind erprobt nun erste Freiheitsgrade. Diese Phase ist dramatisch im Kinderlied „Hänschen klein" beschrieben worden, einschließlich der Qualen und Sorgen der Mutter. Frohgemut entfernt sich das Kind von der Mutter, die daraufhin Angst hat, ihr geliebtes süßes Hänschen zu verlieren und ihn mit Weinen zur Rückkehr zwingt. Doch Hänschen wehrt sich immer wieder und tritt etwa im 2. - 3. Lebensjahr in die Trotzphase ein, versucht, sich durchzusetzen.

Das Ich-Bewusstsein stabilisiert sich in den nun folgenden Kämpfen weiter und findet in der Pubertät einen vorläufigen Abschluss. Im 2. – 3. Lebensjahr erfolgt meistens auch die Sauberkeitserziehung mit ihren Regeln und Verboten; die Themen Sauberkeit, Ordnung, Pünktlichkeit, Sparsamkeit, Pflichterfüllung gewinnen an Bedeutung. Die folgenden Jahre sind geprägt vom verstärkten Ringen um eine erste eigene soziale Position. Das Kind wendet sich in der Regel zunehmend dem gegengeschlechtlichen Elternteil zu und wirbt um dessen Gunst, sucht seine Position innerhalb der Geschwisterreihe und in der Kindergartengruppe.

Mit der Schulreife – etwa dem 6. Lebensjahr – ist die frühkindliche Entwicklung weitgehend abgeschlossen, erste Weichen für das Leben sind gestellt. In den folgenden sich weitenden sozialen Begegnungen und Auseinandersetzungen differenziert sich die Art des Umgangs mit der Welt. Und in der Pubertät ändern sich oft nochmals die Reaktionen im Sozialverhalten und Einstellungen zum Leben, auch unter dem Einfluss hormoneller Faktoren. Ein Wechselbad der Gefühle setzt ein, erste Erfahrungen (und Enttäuschungen) in der Liebe, Abgrenzung und erste Fragen nach dem Sinn des Lebens stehen häufig im Mittelpunkt.

Sie ahnen schon, wie sich die oben kurz skizzierte frühkindliche Entwicklung, das Großkindalter und die Pubertät je nach den Ausgangsbedingungen sehr verschieden gestalten kann. Mit den Ausgangsbedingungen ihres Lebens hatten Sie sich bereits im vorhergehenden Kapitel auseinandergesetzt. Jetzt stellt sich die Frage, wie Sie darauf reagiert haben. Falls Sie sich nur wenig an Ihre frühe Kindheit erinnern – die Grundeinstellungen Ihrer Eltern haben sich mutmaßlich bis heute nicht wesentlich verändert (wenn doch, wann?), so dass Sie davon ausgehen können, dass Sie auf diesen Hintergrund reagiert haben.

Häufige Reaktionen in der Kindheit sind: Unterwerfung, Identifikation mit den vorgegebenen Maßstäben, Anpassung, Tricksen (scheinbare Anpassung), Entwicklung eines inneren Eigenlebens, das nicht nach außen dringt, Rebellion (letzteres besonders häufig in der Pubertät), Verkehrung ins Gegenteil.

In der resignativen Form der *Unterwerfung* unter die Gebote der Bezugspersonen werden die vorgegebenen Maßstäbe als gegeben und zu befolgen angenommen, da Widerstand zwecklos erscheint oder Sanktionen auslöst (Liebesentzug, Strafen). Es entwickelt sich Hilflosigkeitserleben, „man kann ja nichts machen". Das Kind fügt sich in die Situation und versucht durch Wohlverhalten, die Liebe und Zuneigung der Eltern zu erringen. Um die Resignation zu überwinden, werden dann oft unbewusst die Werte und Gebote als die eigenen Lebensrichtlinien anerkannt, zu eigen gemacht („internalisiert"). Die so erworbenen Richtlinien mögen vielfach hilfreich sein. Auf der Vermittlung hilfreicher Maßstäbe beruht ja auch zunächst jede Pädagogik, bevor sie dann später zu eigenständigem Denken und Empfinden anregt. Aber nicht alle so übernommenen Maßstäbe sind sinnvoll für unser späteres Leben. Auch sind unsere Eltern keine Pädagogen, sondern geben ihre – z. T. von ihren Vorfahren übernommenen - Gebote an uns weiter. Hierzu ein Beispiel:

Ein Patient berichtete in der ersten Therapiestunde, er habe Auseinandersetzungen mit seiner Frau, die seine „harte, aber gerechte Erziehung" der Kinder nicht akzeptiere und sich schützend vor sie stelle, damit seine väterliche Autorität untergrabend. Er selbst sei von seinem Vater oft geschlagen worden, das habe aus ihm einen ordentlichen, pflichtbewussten Menschen gemacht. Und so wolle er seine Kinder erziehen, er wolle nur das Beste für sie. Als ich meinen Patienten fragte, wie sein Großvater den Vater erzogen habe, stutzte er und antwortete: „Auch mein Vater ist wohl oft geschlagen worden. Ich konnte es kaum glauben, als Vater davon erzählte. Denn mein Opa war zu mir äußerst gütig, liebevoll, hat mich oft getröstet, wenn Vater mich wieder einmal verprügelt hatte.“ – Mein Patient hatte durch die Identifikation mit den grausamen Idealen seiner Vorfahren seiner leidgeprägten Kindheit einen Sinn gegeben. Im weiteren Verlauf der Therapie begriff er, dass sogar der Großvater sich geändert und durch seine liebevolle Art manches Schwere seiner Kindheit ausgeglichen hatte. Sollte er nicht dem Beispiel seines Großvaters folgen?

Bei der *Anpassung* richtet sich das Kind (bzw. später der Erwachsene) in einer bestehenden Situation ein, ohne sich die vorgegebenen Maßstäbe völlig zu eigen zu machen. Ein gewisses Maß an Anpassung an die Situationen des Lebens ist erforderlich. Jedoch ist es notwendig, dass nicht jegliche Würde und Eigenständigkeit dabei verloren geht. Dies gilt insbesondere für das Leben als Erwachsener. Offener Widerstand und Eigenständigkeit mit *teilweiser* Anpassung wird erst bei reiferen Formen und genügendem Selbstbewusstsein möglich. Bei weniger reifen Arten der Anpassung entwickelt sich manchmal eine innere Gegenwelt, die wenig nach außen dringt oder nur mit vertrauten Personen geteilt wird. Durch diese innere Gegenwelt kann ein Teil des Selbstbewusstseins stabilisiert werden und die Würde auch da erhalten bleiben, wo man sich geknechtet fühlt. Eine Reihe von Menschen in der ehemaligen DDR hat auf diese Weise psychisch überlebt. Und auch heute haben sich viele von uns mit dem gegenwärtigen „Raubtierkapitalismus mit sozialer Abfederung" arrangiert.

Beim *Tricksen* äußert sich verborgener Widerstand. Hier wird – bei scheinbarer Anpassung – ein Gegengewicht gesetzt. In der einfachsten Form werden Dinge heimlich gemacht. In früheren Zeiten war das z.B. die von Kirche oder Eltern „verbotene" Selbstbefriedigung. Oder denken wir an die Funktion des Hofnarren an absolutistischen Fürstenhöfen. Er war der einzige der Höflinge, der die Wahrheit in „närrischer" Form gegenüber seinem Herrn zum Ausdruck bringen durfte. Und war der Freiheitsruf 1989 „Wir sind das Volk" nicht ein genialer Schachzug gegenüber einer Parteiführung, die stets behauptet hatte, sich für die Belange des Volkes und des Proletariats einzusetzen?

Schwierig wird es, wenn das Tricksen in Form von Intrigen und Lügen zu einer habituellen Gewohnheit wird, um persönliche Vorteile zu erlangen. So etwa, wenn der kleine Bruder sich nicht gegenüber der großen Schwester durchsetzen kann, schreiend zur Mutter läuft und behauptet, die Schwester habe ihn verhauen, was prompt zur Bestrafung der Schwester führt. - Das Tricksen und Lügen finden wir heute bis in die höchsten politischen und wirtschaftlichen Kreise. Seien wir uns bewusst, dass übermäßiges Tricksen oft aus einer Position der Schwäche erwächst.

In der *Rebellion* werden die bisherigen übernommenen Werte über den Haufen geworfen oder ins Gegenteil gedreht. Am augenfälligsten wird das in der Pubertät, wenn Heranwachsende beschließen, es ganz anders zu machen als ihre Eltern und Erziehungspersonen. So werden Eltern als

„Spießer“ verachtet, die wenig auf Materielles bedachte Mutter als „Loserin“ bezeichnet, der Beruf des Vaters herabgewürdigt. Schulkarrieren werden vorzeitig abgebrochen, aber auch ein Studium gegen die Vorstellungen der Eltern (die z.B. meinen, eine Lehre sei völlig ausreichend) durchgesetzt. Manchmal ist ein Aufbegehren außerordentlich schwierig, etwa, wenn dem Sohn die spätere Rolle eines Chefs des Familienunternehmens zugedacht war.

Scheitert eine Rebellion gänzlich, so hat das schwerwiegende Konsequenzen und kann u. a. zu Hilflosigkeitserleben, Verbitterung, aber auch zu einer permanenten Revolution zeitlebens führen. Weiteres Scheitern ist dann vorprogrammiert. (Ist Che Guevaras Leben vielleicht ein Beispiel eines so gescheiterten Revolutionärs? Er hatte sich bei Fidel Castro offenbar mit seinen Vorstellungen nicht durchsetzen können und stürzte sich daraufhin in ein aussichtsloses Unterfangen in Bolivien, bei dem er umkam.)

Schön ist es, wenn die Rebellion schließlich einmünden kann in die Übernahme dessen, was dem Wesen des individuellen Menschen entspricht und eine Umgestaltung und Ausformung hin zu eigenen Werten, Maßstäben und Verhaltensweisen erfolgt. - Möge die Rebellion nicht in dem traurigen Satz eines Studentenliedes enden: „Sie schlichen mit gesenktem Blick in der Philister Land zurück“.

Ein solches Finden des eigenen Weges bleibt lebenslange Aufgabe, stellt sich in den einzelnen Lebenssituationen und –stadien immer wieder neu. Auch Yoga kann hierzu beitragen. Die Suche nach dem individuellen Weg setzt eine Auseinandersetzung und kritische Überprüfung der Grundüberzeugungen und der vermittelten Wertvorstellungen voraus.

Hierzu möchte ich Sie anregen. Einige der tradierten Werte und Verhaltensweisen mögen uns bewusst sein, andere wirken unbewusst in uns. Aber auch das, was bisher unbewusst war, kann wenigstens teilweise sichtbar werden. Einige Anregungen hierzu werde ich in dem Kapitel „Sich selbst auf die Schliche kommen“ darstellen.

Die Grundannahmen unserer Kindheit und Jugend werden durch weitere Erfahrungen der Schulzeit, dem Ergreifen eines Berufs und sozialen Begegnungen – besonders der der Liebe – modifiziert bzw. verfestigen sich. Es ist aber möglich, die verfestigten Überzeugungen aufzulösen. Hierzu ein Beispiel:

Ein Junge erfährt wenig Zuwendung von seiner Mutter, die nach erheblichen ehelichen Konflikten im dritten Lebensjahr des Kindes die Familie verlässt. Von der bald hinzukommenden Stiefmutter – die die eigenen beiden Töchter bevorzugt – erhält er keine Liebe, jedoch ein wenig Anerkennung, wenn er brav die ihm (allzu früh) auferlegten Haushaltspflichten erfüllt. Der beruflich erfolgreiche Vater hat ebenfalls kaum Zeit und Beachtung für ihn. Im Erwachsenenalter gelingt ihm durch Fleiß eine gewisse berufliche Karriere im Beruf des Vaters, der ihn nunmehr wertschätzt. Auch die Kollegen schätzen ihn, es entwickeln sich jedoch kaum Freundschaften zu Männern.

Noch schwieriger sind seine Beziehungen zu Partnerinnen. Er gerät an Frauen, von denen er sich mehrfach ausgenutzt fühlt. Er meint, „alles“ zu geben, wird aber immer wieder verlassen, sieht sich darin bestätigt, kein Glück mit den Frauen zu haben und nicht geliebt zu werden. – In einer längeren Psychotherapie begreift er, dass er – nach dem Muster seiner Beziehung zur Stiefmutter – einen besonderen herrischen

Frauentyp bei seiner Partnerwahl, die zu Enttäuschung führen muss, bevorzugt. In der Kindheit hatte er zwar Anerkennung, aber keine Liebe für seine Leistungen erhalten. - So geht es ihm nun in den Partnerbeziehungen. Er kann sich allmählich von dem Grundmuster lösen, nur durch Leistung Beachtung zu finden. Er macht einen Yogakurs, „nur aus Freude, ohne etwas leisten zu müssen". Dort begegnet er einer Mitschülerin, die nicht so herrisch-fordernd wie bisherige Partnerinnen ist, sondern sich ihm liebevoll zuwendet. Vor seiner Einsicht hätte er eine solche Frau überhaupt nicht wahrgenommen. Und, ja, er hätte empfunden, dass er nicht wert sei, geliebt zu werden, wenn er nicht eine Vorleistung erbringe. Das Paar bekommt zwei Kinder. Zur Stiefmutter (die ihrerseits von den von ihr verwöhnten Töchtern enttäuscht wird) baut sich ein hinreichender Kontakt auf. Sie bittet ihn um Verzeihung, dass sie ihn so stiefmütterlich behandelt habe. Zur leiblichen Mutter kann keine Beziehung hergestellt werden. Hingegen verehrt er seine Yogalehrerin; sie sei ihm „wie eine Mutter". Zur Hochzeitsfeier wird sie mit eingeladen. Er ist sich der Übertragung seiner Sehnsüchte nach mütterlicher Geborgenheit auf sie durchaus bewusst. Der Yogalehrerin gelingt es durch ihren Unterricht, ihm die Liebe zur Mutter Natur und zum Da-Sein zu vermitteln. Die überzogene Idealisierung der Yogalehrerin vermindert sich. - Bei Abschluss der Psychoanalyse sind seine Gefühle für seinen Therapeuten geprägt von Dankbarkeit, sind jedoch deutlich „kühler" als für seine Yogalehrerin. Die Beziehung zu seinem Vater bleibt von Sachlichkeit geprägt, wird jedoch frei von Verbitterung.

Dritte Frage: Reagiere ich heute auch noch in ähnlicher Weise? Sind später andere Verhaltensformen dazugekommen? Und wenn ja, warum?

Die Erlebnisse, Erziehungsmaßstäbe, Normen und Werte der Kindheit und Jugend können sich zusammen mit unserer speziellen genetischen Ausstattung zu festen Mustern des Erlebens und Verhaltens verfestigen. Diese festen Muster haben sich mehr oder weniger gut in unserem Leben bewährt. Es bildet sich ein dominierender Persönlichkeitsstil aus, der uns Orientierung gibt und hilft, unser Leben zu gestalten. Ist dieser Persönlichkeitsstil nicht übermäßig starr und lässt auch andere Erlebens- und Handlungsweisen zu, so mag unser Leben bei hinreichend glücklichen Umständen relativ glatt und reibungslos verlaufen. Allerdings passt dieses alte Erleben und Handeln nicht immer in die Gegenwart mit andersartigen Herausforderungen. Oder es war von vornherein nur eine Notlösung, um überhaupt irgendwie das Leben zu bewältigen. Anpassungen an die aktuelle Lebenssituation sind daher immer wieder erforderlich.

Verfestigt sich ein Persönlichkeitsstil, so entsteht eine *Persönlichkeitsauslenkung* und im extremen Fall eine *Persönlichkeitsstörung*. Die meisten Menschen – und auch wir Yogafreund*innen – haben einen bestimmten dominanten Persönlichkeitsstil, sind jedoch in der Lage, mehr oder weniger flexibel auch anders zu reagieren.

Im Hintergrund unseres Bewusstseins aber lauern zudem oft auch noch schwerwiegende negative, verletzende Erfahrungen, deren Tragweite uns nicht voll bewusst ist. Sie bilden gefühlsbetonte Komplexe wie die von Angst, Minderwertigkeit, Überheblichkeit. Daneben tummeln sich in unserem Unbewussten instinkthafte Triebe von Sexualität, Machtstreben und Aggressivität, aber auch die Sehnsucht nach einem Sinn.

In Krisenzeiten wird manchmal der vorherrschende Persönlichkeitsstil teilweise außer Kraft gesetzt oder er verstärkt sich, führt zu einseitigem Erleben und Handeln. Alte Erfahrungen der Hilflosigkeit, Angst, Depression, zwanghaftes Verhalten (etwa zur Abwehr der Ängste), übertriebene Gefühle z. B. im Sinne eines katastrophisierenden Empfindens sowie hypomanische Abwehr der Situation durch hektische Aktivität oder Bagatellisierung können hervortreten. Die biographisch frühen belastenden Erfahrungen haben eine spezifische Empfindlichkeit (*Vulnerabilität)*) erzeugt. Der *Primärkonflikt* aus früheren Erfahrungen schlummert, bis er durch einen *Aktualkonflikt* - der an die alten Verletzungen erinnert - *getriggert* wird, womit die damaligen Verhaltensweisen und Empfindungen verstärkt wieder aufgerufen werden. Hierzu ein Beispiel:

Ein Mädchen hatte durch die Scheidung der Eltern und den sich daraus ergebenden Kontaktabbruch zum Vater eine deutlich psychisch belastete Kindheit. Es gelingt ihr aber - nicht zuletzt durch die Aufopferungsbereitschaft und Liebe der Mutter - einen guten Weg ins Leben zu finden, einschließlich Beruf und Partnerschaft. Aufgrund bestimmter Umstände wird sie plötzlich und für sie unerwartet von ihrem Partner verlassen. Die folgende Reaktion aus Verzweiflung, Angst, Hilflosigkeit sowie Depression mit Antriebsarmut und Schmerzen im ganzen Körper ist verständlich, jedoch in ihrem

Ausmaß erheblich heftiger und umfassender, als es durchschnittlich bei anderen Menschen der Fall wäre. Eine zeitweilige stationäre psychotherapeutische Behandlung in einer Akutklinik wird erforderlich. Dort wird die ursprüngliche schmerzliche Erfahrung des Verlassenwerdens durch den Vater ins Bewusstsein gehoben und mit dem Schmerz der aktuellen Trennung in Beziehung gesetzt.

Im Folgenden möchte ich auf einige der häufigsten Persönlichkeitsstile aufmerksam machen, die mir unter uns Yogaübenden häufiger begegnet sind. Jeder dieser Persönlichkeitsstile hat eine begrenzte Berechtigung; es wäre aber schön, wenn wir an uns arbeiten, nicht nur einseitig auf immer die gleiche Art zu reagieren, sondern unsere Persönlichkeit vielfältiger werden lassen durch ein liebevolles, geduldiges, aufmerksames Gewahrwerden unserer Empfindungen und Verhaltensweisen in den vielfältigen Situationen des Lebens. Die Yogatraditionen, insbesondere die buddhistischen, haben uns den wundervollen Weg der Veränderung durch eine in Gleichmut und Liebe eingebettete Achtsamkeit gewiesen. Ich werde darauf in dem Kapitel über Achtsamkeit näher eingehen.

Unter uns Yogafreund*innen sind mir besonders häufig folgende Persönlichkeitsstile begegnet:

Altruistisch, egoistisch, depressiv, optimistisch, zwanghaft, ängstlich, dramatisch, narzisstisch.

Hierzu nun im Einzelnen:

Eine der weitverbreitetsten Persönlichkeitsstile ist unter uns Yogafreund*innen der Altruismus. Es ist die Neigung, für andere da zu sein, sich für sie einzusetzen oder auch für die Natur, für das Tierwohl oder für eine andere Idee in selbstloser Weise einzutreten.

Häufig hat der Altruismus erste Wurzeln in der Erziehung, wenn etwa die ältere Schwester angeleitet wird, auf den jüngeren Bruder aufzupassen und für ihn zu sorgen. Nur allzu häufig entstehen daraus Neigungen zu einem helfenden Beruf wie Ärztin, Krankenschwester oder Sozialarbeiterin. Andere Wurzeln des Altruismus kann ein religiöser Glaube sein oder auch eine spirituelle Erfahrung des Sich-verbunden-Fühlens mit allem Sein. Andere Yogaübende entwickeln einen Altruismus auf der Grundlage von Yogaideen, wie etwa dem des Karma-Yoga. Dabei kommt es darauf an, das, was zu tun ist, zu tun und weder sich an die Ergebnisse der Handlungen zu binden noch irgendeinen Lohn zu erwarten. Einige andere Yogaübende orientieren sich an dem Ideal des Buddhismus, Menschen und Wesen auf ihrem Weg der materiellen, der psychischen und der spirituellen Entwicklung beizustehen.

Am liebsten unter den Altruisten sind mir jene, die voller Aufgeschlossenheit und Liebe dem Leben und den Mitmenschen gegenüberstehen. Für sie ist ein liebevolles Handeln keine Pflicht, keine Qual, keine Anstrengung. Fast jeder Vater, fast jede Mutter hat einen gewissen Grad des Altruismus gegenüber zumindest den eigenen Kindern. Erhebliche Anstrengungen werden unternommen, um die Kinder für den Lebensweg vorzubereiten, Berufskarrieren werden geopfert, und 20 Jahre später besteht kein Bedauern darüber, sondern bei aller Mühsal empfinden Mütter und Väter oft, das Schönste und Wichtigste im Leben vollbracht zu haben.

Nicht alles altruistisches Handeln ist letztlich so selbstlos wie es erscheinen mag. Erschrecken Sie nicht, liebe Yogafreundin, lieber Yogafreund, über die folgenden Abschnitte, in denen weniger edle Motive angedeutet werden. Auch diese gehören zum Leben, auch wir alle sind noch nicht beim hohen Ideal des Karma-Yoga angekommen, keinerlei Lohn und kein Ergebnis für unser Handeln zu erwarten. Ein wenig von den im Folgenden geschilderten, nicht ganz so edlen Motiven darf durchaus in unser Handeln mit einfließen, wir sollten uns jedoch dieser Beimischungen des Altruismus bewusst sein. Dies wird uns davor bewahren, an Selbstgerechtigkeit und vermeintlichem Edelmut zu ersticken.

Wenn wir zu ausgeprägtem Altruismus neigen - entspricht dies unserem Wesen oder ist es uns lediglich anerzogen? Erwarten wir Anerkennung für unser Handeln - und wenn ja, bis zu welchem Grade? Sind wir von der Anerkennung abhängig, süchtig nach ihr, unterliegen wir der „Sucht, gebraucht zu werden (NORWOOD)"? Erwarten wir gar Liebe als Lohn?

Anderen zu helfen, kann auch ein gewisses Überlegenheitsgefühl gegenüber dem Hilfsbedürftigen auslösen, macht uns erhaben und besänftigt auf diese Weise einen möglicherweise in uns schlummernden Minderwertigkeitskomplex.

Bin ich enttäuscht, wenn ich von anderen zwar eine gewisse Anerkennung bekomme, aber keine Liebe, wie es vielleicht in der Kindheit gewesen sein mag? Bin ich gar verbittert, wenn meine Bemühungen nichts fruchten, ich meine Ideale nicht verwirklichen kann, für die ich eingetreten bin? Was mache ich, wenn ich merke, dass ich ausgenutzt werde? Bin ich wirklich so altruistisch, wie ich gedacht habe, oder erwarte ich einen Ausgleich, etwa im Sinne der von P. COELHO so schön beschriebenen Gefälligkeitsbank: Ich mache etwas für einen anderen und bekomme von diesem, wenn ich selbst in Not bin, die notwendige Hilfe. Wie viele „Seilschaften" durchziehen auf diese Weise meine altruistische Einstellung? Was bleibt von meinem Altruismus, wenn ich ihn von den Gebundenheiten an die Normen meiner Erziehungspersonen, der Religion und der Gesellschaft ablöse?

Gefahren des Altruismus: Wir gehen zu sehr in unserem Bemühen für andere auf, können uns nicht mehr abgrenzen, zerfließen förmlich in unserem Mitleid und der Sorge um unsere Mitmenschen. Daran aber können wir zerbrechen. Ich kannte einen berühmten tibetischen Guru von außerordentlicher Begabung, der - wie er schrieb - sein blutendes Herz der Welt hinhielt. Das Ergebnis war, dass dieser außergewöhnliche Mann, der als Tulku verehrt wurde und inspirierende Bücher geschrieben hat, schließlich im Alkoholdelir verstarb.

Wir müssen also auch für uns selbst ebenfalls Sorge tragen, uns in gewisser Weise im Altruismus mit einzuschließen, ohne letztlich jedoch zu Egoisten zu werden. Die biblische Ermahnung, den Anderen so zu lieben *wie sich selbst,* könnte vielleicht ein guter Maßstab sein. Solange wir in der Welt leben, brauchen wir ein Bewusstsein unserer selbst und müssen dafür sorgen, dass es uns selbst auch gut geht. Mehr dazu im Kapitel „Selbstliebe". Lassen wir uns von keinem Guru einreden, dass es notwendig sei, auf dem Weg des Yoga „vollkommen selbstlos" zu werden und das böse Ego zu vernichten! Das hat Zeit, bis wir vollendete Heilige werden (falls wir dies denn möchten). Nur mit und durch unser Ich können wir handeln in unserer alltäglichen Welt der Begrenztheit.

Der diametral entgegengesetzte Lebensstil ist der von Egoisten, die ausschließlich ihren Bedürfnissen und Trieben folgen und denen Umwelt und Mitmenschen gleichgültig sind, sofern sie nicht ihren Interessen dienen. Manchmal werden die Ursprünge dieses Lebensstils durch materielle Verwöhnung in Kindheit und Jugend angelegt. Andere werden zu Egoisten, indem sie lernen, sich bei schwierigen Lebensumständen kraftvoll durchzusetzen, wie zum Beispiel gegenüber zunächst dominierenden Geschwistern. Durchgehend egoistische Menschen finden sich selten unter Yogaübenden. Jedoch gibt es manchmal in unserer deutschen Yogaszene zwei besondere Formen des Egoismus. Zu beiden Formen neigen Sie nicht, liebe Yogafreunde und -freundinnen. Denn jene Menschen würden in ihrer Selbstherrlichkeit keine Bücher wie dieses lesen, weil sie weitgehend beratungsresistent sind. Aber vielleicht begegnen Sie manchmal solchen Menschen; Sie sollten sich nicht zu so einem Lebensstil verführen lassen.

Die ersten nenne ich Öko-Egoisten. Sie sind vorwiegend auf sich selbst bezogen, vielleicht auch noch auf ihre kleine Familie. Sie sind daran erkennbar, dass sie stets den besten Platz im Yogaraum okkupieren und auf Frischluft bestehen, auch wenn es anderen kalt ist. Sie essen nur hochwertigste Bio-Lebensmittel („Reformhausqualität") und verachten alle Loser, die sich das nicht leisten können. Es darf auch ruhig Importware aus aller Herren Länder sein. Ökobilanz und Ausbeutung der 3. Welt? – Egal, Hauptsache, der Öko-Egoist lebt gesund und lebensverlängernd. Und wenn er sich gar zu vegetarischer Ernährung aufschwingt, dann nicht etwa aus ethischen Gründen, sondern weil es angeblich besonders gut für die eigene Gesundheit sei. Die Gedanken eines Bernhard Shaw, der sich zum Vegetarismus bekannte, auch wenn es ihn einige Jahre des Lebens kosten würde, sind Öko-Egoisten fremd. Das Auto muss ein stabiler sprit- oder elektrizitätsfressender SUV sein, damit ihnen nichts passiert, sondern höchstens Unfallgegnern. Und Yoga wird geübt, weil es schick und gesund ist …

Als Yogalehrer provoziere ich manchmal solche Menschen ein wenig. Ich versuche, ihnen die Begrenztheit ihrer Sichtweise näherzubringen und diese Art des Lebenszuschnitts als nur einen ersten Schritt auf dem Yogaweg begreiflich zu machen. – Doch ich scheitere zumeist und stoße auf Unverständnis …

Die zweiten sind mir da schon lieber. Es sind Menschen, die ich spirituelle Egoisten nenne. Sie haben sich vom gewöhnlichen Leben abgewandt und leben einseitig einen Yogaweg der Entsagung von allen „weltlichen" Freuden und Genüssen, einschließlich menschlicher Bindungen. Sie leben für das Ziel, allein für sich selbst Erlösung, Befreiung oder Erleuchtung zu gewinnen, ohne Gedanken oder Empfindungen für andere zu haben. Dies scheint dem indischen Ideal eines Yogi zu entsprechen, der das weltliche Leben verlassen hat. Es gibt aber einen entscheidenden Unterschied: Indische Yogis und Yoginîs und meistens auch buddhistische Mönche oder Nonnen sind sich bewusst, etwas auch für die Gesellschaft zu leisten. Sei es als Vorbild für andere, einen Yogaweg zu gehen, sei es im Bewusstsein, durch eine segensreiche Ausstrahlung Frieden und Harmonie in der Welt zu verbreiten. Die Neigung einiger westlicher Menschen, einen spirituellen Egoismus zu leben, erwächst aus dem extremen Gefühl unserer europäischen Kultur, ein vom Rest der Welt völlig abgegrenztes Individuum zu sein.

Immerhin habe ich bei einigen zunächst extrem zurückgezogen lebenden Yogaübenden erlebt, dass sie gerade aufgrund ihrer spirituellen Erfahrungen sich wieder der Welt und den Mitmenschen zuwenden konnten – liebevoller, intensiver und echter als vor ihrer Yogapraxis. Sie blieben nicht in einer egoistischen Bauchnabelschau stecken. Auch zwei meiner Gurus – die zunächst Mönche und Yogis waren – kehrten ins „weltliche" Leben zurück und wirkten segensreich als spirituelle Lehrer.

Häufig findet sich unter uns Yogaübenden ein *depressiver Persönlichkeitsstil.* Hierbei handelt es sich nicht um eine Depression im engeren Sinne, sondern um eine grundsätzlich pessimistische Einstellung dem Leben gegenüber. Ein halbvolles Glas wird meistens als halbleer erlebt. Häufig wird das Lebensgefühl beeinträchtigt durch die Erwartung, dass etwas Schreckliches passieren könnte. Im extremen Fall geben Menschen mit depressivem Persönlichkeitsstil einer Klage des Alten Testaments recht (die dort in einem bestimmten Zusammenhang steht): „Es wäre besser, der Mensch wäre nie geboren oder er stürbe bald."

Diese Yogafreund*innen neigen dazu, die Erde als Jammertal zu begreifen. Einige hoffen auf eine bessere Zukunft im Jenseits. Andere von ihnen wollen – gemäß einiger indischer Lehren - dem Kreislauf von Leben, Sterben und Wiedergeburt so bald wie möglich durch Yogapraxis entkommen. Buddhas Lehre vom „Leiden" machen sie zu einer misanthropischen

Lebenseinstellung und vermeiden soweit möglich die Begegnung mit dem Leben und seinen Herausforderungen.

Hingegen geht der buddhistische Yoga zwar davon aus, dass allem individuellen Leben eine gewisse Unvollkommenheit und „Schwergängigkeit" anhaftet, ein Begrenzt-sein durch Vergänglichkeit, Geburt, Alter, Krankheit, Tod und psychologisches Leiden. Es sei aber möglich, diese Begrenztheit zu überschreiten im Vorgang der Erleuchtung. Das Sanskritwort „duhkha" wird meistens übersetzt mit „Leiden", bedeutet aber wörtlich „Begrenzt-sein im Raum". Es wird beschrieben als eine Art Mühsal, die vergleichbar sei mit der Bewegung eines Rades, das sich in einer nicht geölten Nabe bewegt.

In unserem Zusammenhang ist die Definition des Buddha bezüglich der psychologischen Seite von „duhkha" aufschlussreich: „Getrennt-sein vom Lieben ist Leiden (duhkha). Vereint–sein mit Unliebem ist Leiden. Wenn man etwas wünscht und es nicht bekommt, ist Leiden. Die Kombination von Körperlichkeit und geistigen Faktoren (die unsere sich stets wandelnde empirische Persönlichkeit ausmacht) ist Leiden".

An solche aus dem Zusammenhang gerissene Sätze klammern sich spirituell Suchende, die in einem depressiven Persönlichkeitsstil gefangen sind. In ihrer Resignation sehen sie nur *einen* Weg - sich aus der Welt zurückzuziehen. Die anderen - und ergänzenden - Möglichkeiten des buddhistischen Yoga und anderer Yogatraditionen begreifen sie nicht: die Wege der Liebe und die Wege der Erfahrung in einem Leben durch Erleben.

Die Neigung zu einem depressiv-pessimistischen Persönlichkeitsstil hat oft ihren Ursprung in einem Mangel an Liebe in Kindheit und Jugend sowie späteren weiteren enttäuschenden, kränkenden und verletzenden Erlebnissen im Leben, denen Betroffene hilflos-resignativ gegenüberstehen.

Menschen mit depressivem Persönlichkeitsstil entwickeln unter schwerwiegenden psychischen Belastungen häufig eine Depression im klinischen Sinne. Aber auch andere können bei Lebenskrisen eine depressive Symptomatik entwickeln. Eine solche Depression kann u. a. sozialen Rückzug, Antriebsmangel, gedrückte Stimmungslage oder Gefühllosigkeit beinhalten, manchmal auch Gereiztheit und Unruhe. Bei einer solchen Depression kann eine psychotherapeutische und gegebenenfalls auch medikamentöse Behandlung erforderlich sein.

Am anderen Ende der Skala menschlichen Empfindens stehen die *Optimisten.* Ein halb gefülltes Glas ist für sie „halb voll". Sie gehen davon aus, dass die Dinge am Ende gut ausgehen werden - und wenn sie aktuell (noch) nicht gut sind, ist für die Optimisten das Ende noch nicht erreicht. Schon als Kinder erscheinen sie oft zufriedener und glücklicher als andere, sind zudem in Kindheit und Jugend oft liebevoll umsorgt worden, ohne verwöhnt worden zu sein. Früh haben sie gelernt, mit Schwierigkeiten umzugehen und bewältigen diese mit leichterer Hand als andere. In unseren deutschen Märchen werden sie dargestellt als die jüngsten in einer Geschwisterreihe, denen in ihrem direkten Zugehen auf schwierige Aufgaben gelingt, was die älteren Geschwister nicht bewältigen konnten. Yogafreund*innen dieses Persönlichkeitsstils neigen häufig zu der Auffassung, dass alles, was uns widerfährt, letztlich „gut“ ist, einen Sinn hat und uns etwas lehrt, auch wenn es noch so schmerzlich erscheinen mag.

Öfter habe ich erlebt, dass Menschen dieses Persönlichkeitsstils äußerlich wenig im Leben erreichten und auch mit Anfangserfolgen im Yoga zufrieden waren und auf dieser Stufe verharrten. Ihnen fehlt manchmal ein Quäntchen Ehrgeiz in ihren Bemühungen, da sie ja schon aus sich selbst heraus weitgehend zufrieden und glücklich sind. Doch das bleibt nicht notwendigerweise immer so. Wenn Begeisterung (z. B. für Meditation) oder ein Schicksalsschlag, schwere Enttäuschungen durch Menschen oder auch eine Veränderung der Lebenssituation hinzukommt, erhalten sie den nötigen Anstoß für eine Weiterentwicklung. Solche an der Lebenswirklichkeit gereifte Optimisten sind dann auch in der Lage, die Schwierigkeiten und Enttäuschungen des Lebens realitätsbewusst zu erkennen, sich ihnen zu stellen und nicht oberflächlich darüber hinwegzugehen. Hierzu ein historisches Beispiel aus dem Gebiet des Buddhismus:

Vor etwa 2.500 Jahren gab es in Nordindien einen begabten und im Luxus höfischen Lebens aufgewachsenen Prinzen, der glücklich lebte und dem vieles gelang, was er begann. Dann aber kam er in Berührung mit den existentiellen Problemen des Lebens: dem Alter, der Krankheit, dem Tod, dem psychologischen Leiden. Und unter dem Eindruck eines überwältigenden meditativen Erlebens seiner Jugend, unter der Förderung durch die größten Yogameister seiner Zeit und durch eigenes Bemühen gelangte er zu seiner optimistischen Lehre – es sei möglich, über die eigene begrenzte, nur auf sich bezogene Individualität hinauszuwachsen in den Bereich der Erleuchtung und Freiheit. Und so wurde er als Buddha („Der

Erwachte") zum Stifter jener Weltreligion, die heute als Buddhismus bezeichnet wird.

Etwas Sorge bereiten mir jene unter uns Yogafreund*innen, die ich als *scheinbare Optimisten* ansehe. Sie versuchen, eigene Verzweiflung und Depressivität zu überspielen, indem sie sich optimistisch geben. Sie bemühen sich, für sie als negativ empfundene Gefühle wegzuschieben. Dies kann unbewusst geschehen als Verdrängung (und ist in diesem Falle kein bewusstes Bemühen, sondern ein unbewusster Abwehrmechanismus). Oder es ist ein bewusster heroischer Versuch, sich nicht mit „Negativem" zu beschäftigen und die Dinge positiv sehen zu *wollen.* Ein solches Wollen versucht, einen Teil der Wirklichkeit auszublenden und ist grundverschieden von einem echten Optimismus, der die Dinge nicht beschönigen muss. Das „Wollen" erzeugt dann manchmal eine gewisse Verkrampfung, die kraftraubend ist. Ein Optimist, wie ich ihn als realitätsbewusst beschrieben habe, kann sagen: „Auch wenn man das Glas als halb leer ansehen könnte, so freue ich mich doch darüber, dass es halbvoll ist". Ein solcher Optimist hat es nicht nötig, so zu tun, als wenn das Glas ganz voll wäre, sondern ist so optimistisch, dass er die *ganze* Wahrheit annehmen kann, ohne Angst vor der „negativen" Teilwahrheit zu haben.

Einige der scheinbaren Optimisten sind in Wirklichkeit tapfere Realisten. Sie selbst gestehen sich ihre eigenen „negativen" Empfindungen wie Ängste, Depressivität, Wut und Verzweiflung ein und arbeiten an deren Überwindung oder Verringerung. Jedoch wollen sie nach außen eine optimistisch-fröhliche Fassade wahren, um nicht von anderen an ihren wunden Punkten verletzt zu werden.

Relativ häufig finden sich unter uns Yogafreund*innen Menschen mit *zwanghaftem* Persönlichkeitsstil. Sie nehmen alles sehr genau, sind zumeist pünktlich und ordnungsliebend, manchmal auch besonders sparsam und halten sich an klare Grundsätze, Regeln und Routinen. Sie sind ausdauernd und beharrlich, tun sich aber schwer, sich auf veränderte Situationen einzustellen. Sie neigen zu einem regelmäßigen Tagesablauf und sind nur allzu bereit, den Anregungen und Ermahnungen von Yogalehrer*innen und Gurus zu regelmäßigen Yogaübungen genauestens zu folgen. In Yogagruppen bevorzugen sie eine feste Sitzordnung, möglichst die gleichen Übungsfolgen und stets dieselbe Meditationsform.

Regeln und Routinen schützen Yogaübende vor Unsicherheit und Ängsten. Und in der Tat kann man zunächst einmal nicht viel falsch machen, wenn man den Anweisungen kompetenter Yogalehrenden und dem als richtig Erkannten stetig folgt. Zweifellos kommt man durch Beharrlichkeit zu gewissen Fortschritten im Yoga - wie auch sonst im Leben. Wenn aber die Neigung zu Zwanghaftigkeit zu stark ausgeprägt ist, kann die eigentlich hilfreiche Praxis und auch das Leben zu einem grauen, inspirationsarmen, pflichtbetonten Gefängnis werden. Hierzu ein Beispiel:

Ein Buchhalter und Prokurist kam in meine Sprechstunde, weil er sich unglücklich und unzufrieden fühlte. Sein Leben sei eintönig und freudlos, obwohl er eine nette Familie und eine gute berufliche Position habe. Auch habe er sich genau an die Anweisungen seines inzwischen verstorbenen Zen-Lehrers gehalten, der ihm täglich 45 Minuten Zazen auferlegt hatte. Seit fast 30 Jahren übe er so Meditation, „ohne einen einzigen Tag ausgelassen zu haben“, wie er nicht ohne Stolz berichtete.

Die Meditation gebe ihm zwar eine gewisse Ruhe für einige Zeit des Tages, sei aber eine weitere Pflicht in seinem von Pflichten ausgefüllten Leben. Er könne alles kaum noch schaffen: die Genauigkeit fordernde anspruchsvolle Arbeit, die Sorge um seine Kinder, die die Aufgaben des Lebens nicht so ernst nähmen wie er und die Notwendigkeit des Meditierens gemäß den Anweisungen seines Meisters.

Über viele Stunden spürten wir den Wurzeln seiner zwanghaften Genauigkeit nach, die ihn zwar zu seinem Beruf geführt, zugleich aber auch eine Mauer von Geboten und Gesetzen geschaffen hatten, die sein Leben einengten und ihn überforderten und damit unglücklich machten: ein strenger Vater, die Verantwortung für seine Geschwister als ältester in der Geschwisterreihe nach frühem Tod der Mutter, eine Erziehung zu Leistung in einem Elite-Internat in der späten Adoleszenz.

In einer 2-jährigen Therapie lernte er, die Mauern seines Gefängnisses durchlässiger zu machen, konnte seine Kinder mit ihrer „leichteren Lebensart" besser verstehen, auch wenn er weiter ein genauer und gewissenhafter Mensch blieb. Er wurde offener für die Schönheit des Lebens, das nunmehr nicht nur aus Pflichterfüllung bestand - und meditierte weiter täglich „aber je nach Empfindung mal kürzer, mal länger." Die entscheidende Veränderung seines Lebens habe aber wohl nicht ich mit unseren psychotherapeutischen Gesprächen bewirkt, sondern eine Botschaft seines verstorbenen Zen-Meisters. Dieser hatte kurz vor seinem Tod meinem Patienten einen verschlossenen Umschlag mit der Instruktion überreicht, den Brief dann zu öffnen – und erst dann –, wenn er sich in einer Krise im Leben befände. War es nun Zufall, dass sich mein Patient dieses Briefes erst gegen Ende unseres gemeinsamen therapeutischen Weges erinnerte? – Die Botschaft seines Meisters erschütterte meinen Patienten und er fragte sich, was er auf seinem spirituellen Weg falsch gelaufen war. Doch dann begriff er, dass der bisherige Weg für ihn ein notwendiger gewesen war, zu seinem Leben gehörte und nun eine andere Richtung möglich war. – Ich bin dankbar, dass ich die Erlaubnis habe, die Worte seines Meisters hier für uns Yogaübende wiedergeben zu dürfen:

„Jetzt – am Ende meines gegenwärtigen Lebens - habe ich alle Pflicht zu einer formalen Meditation auf der Sitzmatte aufgegeben, bedarf ihrer nicht mehr. Und doch war sie lange Zeit notwendig für mich als Schüler und Lehrer des Zen. Manchmal meditiere ich noch im Sitzen, einfach weil es mir Freude macht. Aber hierbei, und auch die andere Zeit, bin ich erfüllt vom Sein, vom DA-Sein und dessen „offener Weite", wie es unser Patriarch Bodhidharma nannte. Ich bin nun *jenseits* der Stille der Meditation, und wenn ich in den Nachthimmel schaue, fühle ich die Unendlichkeit des Alls und des Lebens in mir und außer mir, bin verbunden mit allem Sein. – Mein Sohn, mögest auch du in die Stille jenseits der Stille gelangen, in das Üben des nicht-Übens, jenseits von Wollen und Bemühen. Dann werden die Blumen blühen – geboren aus dem Urgrund der Absichtslosigkeit."

Das oben geschilderte Beispiel ist relativ typisch für Menschen von zwanghaftem Persönlichkeitsstil. Wenn jemand in Kindheit und Jugend einer überstrengen Erziehung ausgesetzt war, insbesondere auch einer Erziehung zu übermäßiger Leistungs- und Pflichterfüllung, kann sich oft ein zwanghafter Persönlichkeitsstil herausbilden. Einige Psychoanalytiker sehen erste Wurzeln zwanghaften Verhaltens in einer besonders strengen und auch verfrühten Sauberkeitserziehung im

2./3. Lebensjahr. Oft steht hinter einer Zwanghaftigkeit die Neigung, alles „richtig machen" zu wollen, um Fehler, Gefahren oder Bestrafung abzuwenden. Und es erscheint sicherer, klaren vorgegebenen Regeln zu folgen, als selbst eigene Regeln zu entwickeln: Lieber einem Guru blindlings folgen, als selbst entscheiden zu müssen …

Manchmal entwickeln Menschen mit zwanghaftem Persönlichkeitsstil - gelegentlich auch andere - eine Zwangssymptomatik. Diese besteht in zwanghaften Handlungen oder Zwangsgedanken, die als solche durchaus als unsinnig erkannt werden, aber dennoch subjektiv empfunden werden als Möglichkeit, Gefahren und Ängste abzuwenden. Ist die Symptomatik quälend oder gar Stunden des Tages ausfüllend, ist Psychotherapie erforderlich. - Fast jede/r von uns kennt gelegentliche harmlose Zwangsphänomene, wenn uns etwa eine Melodie nicht mehr aus dem Kopf geht. Oder wenn wir am liebsten noch einmal zum Auto zurückgehen würden, um uns zu versichern, dass das Auto abgeschlossen ist - obwohl wir sicher sind, die Türen verschlossen zu haben.

Yogafreund*innen mit *ängstlich-vermeidendem* Persönlichkeitsstil sind konfrontiert mit Gefühlen von Unsicherheit, Besorgnis und Selbstunsicherheit. Sie trauen sich wenig zu und neigen dazu, selbst in alltäglichen Lebenssituationen vor allem die Gefahren und Hindernisse zu sehen. Aus dieser Ängstlichkeit heraus stellen sie sich den Anforderungen des Lebens nur zögerlich und teilweise ungenügend. Und ja, im extremen Fall neigen sie leider dazu, in den Yoga zu flüchten, aus Angst, sich dem Leben und dessen Schwierigkeiten zu stellen. Aus Selbstunsicherheit heraus möchten sie in besonderem Maß geliebt und anerkannt werden und sind besonders empfindlich gegenüber vermeintlicher oder tatsächlicher Zurückweisung. In Yogagruppen suchen sie insbesondere die Nähe und Anerkennung der Yogalehrenden und der Gruppe. Damit sind sie in Gefahr, bei nicht hinreichend souveränen Yogalehrer*innen ausgenutzt zu werden (z.B. für „Dienstleistungen" für die Gruppe, Aufgaben, die sonst keiner übernehmen will). Aufgrund ihrer Ängstlichkeit bleiben sie sowohl im Yoga wie auch im täglichen Leben und Beruf meist weit hinter ihren Möglichkeiten zurück.

Im Hintergrund dieses Persönlichkeitsstils findet sich häufig ein Mangel an Förderung, Liebe und Bestätigung in Kindheit und Jugend, so dass sich kein hinreichend positives Selbstbild entwickeln konnte. Auf der Basis einer Selbstunsicherheit entsteht der Wunsch nach Anerkennung und Bestätigung durch andere. Bleiben diese aus oder werden enttäuscht, so kann es zeitweise oder dauerhaft zum Rückzug vom sozialen und beruflichen Leben kommen. Hierzu ein Beispiel:

Ein junges Mädchen mit Migrationshintergrund wird vom Vater wenig geschätzt, von den älteren Brüdern unterdrückt. Ihre Mutter ist ängstlich, kommt in dem für sie fremden Land schlecht zurecht und kann ihrer Tochter keinen Halt geben, vermittelt ihr hingegen Ängstlichkeit als Frau. In der Schule ist sie zurückgezogen-ängstlich, wird von den Klassenkameraden gehänselt. Nach Wiederholung einer Klasse wird sie durch eine neue Lehrerin gefördert, und es gelingt ihr, die mittlere Reife abzulegen. Sie bleibt aber die schüchterne Außenseiterin. In der Ausbildung zur Krankenschwester erfährt sie wiederum Förderung durch eine Lehrschwester und besteht die Prüfung. Im Berufsleben aber versagt sie zunächst, als sie an einen wenig wertschätzenden Stationspfleger gerät, der sie an ihren Vater erinnert.

Während einer einjährigen depressiven Krankheitsphase durchläuft sie eine kognitive Verhaltenstherapie, durch die sie ihre schulische und ausbildnerische Leistung anerkennen lernt. Sie wechselt die Stelle und ist beruflich erfolgreich. Jedoch hat sie Schwierigkeiten im Privatleben, gerät an Partner, die sie ausbeuten – nicht zufällig, da sie sich bei ihrem noch bestehenden mangelnden Selbstbewusstsein keinen adäquaten Partner vorstellen kann. Sie zieht sich aus Enttäuschung sozial zurück, geht jedoch in einen Yogakurs, um in Meditation ihren Kummer zu vergessen. Zwar gelingt ihr eine gewisse meditative Vertiefung, sie bleibt aber unglücklich. Ihre Yogalehrerin erkennt ihre Weltfluchttendenzen und regt eine erneute Psychotherapie an. In der tiefenpsychologisch fundierten Psychotherapie erreicht sie in der Auseinandersetzung mit ihrer Lebensgeschichte eine Verbesserung ihres Selbstwertgefühls und ist nun fähig, eine adäquate harmonische Partnerschaft aufzubauen. Sie übt weiter Yoga, findet einen Berufskollegen als adäquaten Partner.

Seltener finden wir unter uns Yogafreund*innen den *dramatischen Persönlichkeitsstil.* Er ist gekennzeichnet durch einen übertriebenen Ausdruck von Gefühlen und die Tendenz, Lebenssituationen und Ereignisse zu dramatisieren. Es besteht ein starker Wunsch nach Anerkennung und manchmal eine Neigung zum Intrigieren, um selbst in ein positives Licht zu gelangen oder Macht ausüben zu können. Die Tendenz zum „emotionalen Drama" kann sich sowohl intro- wie extravertiert zeigen. In der introvertierten Form macht der Betreffende seine starken Gemütsbewegungen mit sich selbst aus und agiert eher versteckt nach außen. Bei der extravertierten Art wird das soziale Umfeld – z. B. die Yogagruppe – mit einbezogen und sogar manchmal manipuliert (z. B. um Zuwendung zu bekommen oder ein Gruppenmitglied zum Sündenbock zu machen). Manchmal ist der dramatische Persönlichkeitsstil auch ein unbewusster Versuch, Gefühle der inneren Leere durch Dramatik zu übertönen. In seiner extremen Form ist diese Art der Lebensbewältigung überaus anstrengend und erschöpfend. Es ist ein Leben in ständiger Aufregung.

Oft nimmt der dramatische Persönlichkeitsstil seinen Anfang in einer Kindheit, in der sich das Kind nicht hinreichend geliebt und anerkannt fühlt und Mühe hat, sich gegenüber anderen - z. B. den Geschwistern - zu behaupten. Durch dramatische Verhaltensweisen kann dann aber doch eine gewisse Aufmerksamkeit auf die eigene Person gelenkt werden. Auch kulturelle Einflüsse können zur Entwicklung eines solchen Verhaltens und Erlebens beitragen. Zu einer noch tiefergehenden Störung im Umgang mit Gefühlen kann sich eine emotionale Unsicherheit und Doppeldeutigkeit von Gefühlen von Seiten der Bezugspersonen auswirken, besonders, wenn dies in der frühen Kindheit geschah.

Es ist nicht leicht, mit wechselnden Gefühlen von „himmelhoch jauchzend - zu Tode betrübt“ umgehen zu lernen. Yoga kann dabei durchaus hilfreich sein. Ich denke hier insbesondere an die meditative Übung der liebevollen, akzeptierenden Wahrnehmung von Gefühlen und Stimmungen in der Meditation und im Alltag. Doch erwarte man nicht eine rasche Veränderung.

Am äußersten Ende dieser Skala des Umgehens mit Gefühlen finden sich die „Borderline-Persönlichkeitsstörungen“, die zusätzlich gekennzeichnet sind durch schwere Impulskontrollstörungen, massiv ausgeprägte Gefühle innerer Leere, schwierige zwischenmenschliche Beziehungsgestaltung und manchmal auch selbstverletzendes Verhalten. Hier ist in der Regel eine langwierige, beharrliche Psychotherapie angezeigt. - Auch ein so geplagter Mensch kann durchaus auch von Yoga profitieren – wenn er/sie lernt, die nötige Disziplin zu regelmäßigem Üben aufzubringen.

An diesem Beispiel können Sie sehen, wie individuell ein Yogaweg ist: Während der zwanghaft Veranlagte eine gewisse „Lockerheit" benötigt, sollten Menschen mit einem dramatischen Lebensstil oder gar einer Borderline-Symptomatik lernen, sich einer strengen Selbstdisziplin anzuvertrauen.

In seltenen Fällen gibt es auch eine Form des dramatischen Persönlichkeitsstils unter Yogalehrenden. Sie missbrauchen ihre Schüler*innen zur Selbstbeweihräucherung, prahlen mit ihrer spirituellen Vertiefung und ihren wundervollen Lehrmethoden, die oft suggestiv-manipulativ sind. Sie möchten von ihren Schüler*innen angehimmelt werden. Nehmen wir uns in Acht vor diesen Marktschreiern des Yoga! Sie faszinieren zunächst mit ihrer glitzernden Fassade. Wer sich nicht von dieser Fassade überwältigen lässt, erkennt bald den Mangel an tiefergehendem Inhalt. Wir Yogaschüler suchen zumeist leuchtende Vorbilder für unseren spirituellen Weg und sind so in Gefahr, durch unsere Sehnsucht in die Arme dieser Pseudogurus zu fallen. Bei ihnen finden sich öfter fließende Übergänge zu ausgeprägtem Narzissmus:

Narzissten haben zumeist eine übertriebene Meinung bezüglich eigener Fähigkeiten, weisen wenig echte Empathie oder Einfühlungsvermögen auf und gieren nach Anerkennung durch andere. Mit moralischen Werten und Ehrlichkeit gehen sie „alternativ“ um, wenn es den Zwecken der Selbstdarstellung und Vorteilsnahme dient. Und weil es ihnen außerordentlich wichtig ist, was andere von ihnen denken, neigen sie zu verführerisch-manipulativem und trickreichem Verhalten, um in möglichst glänzendem Licht dazustehen. Es finden sich vorwiegend zwei Arten des narzisstischen Persönlichkeitsstils:

Beim *grandiosen Narzissmus* steht die Neigung zu Selbstdarstellung zentral, während beim *verletzlichen Narzissmus* eine übermäßig leichte Kränkbarkeit (mit nachfolgender Rachsucht) in den Vordergrund rückt. Jedoch können beide Formen fließend ineinander übergehen und je nach Lebenssituation beim gleichen Menschen hervortreten.

Die Neigung zu einem narzisstischen Persönlichkeitsstil kann vielfältige Wurzeln in der frühen Kindheit haben, wie eine zu nachgiebige und inkonsequente Erziehung, übertriebene „Bewunderung“ des Kindes durch die Eltern oder eine emotional kalte oder symbiotisch klammernde Mutter.

Ein Mensch mit nur leicht ausgeprägtem Narzissmus kann sehr wohl produktiv sein und auch andere zu visionärem Handeln inspirieren. Eine Sonderform ist der von C. G. JUNG beschriebene „puer aeternus“, der „Ewige Jüngling“, der nie ganz erwachsen zu werden scheint. Er sprüht voller Ideen, inspiriert andere, kann aber nur wenige Dinge selbst zum Abschluss bringen. In der Regel ist er aber erfolgreich, wenn eine Frau im Hintergrund für Organisation und Bodenständigkeit sorgt. Ich habe einige spirituelle Lehrer und Yogalehrer kennengelernt, die auf diese Weise durchaus segensreich gewirkt haben. Die weibliche Entsprechung ist die „puella aeterna“, die ewig jung bleibende Frau, die nicht nur mit ihrer Schönheit, sondern vor allem mit ihren vielfältigen Geistesgaben inspirierend auf andere einzuwirken vermag.

Dagegen kann ein massiver Narzissmus durch den ihm innewohnenden Größenwahn außerordentlich destruktiv sein, wie es an Diktatoren und auch an einigen Politikern deutlich wird.

Erschrecken Sie nicht, liebe Yogafreundin, lieber Yogafreund, wenn Sie an sich selbst gewisse Spuren von narzisstischen Neigungen entdecken sollten. Es ist völlig in Ordnung, dass wir fast alle vor anderen gut dastehen möchten und uns an der Anerkennung durch andere erfreuen. - Übrigens ist Narzissmus keine Selbstliebe, sondern im Gegenteil eine übertriebene Pflege einer Außenwirkung auf Kosten dessen, was uns als Persönlichkeit im Tiefsten ausmacht.

An einem Beispiel möchte ich Ihnen verdeutlichen, liebe Yogaübende, welche Gedanken und Empfindungen die gleiche Lebenssituation bei den verschiedenen Persönlichkeitsstilen auslösen könnten. Stellen Sie sich vor, jemand erhält eine Einladung zu einem Bewerbungsgespräch am anderen Ende der Stadt. Der/die Betreffende benötigt dringend eine neue Arbeit. Aus verschiedenen Gründen ergibt sich eine Verspätung bei der Abfahrt mit dem Auto, so dass es nicht sicher ist, ob die Firma pünktlich erreicht werden kann. Der potentielle Arbeitgeber ist telefonisch nicht erreichbar.

Altruistisch: „Ich benötige die Arbeit dringend. Wenn ich aber aufgrund der Verspätung die Stelle nicht bekomme, erhält sie vielleicht ein Mitbewerber, der sie noch nötiger hat als ich."

Egoistisch: „Die Stelle will ich unbedingt haben, koste es, was es wolle. Ich werde mit hoher Geschwindigkeit auf der

Überholspur fahren, werde die anderen dazu bringen, mich vorbei zu lassen."

Depressiv: „Wie auch sonst immer, geht auch diesmal alles schief. Dauernd sind auch noch die Ampeln rot. Ich komme zu spät, bekomme die Arbeit nicht."

Optimistisch: „Ich werde wohl rechtzeitig ankommen. Und wenn nicht, werden sie mich trotzdem nehmen, das Leben meint es ja fast immer gut mit mir." – *Esoterisch angedeutete Variante:* „Wenn ich die Stelle nicht bekommen sollte, hat dies sicher einen Sinn und es ergeben sich neue Möglichkeiten für mein Leben."

Ängstlich-vermeidend: „Habe Angst vor der Stelle, traue es mir eigentlich nicht zu. Warum habe ich mich bloß beworben. Wenn es nicht klappt, ist es auch gut."

Zwanghaft: „Es ist mir außerordentlich wichtig, pünktlich zu sein. Ich werde mal die roten Ampeln zählen und dann überlegen, wie schnell ich fahren muss, um rechtzeitig da zu sein. Aber ich will auch nicht die Verkehrsregeln durch zu schnelles Fahren verletzen."

Dramatisch: „Wie aufregend. Kann ich es schaffen? Warten schon alle auf mich? Was mache ich bloß?"

Narzisstisch-grandios: „Unverschämt, dass die Stadtverwaltung diese Strecke nicht in eine grüne Welle eingebunden hat. Hätte ich längst gemacht, wenn ich verantwortlich wäre. Aber auch, wenn ich später komme, werden sie auf mich warten, die Stelle bekomme ich, so gut wie ich bin."

Narzisstisch-verletzlich: „Sollte ich die Arbeit nicht bekommen – was unwahrscheinlich ist – werden sie sehen, was sie davon haben, mich nicht genommen zu haben. Sollten sie jemand anderen einstellen, wird es ein Fehlgriff, und die Firma erleidet Schaden."

Ich habe Ihnen einige weit verbreitete Persönlichkeitsstile angedeutet, damit Sie selbst feststellen können, ob Sie der einen oder der anderen Reaktionsweise bevorzugt folgen, ohne dass es Ihnen zuvor voll bewusst gewesen ist. Sicher finden Sie noch andere Verhaltensarten, die immer wieder bei Ihnen auftreten. Beim Handeln im Alltag reagieren wir ja meistens unreflektiert in der eingeübten Weise, finden dies selbstverständlich und machen uns keine Gedanken darüber. Aber ist unsere erlernte und vorgeprägte Art, uns durch die Welt zu bewegen, wirklich „selbstverständlich"? Es kann eine spannende Enddeckungsreise werden, sich hiermit intensiv auseinanderzusetzen.

Wenn Sie sich nun Ihrer bisher bevorzugten Reaktionsweisen und Persönlichkeitsstile auf dem Hintergrund Ihrer Lebensgeschichte und -erfahrungen bewusster werden, können wir uns der vierten Frage zuwenden:

Vierte Frage: Was hat sich davon für mich bewährt, was nicht? Passt dieses Verhalten noch zu meinem heutigen Leben? Was sollte ich davon beibehalten und was ändern – und wenn ja, warum?

Jeder Persönlichkeitsstil hat eine gewisse Berechtigung und kann uns helfen, unser Leben zu gestalten. Auch Introversion und Extraversion sind Möglichkeiten menschlichen Verhaltens in Bezug zu uns selbst und zu unserer Umwelt. Und wir können uns entweder mehr durch Denken oder Fühlen, mehr durch Intuition oder konkrete Wahrnehmung in unserem Leben bevorzugt orientieren. Aber relativ schwierig kann sich unser Leben gestalten, wenn wir aufgrund unserer Neigungen und Prägungen allzu einseitig ausgerichtet sind. Oder noch schlimmer: Wenn in Krisensituationen der vorherrschende Persönlichkeitsstil sich ins Extreme verstärkt oder durch noch tiefer verborgene extreme Reaktionsweisen abgelöst wird.

Im Folgenden möchte ich einige Vor- und Nachteile der bisher geschilderten Erlebensweisen und Reaktionen andeuten. Vielleicht können Sie, liebe Yogaübende, so selbst herausfinden, was für Sie zuträglich ist, was verstärkt werden oder abgemildert werden sollte.

Viele von uns Yogaübenden neigen mehr zur *Introversion.* Und in der Tat ist es für einen vertieften Yogaweg hilfreich, nicht nur nach außen auf die Welt gerichtet zu sein, sondern sich mit dem „Innenleben“ wie eigenen Empfindungen, Gedanken, Phantasien und Träumen intensiv auseinanderzusetzen. So lernen wir uns selbst in unseren Eigenarten und unserer

Einzigartigkeit als Individuen kennen. Und in einem weiteren Schritt zeigen uns dann die Methoden des Yoga, wie wir über diese Persönlichkeitsschicht noch hinausgelangen können in einen zeitlosen Bereich jenseits des Denkens und ichzentrierten Empfindens, zum Beispiel in einen Zustand unmittelbaren Erlebens. Wenn wir jedoch zu einseitig nur nach innen gerichtet sind, entgleitet uns die Bodenhaftung zur Welt, unsere mitmenschlichen Beziehungen leiden oder lösen sich auf, unsere Freude an den „kleinen Dingen" des Lebens geht verloren und wir können nicht hinreichend auf die Erfordernisse unseres privaten und beruflichen Lebens reagieren.

Gelegentlich ziehen sich Yogaübende nach enttäuschenden Erlebnissen zu sehr in die Innenwelt zurück und vermeiden fortan die Auseinandersetzung und Bewältigung des äußeren Lebens. Dies geht dann öfter mit dem Argument einher, dass man vertieft den Yogaweg der Innenschau gehen wolle. Aber der Versuch, sich durch Meditation allein von alten psychischen Belastungen zu befreien, reicht oft nicht aus. Denn die psychisch nicht bewältigten Erfahrungen brechen zumeist in der einen oder anderen Form wieder durch und verhindern den Gang in die Tiefe. Ich sage „zumeist", denn es gibt durchaus Meditationsmethoden, die sich gerade mit dem psychisch noch nicht Bewältigten beschäftigen, auf andere Art als in unserer westlichen Psychotherapie.

In der Regel ist ein gewisses Maß an *Extraversion* für die meisten von uns Yogaübenden erforderlich, wenn wir nicht ein Mönchs- oder Nonnenleben führen wollen. Gerade die Fähigkeit zu entwickeln, sowohl nach innen zu schauen und dennoch den Anforderungen des Lebens nach außen Genüge zu tun und es zu genießen, könnte uns zu ganzheitlichen

Menschen machen, die nicht einem „Yoga-Fanatismus“ zum Opfer fallen. Ich möchte nicht bestreiten, dass es einige begabte Mystiker und/oder Gott-Ergriffene geben mag, die allein den Weg der Innenschau leben können. Doch für die meisten von uns wäre wohl ein ausgewogenes Verhältnis von Innenschau und Leben in der Welt eher angezeigt. Es gibt für mich allerdings noch eine Ausnahme zu meiner Auffassung vom Leben im Yoga und in der Welt: Am Ende unseres Lebens könnte es darauf ankommen, uns durch Innenschau darauf vorzubereiten, was vielleicht nach dem Tod kommen mag. Dies empfiehlt unter anderem auch die hinduistische Tradition.

Ursprünglich vorwiegend *extravertierte* Menschen sind in Erleben und Handeln mehr auf die Außenwelt ausgerichtet und können sich dadurch in der Regel müheloser in der Welt bewegen als ein Introvertierter. Sie sind aber manchmal in Gefahr, sich an Äußerlichkeiten zu verlieren. Es könnte hilfreich sein, wenn sie auch die Fähigkeit zur Introversion mehr entwickeln. Anfänglich tun sich manche solcher Yogaübenden etwas schwer mit Meditation. Ich habe aber immer wieder erlebt, wie Extravertierte besonders über die Körperübungen des Yoga zu einem Innenerleben des eigenen Leibes und dann zur Fähigkeit verstärkter Introspektion und Meditation gelangten.

Wie wir gesehen hatten, ordnen wir unsere Erfahrungen und ihre Verarbeitung entsprechend von Ich-Funktionen ein. Nach C. G. JUNG sind dies zwei Gegensatzpaare: Denken - Fühlen oder konkrete sinnliche Wahrnehmung - Intuition. Wer mehr dem Denken zugeneigt ist, hat oft Schwächen in der „Treffsicherheit“ seiner Gefühle, und wer sich mehr an der sinnlichen Wahrnehmung orientiert, hat zumeist eine weniger verlässliche Intuition und umgekehrt. Zu letzterem ein Beispiel:

Ich neige mehr zur Orientierung mit meiner Intuition, habe aber deutliche Schwächen in der genauen sinnlichen Wahrnehmung. Dazu ein Beispiel:

Bei einer Zimmervisite beklagt ein Patient lautstark, dass er sich keinerlei anständige Kleidung leisten könne, so verarmt sei er. Ich habe eine deutliche Ahnung, dass das nicht stimme (Intuition), kann aber nicht sagen, warum. Als ich das Zimmer verlassen habe, sagt die mich begleitende Krankenschwester: „Haben Sie eigentlich bemerkt, dass der Patient ausgesprochen erlesene Kleidung trägt, ebensolche Schuhe und dass auch im halb geöffneten Kleiderschrank nur teure Designerstücke hängen?“ (konkrete Wahrnehmung).

Im Sinne eines vollständigeren Erfassens der Welt, unserer zwischenmenschlichen Beziehungen und unseres Innenlebens ist es wünschenswert, dass uns zunehmend alle vier Ich-Funktionen zur Verfügung stehen, auch wenn eine davon führend sein kann und vielleicht auch sein sollte. – In meinem oben angedeuteten Beispiel ist es also wichtig, dass ich an der besseren Erfassung der konkreten sinnlichen Wahrnehmung arbeite. – Was ist Ihre am wenigsten differenzierte und entwickelte Ich-Funktion – und ist es erklärbar, wieso sie sich so wenig entwickelte?

Was sind nun die wesentlichsten Vor- und Nachteile der bereits angesprochenen Persönlichkeitsstile? Allgemein kann ich sagen, dass die ausschließende Dominanz eines einzigen Persönlichkeitsstils immer von Nachteil ist und uns zu unvollständigen, einseitigen und auch leidenden Menschen verkümmern lässt. Doch in einer gelungenen Mischung dieser

Stile und Charaktereigenschaften kann die Bandbreite menschlichen Erlebens und Handelns ihren Platz finden und uns zu vertiefter Yogapraxis führen.

Altruismus: Der Altruismus ist der in Yogakreisen am weitesten verbreitete Persönlichkeitsstil und wird von einigen Yogatraditionen geradezu als Ideal eingefordert. Und in der Tat ist es wunderbar, wenn wir über den Tellerrand der eigenen begrenzten Existenz hinausblicken und Empathie und Offenheit für unsere Mitmenschen und unsere Welt empfinden und daraus freudigen Herzens Tatkraft entwickeln, im Kleinen oder Großen zum Welterhalt beizutragen. So können wir unserem Dasein einen übergeordneten Sinn verleihen und werden vielleicht schon auf dieser Stufe eine Verbundenheit mit anderen empfinden. Dies bereitet uns darauf vor, in der Yogameditation die Verbundenheit mit allem Sein zu erfahren und die Wege des Karma-Yoga zu beschreiten.

Auf die Gefahren eines übermäßigen Altruismus hatte ich bereits im vorherigen Kapitel hingewiesen: Eigene Bedürfnisse werden allzu leicht vernachlässigt, eine Erschöpfung durch „Selbstausbeutung“ stellt sich ein und auch eine Ausbeutung durch andere ist nicht auszuschließen. Ihr muss mit Entschiedenheit begegnet werden. Nur wer hinreichend auch für sich selbst sorgt, ist in der Lage, auf Dauer für andere und für die eigenen Ideale eintreten zu können.

Egoismus: Offensichtlicher und krasser Egoismus ist unter uns Yogaübenden weitgehend verpönt. Nach dem Motto „weil nicht sein kann, was nicht sein darf“, entschwinden unsere egoistischen Tendenzen unserem Bewusstsein und führen ein Schattendasein im Unbewussten. Dies geschieht entweder durch den Vorgang der bewussten Unterdrückung egoistischer Regungen (in diesem Falle bleiben diese Tendenzen dem Bewusstsein noch zugänglich) oder durch den unbewussten Vorgang der Verdrängung und weiterer Abwehrmechanismen, die im übernächsten Kapitel näher besprochen werden.

Schon der Buddha identifizierte den „Selbstbehauptungsdurst“ als eine der drei Triebfedern individueller Existenz. Und so ist es nicht verwunderlich, dass bis heute in unseren Yogakreisen (und auch bei mir) extremer Egoismus als einem spirituellen Leben entgegen gesetzte Tendenz verstanden wird. Doch es ist ein psychologisches Gesetz, dass in unserer Psyche Unterdrücktes und Verdrängtes eine verborgene Gegenreaktion im Unbewussten auszulösen vermag. Und so äußert sich unser Egoismus in versteckten Reaktionen. Hierzu ein kleines Beispiel: Ein Vater herrscht seine Kinder in unangemessener Weise an, weil sie ihn während seiner Yogaübungen stören. Und insgeheim denkt er vielleicht sogar, dass seine Kinder ihm auf seinem spirituellen Weg hinderlich seien, ihm seine Zeit rauben würden.

Entdecken auch Sie bei sich selbst egoistische Tendenzen, die Sie meinten, schon lange überwunden zu haben? – Seien Sie nicht bestürzt, solche Reaktionen bei sich zu entdecken! Es ist eine der Triebfedern individueller menschlicher Existenz. Bis zu einem gewissen Grad hilft Egoismus, in dieser Welt zu bestehen – engt uns aber ein gegenüber dem Blick auf das Ganze der Welt und die Einheit allen Lebens. Versuchen wir nicht, unseren Egoismus völlig zu unterdrücken! Egoismus ist der kleine dunkle Bruder der Selbstfürsorge und der großen Schwester der Selbstliebe. Geben wir unseren Egoismus in die Obhut des großen Bruders und der großen Schwester, so dass er keinen größeren Schaden mehr anrichtet in unserer

Beziehung zu uns selbst und unserer Umwelt. So „gezähmt“ schützt uns Egoismus davor, ausgebeutet, übersehen und unterdrückt zu werden.

Depressiver Persönlichkeitsstil: Die Neigung, alle zwischenmenschlichen Begegnungen, sich selbst und alles Geschehen mehr aus negativem Blickwinkel zu betrachten, ist ebenfalls weit verbreitet unter uns Yogaübenden. Denn einige von uns kommen ja zum Yoga aus Enttäuschungen im bisherigen Leben. Als Anfangsmotiv, sich dem Yoga zuzuwenden, ist dies völlig in Ordnung. Es sollte jedoch nicht auf Dauer bei nur diesem einen Motiv bleiben.

Es ist nicht zufällig, wenn wir halbvolle Gläser immer wieder als halbleer betrachten. Einige Gründe durch Lebensereignisse sowie Prägungen in Kindheit und Jugend habe ich bereits im Vorkapitel aufgezeigt. Es ist wahr, eine vorsichtig-depressive Grundeinstellung dem Leben gegenüber bewahrt uns vor mancher Enttäuschung, lässt uns Dinge mit Bedacht und Vorsicht angehen. Wenn diese Tendenz jedoch übermächtig ist, verlieren wir jede Freude am Leben. Und auch unsere Bemühungen und Wünsche scheitern dann oft durch die „sich selbst erfüllende Prophezeiung“ (nach A. ADLER), dass es schief gehen wird, „wie ja immer“.

Wenn es uns gelingt, eine *begrenzte* depressive Sichtweise in unserem Leben zu integrieren, kann dies durchaus zu einem Verständnis der Lebenswirklichkeit beitragen, ohne dass es zu einer schwarz getönten Brille bei unserem Blick auf uns und die Welt kommt. – Sind wir Yogafreund*innen in der Lage, unser Leben und die Welt in all ihren Unvollkommenheiten und Begrenzungen zu sehen, dies nicht zu verleugnen und *dennoch* Freude am Sein, an der Schönheit und an einem sich erweiternden Bewusstsein zu haben? Nach den Lehren des Yoga sind wir potentiell Kinder zunehmender Freiheit, Teil des Unendlichen, ausgestattet mit der Möglichkeit umfassender Erleuchtung. Nicht sind wir „verurteilt“ zur Freiheit und müssten unsere Kraft nehmen aus der Verzweiflung gegenüber der (vermeintlichen?) Absurdität des Lebens, wie einige existentialistische Philosophen meinen.

Optimismus als Grundeinstellung ist ein Persönlichkeitsstil, der zu einer guten und frohen Lebensführung beitragen kann. Dauerhaft sollte er aber nicht so stark ausgeprägt sein, dass er zu einer Verkennung der Realität und Oberflächlichkeit führt. Hilfreich wäre es, zwar optimistisch zu sein, jedoch die Fakten nicht zu verleugnen und auch einem nicht erwünschten Ausgang einer Situation gefasst und mit gewissem Gleichmut ins Auge blicken zu können. Manche zunächst übertrieben optimistisch eingestellte Menschen neigen dazu, bei einem Scheitern ins Gegenteil, in tiefe Verzweiflung und Depression zu fallen. Und in Lebenskrisen mit extremen Enttäuschungen kann bei zuvor positiv-optimistisch eingestellten Yogaübenden leider auch ein dauerhafter Verlust der optimistischen Grundhaltung erfolgen. Einer solchen Verkehrung ins Gegenteil (Enantiodromie) gilt es durch Entwicklung eines durchaus gern auch positiv getönten *Realismus* vorzubeugen.

Über diejenigen von uns, die *scheinbare Optimisten* sind, denen aber nicht bewusst ist, dass sie mit ihrer optimistischen Grundhaltung nur ihre Depressivität überspielen, hatte ich bereits berichtet. Es ist eine tiefgehende Frage, ob dies bei einigen von uns Yogaübenden der Fall sein könnte. Wenn sie mit ja beantwortet werden muss, setzt eventuell ein schmerzhafter Bewusstwerdungsprozess ein, durch den bisher verborgene Verletzungen angesehen, bearbeitet und geheilt werden können. Manchmal ist hier auch psychotherapeutische Hilfe angezeigt.

Gegenüber jenen *tapferen, nach außen sich optimistisch gebenden Yogafreund*innen,* die sich ihrer Verwundungen und depressiven Anteile bewusst sind, sich aber mit ihrer Art vor weiteren Verletzungen schützen, habe ich großen Respekt und Hochachtung. Ich hoffe aber, dass sie - wenn sie ihre alten Verletzungen bewältigt haben - sich souveräner und echter nach außen zeigen können, ohne sich erneut tief verletzen zu lassen.

Auch ein *zwanghaftes* Verhalten findet sich nicht selten unter uns Yogaübenden. Oft dient es einer Abwehr von Unsicherheit und Ängsten, gibt uns feste Regeln, an die wir uns halten können und das beruhigende Gefühl, dass wir alles richtig machen. Wenn sie nicht zu starr sind, geben uns Regeln einen haltgebenden Rahmen, der vielleicht sogar unseren Tagesablauf hilfreich zu strukturieren vermag.

Viele indische und asiatische Gurus bestehen darauf, dass die von ihnen anempfohlenen Yogaübungen und Meditationen täglich zu absolvieren seien; eiserne Disziplin sei auf dem Yogaweg unerlässlich. Und ihre getreuen westlichen Yogaschüler bemühen sich dann in zwanghafter Weise, diesen Anweisungen nachzukommen - besonders jene Anhänger, die sowieso bereits zu zwanghaftem Verhalten neigen. Dabei besteht die Gefahr, dass sie sich in ihren angestrengten Bemühungen verkrampfen und die Lust an der Yogapraxis dadurch verlieren.

Einige der negativen Folgen eines *ängstlich-vermeidenden* Persönlichkeitsstils habe ich bereits dargestellt. Wenn er ausgeprägt ist, führt er zu einem Leben weit unterhalb der

Möglichkeiten des Betreffenden. Und selbst der Yogaweg ist dann beeinträchtigt, z. B.: „Bei den Âsanas muss ich sehr vorsichtig sein … Atem anhalten im Prânâyâma ist wohl für mich zu gefährlich … Meditieren traue ich mir nicht zu … ist Yoga schädlich? ... Vielleicht ist es besser, kein Yoga zu üben … "

Angst hat eine wichtige Funktion, denn sie kann uns vor Leichtsinn, Torheiten, Überforderung und so manchen Gefahren bewahren - sofern sie einen *begrenzten* Platz in unserem Leben hat. Doch darf sie nicht Herrscherin sein, sondern Dienerin. – Überspielen wir nicht unsere Ängste, sondern werden uns ihrer gewahr und entscheiden dann, welchen Stellenwert wir ihr geben wollen! Es kann dabei hilfreich sein, sich bewusst zu werden, welche Erfahrungen unserer Vergangenheit zur Ausformung ängstlicher Lebenseinstellungen beigetragen haben. Und lernen wir dann, uns nicht von den Schatten der Vergangenheit tyrannisieren zu lassen.

Ein ausgeprägter *dramatischer Persönlichkeitsstil* ist meistens anstrengend – sowohl für den Betreffenden als auch für Bekannte, Freunde und Familie. Auch jene, die nicht an der extremen Ausformung einer Borderline-Persönlichkeitsstörung leiden, tun sich häufig recht schwer, ihr Leben in hinreichend ruhigen Bahnen gestalten zu lernen. Wie schon erwähnt, scheint die „Dramatik" dem Leben „Farbe" zu geben, die aber letztlich mit viel Leid und enormem psychischen Kraftverbrauch erkauft wird. *Etwas* Dramatik kann ja durchaus belebend sein, sogar andere mitreißen, auf etwas aufmerksam machen – doch darf es auf Dauer besser nicht zu viel sein …

Bei einer Neigung zum dramatischen Persönlichkeitsstil steht am Anfang einer Hinwendung zum Yoga oft der Wunsch, entweder innere Ruhe zu finden oder sogleich tiefe meditative Erlebnisse zu haben, die das bisherige Leiden an sich selbst und der Welt auslöschen sollen. Es ist zunächst schmerzlich, wenn solche Yogaschüler*innen sich auf ihrem Yogaweg ihrer inneren Leere, Verzweiflung und Ängste bewusst werden. Zugleich ist es zudem wichtig zu begreifen, wie das übermäßig stark empfundene Erleben von Schönem und Begeisterndem teilweise nur die andere Seite der Medaille ist und dazu dient, das Dunkle, Schmerzhafte sowie Langeweile und Leerheit des Lebens mit überhöhten positiven Gefühlen abzuwehren. Und dann stellt sich die Frage, wie die Sehnsucht nach Liebe, Anerkennung und Sinn anders als durch Dramatik seine Erfüllung finden kann. Hier kann u. a. auch Yogapraxis auf allen Ebenen hilfreich sein, erfordert aber besonders viel liebevolle Geduld und Stetigkeit.

Vor übermäßig *narzisstischen Yogalehrer*innen* hatte ich bereits gewarnt, weil sie ihre Schüler*innen zum Zweck der Selbstdarstellung und –überhöhung missbrauchen. Sie haben darüber hinaus keinen Tiefgang in ihrem Unterricht, da es vorwiegend um eine „Ich-Show" geht. Es geht ihnen weniger darum, dass die Schüler echten Zugang zu Yoga finden – Hauptsache, es kommt „gut an". Die vermittelten Binsenweisheiten erweisen sich bei näherem Hinschauen als oberflächlich und hohl …

Aber nicht immer ist ein wenig Narzissmus auf Seiten von Yogalehrer*innen schädlich: Es gibt einen nicht so seltenen Typus von Yogalehrer*innen mit *leicht narzisstischen und leicht dramatischen* Persönlichkeitsanteilen bei gleichzeitigem „Tiefgang". Solche Yoga-lehrer*innen haben Freude am Unterrichten, sind Menschen gegenüber aufgeschlossen und sind aufgrund eigener Erfahrung gern bereit, ihr Wissen an andere weiterzugeben. Sie wollen sich (zumeist unbewusst) nicht blamieren, bereiten ihren Unterricht u. a. auch deshalb gut vor. Und durch ihre Neigung zu dramatisch-anschaulicher Präsentation können sie Inhalte gut vermitteln. Haben sie zudem eine gewisse Tiefe eigenen Erlebens, können sie durchaus inspirierend wirken, ohne „Verführer" zu sein.

Narzissmus im krassen Sinne findet sich unter uns Yogaübenden nicht allzu häufig. Jedoch hat fast jede/r von uns gewisse narzisstische Persönlichkeitsanteile. Erschrecken wir nicht, wenn wir bei uns selbst Spuren narzisstischer Neigungen entdecken! Es ist ja völlig in Ordnung, wenn wir fast alle vor anderen gut dastehen möchten und uns an der Anerkennung durch andere erfreuen. Es ist mir aber wichtig, dass wir Yogaübende uns nicht selbst verbiegen in einer übermäßigen Anstrengung, anderen zu gefallen - vor allem nicht auf Kosten unserer eigenen Wertmaßstäbe. Diese Pflanze menschlichen Erlebens sollte nicht ins Unermessliche wachsen und sich auch nicht mit Tricksereien und Lügen umgeben.

Ich habe versucht, darzustellen, dass jeder dieser Persönlichkeitsstile eine *gewisse, aber begrenzte* Berechtigung haben kann und ein ausgewogenes „Mischungsverhältnis" von ihnen vielleicht hilfreich wäre zur Bewältigung der verschiedenen Situationen, in die das Leben uns stellt. Aber bei vielen von uns haben sich aufgrund der Lebensprägungen bestimmte Reaktionsweisen dominierend entwickelt. Wo bedarf es einer Korrektur und wie kann das geschehen? – Daher nunmehr die Frage bezüglich der Gestaltung des weiteren Lebens- und Yogaweges.

Fünfte Frage: Wie kann ich notwendige Änderungen vollziehen?

Unser dominierender Persönlichkeitsstil hat im Laufe unseres Lebens *Bewältigungsstrategien* für innere und äußere Konflikte hervorgebracht, auf die wir bevorzugt zurückgreifen. Die Entdeckung dieser Bewältigungsstrategien muss ich wegen ihrer Vielfältigkeit Ihnen überlassen, liebe Yogaübende. Sie können hilfreich oder hinderlich für Veränderungsprozesse sein. Sie bilden zumeist Gegensatzpaare, von denen nur eine Einstellung bisher vorwiegend geübt wurde. Wenn diese einseitigen Bewältigungsstrategien als einseitig erkannt werden, könnten Sie im Denken und Handeln immer wieder versuchen, bewusst auch das Gegenteil anzustoßen. So schlägt etwa das Patanjala Yoga Sûtra vor, übermäßigen Hassgefühlen eine Kultivierung von Liebe (maitrî) entgegenzusetzen.

So könnten wir etwa –

- dem übermäßigen Altruismus - Selbstfürsorge
- dem Egoismus - die Hilfe für andere
- dem oberflächlichen Optimismus - Probleme ernst nehmen
- dem Zwanghaften - eine großzügigere „lockerere“ Haltung
- der Ängstlichkeit - das Üben von Mut
- der Depressivität – die Aktivierung positiver „Verstärker“ („was tut mir trotz allem gut“)
- dem Dramatischen – die Wahrnehmung von Gefühlen mit leichter Distanz und Achtsamkeit
- dem Narzissmus - die Innenschau und Selbstliebe

entgegensetzen.

Ein solches Üben im Alltag setzt für mich voraus, dass wir uns die ursächliche Entstehung von einseitigen Haltungen und Bewältigungsstrategien bewusst gemacht haben, z.B. durch die Arbeit an unserer Lebensgeschichte. Sonst würden wir uns eventuell nur „umdressieren", nur ins Gegenteil verfallen oder resignativ auf die alten Reaktionsweisen zurückfallen, wenn unsere Bemühungen zunächst nichts fruchten. Wie wir den „Alltag als Übung" (DÜRCKHEIM) in diesem Sinne gestalten können, werde ich im Kapitel „Achtsamkeit" ansprechen.

Um sich im Sinne einer gewünschten psychischen Veränderung weiterentwickeln zu können, sind Yoga mit Achtsamkeit und Selbsterforschung in vielen Fällen wirksam, so dass westliche Psychotherapie bei geringeren psychischen Problemen nicht erforderlich ist. Wenn wir hinreichend glücksfähig, sozialkompetent, liebes- und beziehungsfähig sowie (psychisch) arbeitsfähig sind und mit den Schwierigkeiten des Lebens ausreichend umgehen können, stehen uns die Wege des Yoga offen. Bestehen jedoch schwerwiegende Konfliktsituationen, stärkere Ängste, ausgeprägte und anhaltende Depressionen und Zwänge, halte ich die eine oder andere Form von Psychotherapie neben der Praxis von Yoga für wichtig.

Auch jene, die schon lange Yoga üben, sollten sich nicht scheuen, in Krisensituationen auch Psychotherapie in Anspruch zu nehmen. Oft ist dann bereits eine Kurzzeitpsychotherapie (bis zu 25 Stunden) zielführend. In den meisten dieser Fälle kann Yoga neben einer Psychotherapie unter Anleitung kompetenter Yogalehrer*innen weiter geübt werden, wobei dann Yogapraxis und Psychotherapie sich gegenseitig in ihrer Wirkung unterstützen.

Schwieriger ist es bei den seltenen Fällen einer schizophrenen Psychose bei Yogaübenden. Hier müssten Psychiater*in und Yogalehrer*in gegebenenfalls eng zusammenarbeiten. Oft ist es besser, die Yogapraxis erst nach Abklingen der akuten Psychose vorsichtig wieder aufzunehmen oder zunächst nur körperbezogene Übungen (z.B. Âsanas) auszuführen.

Für diejenigen, die aufgrund ihrer psychischen Probleme eine Psychotherapie neben der Yogapraxis benötigen und anstreben, möchte ich im Folgenden einen Überblick geben über die psychotherapeutischen Angebote in Deutschland.

Einen gesetzlichen Anspruch auf Psychotherapie hat jeder Krankenversicherte, sofern es sich um eine psychische Störung *von Krankheitswert* handelt, die durch Psychotherapie mutmaßlich beeinflusst werden kann. Eine Psychotherapie lediglich zum Zwecke einer Selbsterfahrung ist nach dieser Definition (leider) ausgeschlossen. Die Anzahl der Psychotherapiesitzungen, die in Anspruch genommen werden können, ist begrenzt. Je nach Therapieverfahren und Notwendigkeit können 12 bis zu 240 Einzelsitzungen von den Krankenkassen bewilligt werden. Nach einer 2-jährigen Pause kann dann bei Bedarf zur weiteren Stabilisierung ein neuer Antrag auf Psychotherapie gestellt werden.

Es gibt eine große Anzahl von Psychotherapieformen. Und fast jede/r Psychotherapeut*in kombiniert die Methoden oder verändert sie etwas aufgrund eigener Erfahrungen. Nicht alle Psychotherapeuten sind für eine/n speziellen Patient*in geeignet. In einer ersten Probesitzung stellt sich aber erstaunlicherweise zumeist innerhalb von Minuten heraus, ob man miteinander arbeiten kann.

Berechtigt zur ambulanten Psychotherapie als Krankenkassenleistung sind die psychologischen Psychotherapeuten und die ärztlichen Psychotherapeuten und Psychosomatiker*innen, die einen „Kassensitz" erhalten haben. Letzterer wird u. a. nach langer Ausbildung und entsprechender Qualifikation vergeben. – Wer neben psychischen Problemen auch an körperlichen Krankheiten leidet (vor allem psychosomatischen Ursprungs), ist oft bei dem ärztlichen Therapeuten gut aufgehoben.

In begrenztem Umfang erstatten auch einige Krankenkassen Psychotherapie bei entsprechend ausgebildeten Heilpraktikern. Nach meinen Erfahrungen gibt es ausgezeichnete psychotherapeutische Heilpraktiker von hoher Begabung. Andere haben hingegen nur eine begrenzte Ausbildung und Befähigung auf dem Gebiet der Psychotherapie. Hier gilt es, sorgfältig zu wählen, wenn man sich (vielleicht aus Präferenz für alternative Heilmethoden) einen psychotherapeutisch tätigen Heilpraktiker wählt.

Psychiater und Nervenärzte haben zumeist eine hervorragende psychotherapeutische Ausbildung. Sie versorgen jedoch als Kassenärzte meistens eine große Anzahl von Patient*innen, so dass sie im Einzelfall oft keine hinreichende Zeit für die „sprechende Medizin" haben. Sie haben jedoch eine wichtige „Lotsenfunktion": Bei einfacherer Problematik behandeln sie meist selbst in Form einer Kurzzeittherapie oder einer niedrigfrequenten Psychotherapie - einer Therapie mit Gesprächen in größeren Abständen. Menschen, die einer intensiven Psychotherapie bedürfen, leiten sie an entsprechende Psychotherapeut*innen weiter. Ferner sind sie hoch spezialisiert auf dem Gebiet der Psychopharmaka und verordnen diese begleitend zur Psychotherapie bei schwerer Symptomatik.

Ambulante Psychotherapie wird entweder als Einzel- oder Gruppenpsychotherapie angeboten. Gelegentlich werden aber auch Einzelsitzungen mit Gruppentherapie kombiniert. Eine Gruppentherapie ist häufig angezeigt, wenn es um Schwierigkeiten des Umgangs mit anderen Menschen geht, während die Einzeltherapie manchmal tiefer auf eine spezielle individuelle Problematik einwirkt.

Bei massiver Symptomatik (z. B. verbunden mit Selbstmordgedanken oder einer schwerwiegenden psychosomatischen Krankheit) kann eine stationäre Psychotherapie in einer geeigneten Klinik erforderlich sein. Die Herausnahme aus einem krank machenden Umfeld und ein schützendes Umfeld durch die Klinik sind hier zusätzlich zum therapeutischen Angebot ein wichtiger Faktor.

Ist die Arbeitsfähigkeit gefährdet, kann ein psychosomatisches Heilverfahren beantragt werden, das bei Berufstätigen von den Rentenversicherungsträgern bezahlt wird. In solchen Heilverfahren wird neben psychotherapeutischen Gesprächen versucht, einen positiven Einfluss auf die Lebensgestaltung zu erwirken (Sport, Ernährung, Umgang mit Alkohol und Nikotin, Freizeitgestaltung).

Bei Suchtproblemen (Alkohol, Drogen, Spielsucht) sind Beratungsstellen oft gute Ansprechpartner und können bei Bedarf notwendige weitere therapeutische Angebote vermitteln.

Für Probleme innerhalb von Familien können Familienberatungsstellen erste Anlaufstellen sein. Bei Bedarf helfen sie zudem bei der Klärung von sozialen Fragen, unterstützen bei der Suche nach längerer Psychotherapie und stellen gegebenenfalls Verbindungen zu Jugendämtern oder psychosozialen Hilfen her.

Kirchliche Kreise bieten oft seelsorgerliche Hilfe an. Die Seelsorger der großen Konfessionen haben oft auch eine psychotherapeutische Ausbildung und sind daher zumeist in der Lage, psychotherapeutisch hilfreich auch über reine Glaubensfragen hinaus zu sein.

An vielen Orten gibt es Selbsthilfegruppen für verschiedenste psychische Probleme. Dabei unterstützen sich die Gruppenmitglieder gegenseitig. Selbsthilfegruppen stehen und fallen mit ihren Mitgliedern. Man mache sich einen eigenen Eindruck, wenn man ihnen beitreten möchte.

Als Krankenkassenleistung sind vor allem drei Verfahren zugelassen (andere nur teilweise):

- 1) *Verhaltenspsychotherapie:* Sie versucht, direkt am Symptom anzusetzen (z. B. Ängste, Depressionen, Zwänge) und sie durch gezielte Übungen zu verringern oder zu beseitigen. Die methodischen Übungen sind häufig aus den Grundlagenforschungen der Lernpsychologie entwickelt worden und werden ständig weiter modifiziert. Die „Lerngeschichte" des krankmachenden Verhaltens wird mit einbezogen. Viel eigenes und anstrengendes Üben außerhalb der Sitzungen wird hier dem/der Patient*in abverlangt.
- 2) *Psychoanalyse*: Die Aufarbeitung der Ursachen der Erkrankung spielt eine besondere Rolle. Dabei werden insbesondere die Lebensgeschichte und vor allem die

unbewussten Hintergründe in die Optik genommen. Alte prägende Erfahrungen und Traumata werden in Beziehung gesetzt zur gegenwärtigen Problematik. Bei der Erforschung unbewusster Hintergründe, Triebe und Wünsche spielt oft die Arbeit mit Träumen eine wichtige Rolle. In der Beziehung zwischen Analytiker*in und Patient*in werden alte Beziehungsmuster aktualisiert und damit dem Bewusstsein zugänglich gemacht (Übertragung und Gegenübertragung). - Psychoanalytiker*innen verstehen ihre Arbeit als „Tiefenpsychologie", weil sie von einer Dimension im Menschen ausgehen – dem Unbewussten – was normalerweise unserem Bewusstsein weitgehend verborgen ist, aber einen großen hintergründigen Einfluss auf unser Leben hat. – Die Psychoanalyse beansprucht in der Regel deutlich mehr Therapiesitzungen als die Verhaltenstherapie und hat den Anspruch, dem/der Patient*in nachhaltiger zu helfen.

- 3) Die *tiefenpsychologisch fundierte Psychotherapie* arbeitet mit einem Teil der Grundideen der Psychoanalyse und legt besonderen Wert auf die Bearbeitung der gegenwärtigen psychischen Probleme auf dem Hintergrund der Lebensgeschichte. Die Arbeit mit Träumen nimmt eine weniger bedeutsame Stellung ein als in der Psychoanalyse. – Einige meiner vorausgegangenen Vorschläge in diesem Buch zur selbstständigen Erhellung der eigenen Biografie (ohne die Assistenz von Psychotherapeut*innen) nehmen Anleihe an den Konzepten der tiefenpsychologisch fundierten Psychotherapie.

Zu den *Entspannungsverfahren* zählen u.a. das *Autogene Training* (nach J. H. SCHULZ) und die *progressive Muskelentspannung* (nach JACOBSEN). Beide werden oft in Volkshochschulkursen oder als Veranstaltungen der Krankenkassen angeboten. Sie haben beide eine gute entspannende Wirkung und können dem Alltagsstress ein gewisses Gegengewicht setzen - wenn man sie regelmäßig übt. Wenn diese Entspannungsverfahren gut erlernt wurden, sind 10 - 15 Minuten täglich ausreichend. Das Autogene Training wirkt zumeist noch intensiver als die progressive Muskelentspannung, ist aber etwas schwerer zu erlernen.

In seiner Oberstufe hat das Autogene Training eine gewisse Ähnlichkeit zu einigen Yoga-Meditationsübungen (der Begründer des Autogenen Trainings war mit Yoga vertraut). Aber auch in seiner Oberstufe beinhaltet es eine *Entspannung*, während Yoga zu einer *ausgeglichenen, ausbalancierten* Spannung führt. Yogapraktizierende sollten daher diese Entspannungsverfahren nicht in einem direkten zeitlichen Zusammenhang mit Yogaübungen durchführen. Das Autogene Training ist eine Form der Selbsthypnose und etabliert einen *unterwachen Bewusstseinszustand*, ähnlich wie wir es kurz vor dem Einschlafen erleben. Yoga hingegen führt in einen eher *überwachen, intensiven und dennoch ausgeglichenen Bewusstseinszustand*. Beides kann richtig sein, jeweils zu seiner Zeit. Ich z. B. übe gern öfter Autogenes Training nach einem anstrengenden Arbeitstag - und Yoga davon getrennt morgens und/oder abends.

Das Autogene Training ist eine Art der Selbsthypnose. Auch die *Hypnose-Psychotherapie* strebt einen unterwachen, entspannten Zustand an. Sie wird vom Therapeuten eingeleitet und vornehmlich dazu benutzt, neue Verhaltensweisen in den

Tiefenschichten des Bewusstsein mittels Suggestion zu etablieren (z.B. Nikotinentwöhnung; Überwindung von Ängsten). Solche Suggestionen können auch im Autogenen Training vom Übenden selbst geübt werden (z. B. „Mut, Gelassenheit, Selbstvertrauen in allen Lebenslagen". Oder „kleine Mengen machen satt" bei einer kalorienarmen Diät). Solche Suggestionen (durch einen anderen oder durch sich selbst gegeben) wirken übrigens nur, wenn man an die Suggestion selbst glauben kann. Hypnose wird gelegentlich für schmerzarme Geburten oder bei Zahnoperationen angewandt. Sie ist auf diesen Gebieten leider etwas außer Mode gekommen, da sie personalintensiv und zeitaufwendig ist und zudem nicht bei allen Menschen wirkt.

Die *systemischen Psychotherapien* gehen davon aus, dass die psychische Symptomatik eines Menschen durch ein „System" (z. B. die Familie), das krankmachend ist oder war, ausgelöst wird. Mit Bewusstwerdung und gegebenenfalls Veränderung dieser Situation soll Heilung erzielt werden. Systemische Therapie wird häufig als Familientherapie angeboten und wird neuerdings auch als Kassenleistung bezahlt. – Eine andere Form systemischer Therapie sind „Familienaufstellungen" (B. HELLINGER), bei denen Mitglieder einer Gruppe die Rollen von Familienmitgliedern eines Gruppenmitglieds annehmen, so dass die Einflüsse der Ursprungsfamilie auf den/die Betreffende/n in dramatischer Form in Erinnerung gebracht und eine bewusste Ablösung von alten Denk- und Verhaltensmustern angeregt werden kann.

Familienaufstellungen erscheinen mir nur sinnvoll, wenn eine hinreichende psychotherapeutische Aufarbeitung des Erlebten nach der Gruppensitzung erfolgt. Mehrfach habe ich erlebt, wie Menschen nach einem Wochenendkurs in Familienaufstellung ohne nachträgliche therapeutische Begleitung in erhebliche Schwierigkeiten gerieten.

In einer T*ranspersonalen Psychotherapie* wird versucht, den Menschen über die rein persönliche Problematik hinaus als ein Wesen zu begreifen, das eine überpersönliche Tiefendimension besitzt. Hier kommen neben den klassischen westlichen Psychotherapieverfahren asiatische Meditationstechniken und Yoga zum Einsatz. – Die Transpersonale Psychotherapie hat verschiedene Behandlungsformen hervorgebracht und ist in Weiterentwicklung begriffen. Aktuell steht und fällt sie mit der Persönlichkeit der jeweiligen transpersonalen Psychotherapeut*innen und ihrer persönlichen Erfahrung mit Transzendenz und ihrer spezieller Weltanschauung (z. B. buddhistischer Hintergrund). Sie ist ein interessanter Ansatz für einige Yogaübende aufgrund ihres Menschenbildes und der Vielfalt der angewandten Methoden. Sie ist jedoch keine Krankenkassenleistung. – Eine historische Frühform der Transpersonalen Psychotherapie ist die *Initiatische Therapie* nach K. DÜRCKHEIM.

Eine unmittelbare Beziehung zu Yoga und Achtsamkeitsmeditation hat die „Mindfulness Based Stress Reduction" (MBSR) nach J. ZINN. Dabei werden in einem strukturierten Gruppenkurs Erkenntnisse westlicher Psychotherapie und Stressforschung mit Yoga und buddhistischer Achtsamkeits- und Einsichtsmeditation verbunden. Der Kurs ist primär für Stressgeplagte und psychosomatisch erkrankte Patienten entwickelt worden. Er bietet aber darüber hinaus eine Einführung in Yoga und Meditation. Einige heute Yogapraktizierende haben auf diesen Weg zu vertieftem Yoga und Meditation gefunden.

Wie ich schon erwähnte, benötigen viele von uns Yogapraktizierenden keine Psychotherapie und streben dies auch nicht an. Aber jede/r von uns kann individuelle Strategien entwickeln, mit denen als notwendig erachtete Denk- und Verhaltensänderungen angestoßen werden. Es gibt hierfür keine allgemeingültigen „Rezepte". Doch ich hoffe, dass Sie bereits mit dem bisher Gelesenen einen „Richtungswechsel" ins Auge fassen können.

Auch die Yogatraditionen geben wertvolle Hinweise, wenn es um Veränderungen geht. Ich möchte hier zusammenfassend einige Anregungen des klassischen Patanjala Yoga Sûtras aufgreifen. Zwar ist dieses Sûtra primär darauf ausgerichtet, uns auf die „innere Reise" (*pratyak ceta nâdhigama* PYS I, 29) vorzubereiten. Das PYS gibt uns einige grundsätzliche Anregungen hierzu. Aber diese Anregungen können durchaus auch allgemein hilfreich sein auf dem Weg zu Veränderung und Wandel im Leben, für unsere Yogapraxis und für innere Harmonie.

- Das notwendige stetige Üben (*abhyâsa*) benötigt als Gegengewicht ein inneres „Loslassen" (*vairâgya*), damit wir nicht von Erfolg oder Misserfolg des Übens abhängig sind (PYS I,12).
- Das (ununterbrochene) Üben benötigt lange Zeit (*dîrgakâla*) (PYSI,14) und eine gleichbleibende Methode (PYS I,32).
- Fortwährende Kultivierung von Eigenschaften, die das Gegenteil bisheriger unerwünschter Neigungen beinhalten (*pratipaksha bhâvana*) (PYSII,33).

- Das stetige Üben (hier: zwar meditative Sitzhaltung, aber auch als allgemeiner Grundsatz zu verstehen) sollte mit einem angenehmen Glücksgefühl (*sukha*) verbunden sein (PYSII, 46).
- Das Üben wird besser, wenn wir „mit der Anstrengung nachlassen" (*prayatna shaitilya*) und unser Bewusstsein „dem Unendlichen" (*ananta*) öffnen (also uns nicht eingeengt auf etwas nur Kleines konzentrieren) (PS II,47).
- Das noch nicht entstandene Leiden kann vermieden werden! (PYS II, 16).

Bevor wir vertieft in Meditation einsteigen können, muss das „Denkorgan" stabilisiert werden (*manasah stithini bandhana*) (PYS I 35-38) und ein friedvolles Glücksgefühl (*citta-prasâda*) (PYS I,28-29 und I, 32–39) aufgebaut werden. Hierfür schlägt das PYS einfache meditative Grundübungen vor:

- *Bhâvana* (Wiederholung, Erzeugung, Hervorbringen) vom Mantra OM (PYS I,27-28). – Dies ist heute auch die gängigste Meditationsübung in vielen Yogaschulen.
- *Bhâvana* (wiederholte Erzeugung) einer inneren Haltung von Liebe (*maitrî*) - gegenüber Personen, die uns nahe stehen, von Mitleid und Mitgefühl (*karunâ)* gegenüber Menschen im Unglück, Mitfreude (*muditâ)*) gegenüber glücklichen Menschen und Gleichmut (*upekshâ*) sowohl gegenüber tugendhaften wie auch gegenber bösen Menschen. – Das PYS hat wahrscheinlich diese vier Übungen der *brahma vihâra* (wörtlich:

Verweilen im Brahma, im Göttlichen), aus dem buddhistischen Yoga übernommen. Doch während es sich dort um fortgeschrittene Meditationen handelt, die auf *alle* Personen angewandt werden, handelt es sich im PYS um eine Praxis im Alltag für Anfänger, die nur auf eine spezielle Situation angewandt wird (PYS I,33).

- Tiefe und starke (schnelle) Ausatmung und kontrollierte (langsame) Einatmung - d. h. eine einfache Art von Prânâyâma (PYS I,34).

- Den Geist stetig machen, indem er von einem Objekt ausgefüllt wird. – Dies entspricht einer allgemeinen Anweisung zu Meditation, aber eben auf einer Anfängerstufe (PYS I,35).

- Visualisierung einer imaginierten Flamme oder eines Lichtes (PYS I,36). – Man kann auch bei Dunkelheit auf eine Kerzenflamme schauen, dann die Augen schließen und das Nachbild der Flamme betrachten.

- Kontemplation über einen Heiligen (oder Guru) oder über ein Thema oder Ideal (I,37). – Christen könnten hier z. B. über den Kreuzweg Christi kontemplieren oder seine unendliche Liebe in den Mittelpunkt ihrer Betrachtung und Dankbarkeit stellen.

- Beobachtung von Träumen und Beachtung des daraus erworbenen Wissens (PYS I, 38).

- Die wahre Zufriedenheit und ein konfliktfreier Zustand des Geistes können gemäß dem Patanjala Yoga Sûtra aber erst durch die Praxis der Meditation (*dhyâna*) erzielt werden.

Neben allgemeinen Anregungen aus den Yogatraditionen und den Anfängen der Meditation steht uns Übenden aber noch ein weiteres umfassendes Mittel für (sanfte, allmähliche) Veränderung unseres Lebens zur Verfügung. Es ist dies die Praxis der Achtsamkeit - sowohl in der Meditation wie auch im Alltag. Eine Einführung hierzu möchte ich im folgenden Kapitel geben.

Über die Praxis der Achtsamkeit

Die Übung der Achtsamkeit entstammt dem buddhistischen Yoga. Der Buddha ging einen radikal anderen Weg als die Rishis und Yogis am Anfang der Entstehung des Yoga und die Yogameister seiner Zeit. Diese hatten sich in ihrer Spiritualität bezogen auf Gott, einen göttlichen Urgrund oder unsterbliche Seelen, die es zu erfahren gelte. Der Buddha hingegen ging von der *Situation des Menschen* in seinem existentiellen psychologischen Leiden an den Begrenzungen und Unvollkommenheiten individueller Existenz aus. Er entdeckte, dass bereits die Bewusstwerdung, das Gewahrwerden dessen, was „ist", eine entscheidende Wendung zu innerer Freiheit bewirkt, die dann in vertiefter meditativer Erfahrung (z.B. der Verbindung individueller Existenz mit allem Leben und Sein) ihren Abschluss finden kann.

Achtsamkeitspraxis ist das bewusste *Erleben,* was im gegenwärtigen Augenblick „ist". Idealerweise wird sie getragen von einer liebevollen, verständnisvollen, akzeptierenden, gewahrwerdenden Grundhaltung dem gegenwärtigen Augenblick und sich selbst gegenüber. Sie ist anteilnehmend - ohne sich in die Situation „hineinziehen" zu lassen.

Mein verehrter Lehrer LAMA A. GOVINDA hat immer wieder die Bedeutung des *Erlebens* in den Mittelpunkt der Entwicklung der Achtsamkeit gestellt. Er setzte dies einem intellektuellen Zergliedern des Augenblicks entgegen, bei denen Übende bloße „Zeugen" des Geschehens seien. Eine *gewisse* affektive Distanzierung könne zwar hilfreich sein, um nicht in einen Strudel des Reagierens hineingezogen zu werden. Das unmittelbare Erleben solle aber dabei nicht zerpflückt und intellektualisiert werden. Ein Zoologe, der ohne Gefühl ein Insekt zerlegt, um es zu „verstehen", gehe letztlich am Wesen des *lebendigen* Insekts vorbei – so auch jene, die bei der Achtsamkeitspraxis im intellektualisierenden und distanzierenden „Beobachten" stecken blieben.

GOVINDAS (und auch meine) Auffassung von der Praxis der Achtsamkeitsübung wird nicht von allen geteilt. Einige Yogameister*innen meinen, man solle dabei „bewertungsfrei und neutral" verbleiben. Vielleicht haben sie recht in der Befürchtung, Schüler*innen könnten sich im Dschungel der Gefühle verlieren. Dem „bewertungsfreien Wahrnehmen" kann ich zustimmen, wenn es mit liebe- und verständnisvollem Bewusstsein verbunden wird. Jedoch erscheint mir ein indifferentes Beobachten am Kern der Achtsamkeitsübung vorbei zu gehen.

Wir müssen und dürfen keine Angst vor Gefühlen haben – sofern sie uns nicht dauernd aus der Bahn werfen und uns beherrschen. Sie gehören zu uns und zu unserem Leben wesentlich dazu.

Der Grad ist schmal zwischen anteilnehmendem, intensivem und engagiertem Erleben und dem sich in der Situation ohne jeden Abstand zu verlieren. Letzteres geschieht zumeist in den alltäglichen Situationen unseres Lebens.

Achtsamkeit kann angewandt werden in Bezug auf

- den Körper. Wir könnten z. B. beim Üben verschiedener Âsanas wahrnehmen, wie unser gesamter Körper jeweils ein ganz anderer ist …
- Gefühle und Stimmungen und auf ihr Entstehen und Vergehen in all ihrer Differenziertheit.
- Gedanken (und ihr Kommen und Abebben).
- Übergeordnete Ideen, an denen wir uns positiv ausrichten – aber andererseits auch überholte Grundüberzeugungen, die uns leiden lassen.

Als Anfänger in Achtsamkeitsübungen wird man sich vorwiegend mit einer dieser Gruppen beschäftigen, später dann mit allen – jeweils, wie sie ins Bewusstsein treten. Dies gilt vor allem beim Meditieren auf der Sitzmatte. Falls wir dabei etwa das Erleben des Atems als zentrale Achtsamkeitsübung gewählt haben, steht dies im Mittelpunkt, bis sich Gedanken und Gefühle in den Vordergrund stellen, denen wir dann unsere Achtsamkeit geben, ohne uns in ihnen zu verlieren. Dann kehren wir wieder zu unserer Atembetrachtung zurück usw. ...

Wir können auch ein einzelnes Thema in das Zentrum unserer Aufmerksamkeit in der Meditation stellen. Häufig wird bei der Atemmeditation der Rhythmus des Atems gewählt, sein Entstehen und Vergehen im andauernden Rhythmus entsprechend dem Rhythmus unseres Körpers und unseres Seins. Gerade in einer solchen Übung kann uns die Dynamik des Lebens zum Erleben werden. – Der Buddha hat 16 solcher

Themen allein für die Atemmeditation vorgeschlagen; viele mehr wären möglich …

Bezüglich unserer Fragestellung, inwieweit Achtsamkeit uns von den Prägungen der Vergangenheit freier machen kann, möchte ich von einer Patientin berichten, die über zwei Jahre eine „einfache" Achtsamkeitsübung in ihrem Alltagsleben anwandte. Sie hatte in einigen psychotherapeutischen Stunden bei mir erkannt (und durchlitten!), dass ihr Leben geprägt war von ständiger Angst, was andere über sie sagen oder denken könnten. So war sie zu einem überangepassten Menschen geworden, der es stets allen recht machen wollte und sich überall sozial verbog und trickreiche soziale Lügen anwandte, um nicht „entlarvt" zu werden. Einer längeren Psychotherapie wollte sie sich nicht unterziehen. (Später gestand sie mir, dass sie sich vor mir schämte - ganz im Sinne des alten Musters - und daher keine Therapie machen wollte/konnte). Und so empfahl ich ihr einen Meditationslehrer, dessen Arbeit ich schätzen gelernt hatte.

Von ihm bekam sie die Aufgabe, nichts anderes zu tun, als alle diese täglichen Verbiegungen wahrzunehmen. Sie war zunächst erstaunt und erschrocken über das Ausmaß in ihrem Leben. Kein Tag verging, an dem sie nicht mehrfach im Sinne des alten Musters reagierte. Und so begann sie sich zu verurteilen und zu verachten. Eine weitere Schwierigkeit bestand darin, dass sie zunächst meinte, sich durch die Achtsamkeitsübung besser „kontrollieren" zu müssen. Eine Änderung ihres Verhaltens gelang ihr nicht und sie wurde zunehmend angespannter und verkrampfter. Der Meditationslehrer regte an, *keinerlei Veränderungen anzustreben,* sondern „bloß" weiter das Wirken des alten Schemas wahrzunehmen, ohne sich dauernd zu verurteilen oder wenigstens immer wieder wahrzunehmen, wie sie sich verurteilte. – Innerhalb von zwei Jahren wurde sie ein anderer, selbstbewussterer Mensch. – Vielleicht hat dazu noch beigetragen, dass sie in diesen zwei Jahren auch intensiv Yoga übte, es im Hatha-Yoga zu einiger Fertigkeit brachte und ihren „nicht perfekten" Körper annehmen lernte.

Manche mir bekannte Yogaschüler*innen (und auch ich) haben davon profitiert, *zunächst ein einziges* Thema ihres Verhaltens und Denkens längere Zeit im Alltag achtsam wahrzunehmen – neugierig, liebevoll, annehmend und nicht (ver-)urteilend. Und es kann auch erhellend sein, sich immer wieder einmal in Augenblicken der Ruhe während und trotz hektischer Aktivitäten neugierig und humorvoll zu fragen: *„Was mache ich eigentlich – jetzt und hier?"*

Wer den Weg der Achtsamkeit beschreiten möchte, sollte sich eine/n hierfür qualifizierten Yogalehrer*in suchen. Auch gute Einführungskurse werden in Deutschland von Seminar-häusern angeboten. Und wer es möchte, kann sich auch zur Frage einer eventuellen Alltagsübung zur besseren Bewältigung von überkommenen Verhaltensmustern durch Achtsamkeit beraten lassen, sollte dies dann aber - zumindest anfänglich - mit Unterstützung durch Meditationslehrer*innen oder darin geschulten Psychotherapeut*innen praktizieren.

Einige westliche Psychotherapeuten wurden inspiriert durch asiatische Formen von Achtsamkeitsmeditation und haben begonnen, Methoden von „achtsamkeitsbasierter Psycho-therapie" zu gestalten, damit ihre Patienten freier werden von den Prägungen der Vergangenheit. Die Weiterentwicklung auf diesem Gebiet wird eine deutliche Bereicherung unserer Psychotherapiemethoden sein. Bisher wird zumeist versucht, ohne den „Tiefenhintergrund“ des Yoga oder die Menschenbilder und Philosophien östlicher Traditionen auszukommen. Dies mag für die Therapie von psychosomatischen Störungen und psychischen Krankheitsbildern durchaus hilfreich sein. Doch ist es fraglich, ob allein so dem Leben ein tiefergehender Sinn gegeben werden kann.

In meinem Roman „Stimmen des Unendlichen“(S. 30 – 31) schildere ich in einem fiktiven Bericht eines Schüles, wie er von seinem Meister eine Einführung in die Achtsamkeitsübung erhalten hatte. Ich zitiere hier diesen Bericht, da er Wesentliches einer Achtsamkeitsübung zusammenfasst:

„… Dann lehrte er mich, den Strom der anschwellenden und wieder abklingenden Gefühle anteilnehmend und liebevoll wahrzunehmen, mich dabei aber nicht in die Gefühle hineinziehen zu lassen und nicht von ihnen überschwemmt zu werden. Selbst Gefühle wie Wut, Hass, Ärger, Verzweiflung hatte ich auf diese Weise zu erleben.

Es war seine besondere Methode, dass dieses Erleben von Liebe und Verständnis geprägt sein sollte. Angst und Wut seien ebenso meine „Kinder“ wie Freude, Großmut, Mitleid und Liebe. Sie alle gehörten zu mir, seien Teil meines Wesens. Nicht bloß „bewertungsfrei und neutral“ (wie ich es von einigen Bhikkhus später hörte) sollte ich meine Gefühle betrachten, sondern mit Hingabe und vor allem Verständnis. Denn durch eine von Verständnis und Liebe getragene Achtsamkeit könnten sich die Gefühle allmählich umwandeln und ihr Überschwang zur Ruhe kommen. Gegen „negative“ Gefühle anzugehen sei nur bedingt sinnvoll, denn ein solcher Kampf sei getragen von einer Wut gegen einen Teil von einem selbst. Das aber wäre so, als wenn man Hass durch neuen Hass auslöschen wolle.

In gleicher Weise sollte ich liebevoll, achtsam und mit zunehmendem Verstehen den Strom der aufkommenden Gedanken und auch ihr Abebben wahrnehmen, ohne ihnen nachzuhängen.

Auch meinem Körper (...) musste ich Aufmerksamkeit schenken und besonders den Atem wahrnehmen, ohne ihn zu beeinflussen, ohne einzugreifen in den Atemprozess, der sich von allein entfaltete - mal zitternd und bebend durch meine Gefühle, dann wieder ruhiger und langsamer.

Die Aufgabe bestand nach seiner Anweisung darin, jeweils Körper, Gedanken oder Gefühle in den Mittelpunkt der von Liebe getragenen verständnisvollen Achtsamkeit zu stellen, je nachdem, welches von den dreien sich in den Vordergrund der Aufmerksamkeit stellte. Hilfreich sei es, immer wieder zur Atemachtsamkeit zurückzukehren und diese, wenn möglich, als zentrales Meditationsobjekt zu nehmen. In fortgeschrittener Meditation, hatte er hinzugefügt, sei es möglich, gleichzeitig all dies im Bewusstsein zu haben und auch noch übergeordnete Ideen wahrzunehmen.“

Sich selbst auf die Schliche kommen - das Wirken der Abwehrmechanismen

Unterhalb der Schicht unseres bewussten Wollens, Handelns und Erlebens geht man in der Tiefenpsychologie von einem Bereich des Vorbewussten und Unbewussten aus, das unser Leben in weit größerem Maß beeinflusst als wir es vermuten. Triebwünsche, Konflikte, die - für unser gewöhnliches Bewusstsein - schamhaft mit Schuldgefühlen besetzt und peinlich sind, finden sich dort. Auch gibt es da Erinnerungen an kränkende, verletzende Erlebnisse. All dies ist nicht wirklich vergessen, sondern es führt ein Schattendasein, aus dem Impulse, Fehlhandlungen, Symptome ins Bewusstsein gesendet werden, wenn der innere Druck zu groß wird. Solche Symptome können Ängste, Depressionen, Zwänge oder psychosomatische Krankheiten sein, aber auch „unerklärliche" Stimmungen, Einfälle und impulsive Handlungen, die nicht mit dem von uns akzeptierten Bild von uns selbst übereinstimmen.

Die *Abwehrmechanismen* sind weitgehend unbewusste Reaktionen, die in (zumeist ebenfalls unbewussten) Konfliktlagen, nicht zugelassenen Triebwünschen und zwischenmenschlichen Konflikten eine scheinbare Entlastung bewirken und sie für das Bewusstsein „verschwinden lassen". Allerdings ist diese Entlastung nicht der Wirklichkeit gemäß.

Die Abwehrmechanismen dienen der Stabilisierung unseres Selbstbildes, indem sie das trügerische Gefühl vermitteln, auf der richtigen Seite zu stehen und in Ordnung zu sein. Es ist wünschenswert, dass uns das Wirken der Abwehrmechanismen zumindest teilweise bewusst wird, so dass eine auch vom Bewusstsein mitgetragene reife Lösung in den Problemen unseres Lebens gefunden werden kann. Allerdings ist ein solcher Bewusstwerdungsprozess auch schmerzhaft; nicht umsonst liegen die gnädigen Schleier der Abwehrmechanismen über so manchem in unserem Leben!

SIEGMUND FREUD und seine Tochter ANNA FREUD haben eine Reihe dieser Abwehrmechanismen identifiziert und beschrieben. Im Folgenden schildere ich diejenigen, die mir besonders häufig in Yogakreisen begegnet sind und die einer partiellen Bewusstwerdung leichter als andere zugeführt werden können.

Das „Vergessen" des Verletzenden, Peinlichen, Schuldhaften, Konfliktbehafteten unseres Lebens kann partiell sein. Dabei sind wir uns der schwierigen Situation manchmal noch teilweise bewusst. Oft aber scheinen wir davon nichts zu wissen, obwohl es doch so peinlich und belastend war, dass es im Zentrum unserer Aufmerksamkeit stehen müsste. Dies geschieht durch den Abwehrmechanismus des *Verdrängens*. Dieser ist dadurch besonders wirksam, weil er weitgehend unbewusst abläuft, so dass zunächst eine gewisse Ruhe erreicht wird, scheinbar keine Belastung besteht.

Bis zu einem gewissen Ausmaß ist die Verdrängung für unser seelisches Gleichgewicht wichtig. Wie schrecklich wäre es, wenn wir alles Belastende unseres Lebens ständig im Bewusstsein mit uns tragen müssten! Doch wenn das Unbewusste zu sehr aufgeladen wird mit schwerwiegenden Ereignissen und Konflikten, entstehen Spannungen, die sich - wie oben geschildert - in Symptomen entladen können. Diese Symptome können nun selbst einen „missglückten Heilungsversuch" aus der nicht bewussten Konfliktsituation darstellen.

Dazu ein Beispiel: Ein junger Maurer kam in meine Behandlung mit massiven und körperlich nicht erklärbaren Schwindelanfällen, die ihm das Arbeiten auf Gerüsten unmöglich machten. Erst in der Psychotherapie begriff er, dass er nie Maurer werden wollte, aber dem Gebot des Vaters gefolgt war. Die Schwindelanfälle machten ihn sozusagen berufsunfähig, ohne dass er sich mit seinem jähzornigen Vater auseinandersetzen musste. Als er das erkannt hatte, wurde er allmählich schwindelfrei - und erlernte einen Büroberuf. Er setzte sich mit seinem Vater und seinen Ängsten vor ihm (und vor anderen Menschen) auseinander und verblieb symptomfrei.

So kann es manchmal erforderlich sein, das vor- und unbewusst Belastende in einem vorsichtigen Bewusstwerdungsprozess aufzuarbeiten, wie es die Psychoanalyse versucht. Oft ist es aber auch ausreichend, diesen verborgenen Bereich unseres Lebens nur in begrenztem Maße anzugehen, wie es etwa durch eigene biografische Arbeit geschehen kann, die häufig zumindest Vorbewusstes aufzudecken vermag. - Dies hatte ich in den Vorkapiteln angeregt.

Auch das Licht warmherziger anteilnehmender Achtsamkeit sowohl im Alltag wie auch in der Meditation kann hier

Wichtiges leisten, indem wir die aus dem Unbewussten aufsteigenden Stimmungen und Impulse wahrnehmen und erleben, sie nicht gleich wieder unter die Bewusstseinsschwelle gleiten lassen. Denn dann sind wir nicht mehr diesen Impulsen instinkthaft ausgeliefert, sondern können ihnen mit Bewusstsein folgen - oder eben auch nicht.

Abzugrenzen von dem weitgehend unbewussten Vorgang der Verdrängung ist das *bewusste Unterdrücken* unerwünschter Triebimpulse, Erinnerungen und Handlungsweisen. Denken wir zum Beispiel an den katholischen Priester, der das Zölibat ernst nimmt, sexuell enthaltsam lebt, sich seiner sexuellen Wünsche aber durchaus bewusst bleibt. Oder an Yogaübende, die erotisch-sexuelles Begehren zu unterdrücken versuchen – in der Meinung, durch eine solche Unterdrückung Fortschritte im „höheren" Yoga erreichen zu können. Unterdrückung *allein* ist kraftraubend, enormer psychischer Aufwand ist erforderlich und führt leider häufig zu Verkrampfung, so dass diese so ernsthaft Übenden oft starr und wenig lebendig erscheinen.

Manchmal gelingt es dem katholischen Priester oder den Yogaübenden, so von der gewählten Aufgabe erfüllt zu sein, dass die sexuellen Energien sozusagen umgeleitet werden. Alle psychische Kraft (Libido) fließt ins Gebet, in die Aufgaben für die Gemeinde. Und Yogaübende können ihre Yogapraxis intensivieren, sind erfüllt von Freude, Begeisterung und vielleicht auch von einer Ahnung eines wie immer gearteten Göttlichen. In wenigen Fällen - den „geborenen Mystikern" - scheint dann Erotik und Sexualität ganz abhanden zu kommen - bei uns gewöhnlichen Menschen erscheint sie wieder, sobald unsere Begeisterung nachlässt, unsere Praxis stagniert oder nachdem wir eine schwierige

Aufgabe erledigt haben. Und es stellt sich dann die Frage – gerade für uns Yogaübende – wie wir Erotik und Sexualität in unser Leben integrieren können. Sexualität lediglich massiv zu unterdrücken und zu hoffen, dass Erleuchtung dadurch automatisch kommen wird – das funktioniert nicht! In einem späteren Kapitel werde ich noch näher auf diese Thematik eingehen.

Der Vorgang der Umlenkung der Libido auf ein anderes Objekt, Ideal oder Aufgabe wird als *Sublimierung* bezeichnet und ist ein weiterer der Abwehrmechanismen. Die Sublimierung wird als eine der „reifen" Arten der Abwehrmechanismen angesehen; sie kann zu Produktivität auf vielen Gebieten führen. Doch müssen wir entscheiden: Wie viel Libido, wie viel seelische Energie wollen wir wohin in unserem aktuellen Leben geben? Darf und sollte etwa ein Mensch völlig aufgehen in der Praxis des Yoga oder der Meditation, das „gewöhnliche Leben" vernachlässigend und vielleicht dabei noch gelobt werdend von dem/der Yogalehrer*in oder der spirituellen Gemeinschaft?

Bei jungen Menschen, die – nach vorausgegangenen Enttäuschungen – in extremer Weise Yoga üben, besteht häufig die Neigung zur *Vermeidung*: den Reizen des Lebens mit seinen Versuchungen und Schwierigkeiten wird die Flucht in Yoga und Meditation entgegengestellt. Es ist zu hoffen, dass solche jungen Meditierenden gute Yogalehrer*innen finden, die zu einem *gleichzeitigen* Weg ins Leben anregen! Und auch wir anderen Yogaübenden sind manchmal in Gefahr, unsere Yogapraxis als eine Art von Vermeiden einer Auseinandersetzung mit den Problemen unseres Lebens als „Flucht aus dem Alltag" zu benutzen.

Wir alle sind Meister darin, logisch klingende Begründungen zu erfinden, warum wir etwas tun oder nicht tun, obwohl es vielleicht angesagt gewesen wäre und wir uns dazu verpflichtet fühlten. Manchmal ist uns die Ausrede als solche bewusst, vor allem in sozialen Zusammenhängen. Es ist dann eine „soziale Lüge", mit der wir z. B. vermeiden, andere zu kränken. Etwa wenn wir gegenüber einem Bekannten eine gute Entschuldigung finden, seine Einladung zum Abendessen abzulehnen. – Die Wahrheit war, dass wir langweilige Stunden bei ihm vermeiden wollten. Aber das konnten wir ihm natürlich nicht in dieser Schärfe sagen …

Aber viele Ausreden uns selbst gegenüber sind uns als solche zunächst nicht bewusst. Sie dienen dazu, uns besser zu fühlen, kein schlechtes Gewissen zu haben oder ähnliches. Die eigentlichen Motive werden durch die Ausrede auch vor uns selbst verschleiert, weil wir sie vor uns selbst schlecht akzeptieren könnten. Dies ist der Abwehrmechanismus der *Rationalisierung.*

Hierzu ein Beispiel: Vor Jahren berichtete ich meinem bereits erwähnten indischen Freund, dass ich aufgrund meiner vielen Arbeit nicht täglich zum Üben von Yoga und Meditation käme. Durch meine durchaus vorhandene Erschöpfung fühlte ich meine Yogapraxis in dieser Lebenssituation als eine weitere anstrengende Pflicht. Ich hatte wohl aber hintergründig ein schlechtes Gewissen, wenn ich manchmal nicht übte, mich stattdessen entspannte oder ablenkte. Dies war mir nicht bewusst, durfte mir nicht bewusst sein. Es wäre kränkend für mein Selbstbild gewesen. Denn vor mir selbst stand ich da als der Macher, der auch schwierige Aufgaben meistert und Yoga übt. Nur wegen der Fülle meiner Aufgaben hatte ich „leider keine Zeit für Yoga". Mein Freund durchschaute sofort diese Rationalisierung und erwiderte ruhig: „Du weißt, auch ich habe viel zu tun … In den letzten 40 Jahren gab es keinen einzigen Tag, an dem ich nicht wenigstens einige Male meine Mantras wiederholt hätte."

Es ist erstaunlich, wie häufig wir dem Vorgang der Rationalisierung ausgesetzt sind, in der uns weitgehend unbewussten Reaktion, uns reinzuwaschen. Fragen Sie sich, liebe Yogaübende, immer wieder einmal, ob die „gute Begründung" für Ihr Tun und Lassen die *einzige* Wahrheit ist oder ob es noch andere, weniger edel erscheinende Motive gibt. Gehen Sie dabei liebevoll mit sich um, sich Fehler und Schwächen zugestehend. Und dann entscheiden Sie selbst und nicht nur ihr Unbewusstes, was Sie tun wollen und in welchem Maße – auch im Angesicht vermeintlicher oder tatsächlicher Fehler und Schwächen.

Der Abwehrmechanismus der *Reaktionsbildung* findet sich leider häufiger in Yogakreisen und Meditationsgruppen. Und auch ich falle - trotz meines jahrelangen Übens, trotz meiner Lehranalyse –gelegentlich noch diesem Mechanismus zum Opfer, wenn ich mich in schwierigen Situationen „automatisch" freundlich verhalte, während ich (unbewusst) aggressiv bin! Bei der *Reaktionsbildung* werden unerwünschte „negative" Gefühle nicht zugelassen (z. B. Aggressiviät) und *unbewusst* durch entgegengesetzte (z. B. übertriebene Freundlichkeit) abgewehrt. Wir sind uns dabei *nicht bewusst,* dass wir hintergründig aggressiv sind (gemäß unseres Yoga-Ideals darf es ja nicht sein) und die Aggression mit scheinbarer Freundlichkeit abwehren. Das Ergebnis ist dann eine falsche Freundlichkeit, da die Aggressivität nicht mehr von uns wahrgenommen werden kann. Wir sagen dann z. B. unserem Gegenüber freundlich lächelnd, aber kalt ins Gesicht:

„Du warst wieder einmal nicht achtsam und nicht liebevoll." Wir merken nicht, dass wir nicht wirklich freundlich sind. Unser Lächeln findet sich dann nur in den Mundwinkeln, nicht in den Augen.

Das bedeutet aber *keinesfalls (ich betone nochmals: keinesfalls),* dass wir uns als Yogaübende nicht um die Bändigung, Kanalisierung, Verringerung unserer Aggressivität bemühen sollten! Ja, es ist durchaus angebracht, der Empfehlung des Patanjala Yoga Sûtras zu folgen, der Aggressivität *bewusst das Gegenteil (hier also: Liebe, maitrî)* entgegenzusetzen. Wir sind uns dabei aber der noch vorhandenen Aggressivität *bewusst,* bemühen uns um ihre Kanalisation und Integration in unserem Leben und *kultivieren zugleich Eigenschaften wie die Liebe.* Wir fallen nicht mehr der unbewussten *Verleugnung* anheim (einem weiteren der Abwehrmechanismen), sondern blicken der Realität ins Auge, dass wir teilweise aggressiv sind. – Und siehe da: Wir werden echter, authentischer, müssen uns nicht mehr vor uns selbst und anderen verstellen. Und so bleibt unser Lächeln nicht mehr in den Mundwinkeln festgefroren, sondern erreicht unsere Augen, wenn wir dem anderen begegnen …

Die *Projektion* ist einer der bedeutsamsten Abwehrmechanismen. Eigene psychische Anteile (vor allem „negative") wie Affekte, Stimmungen, Eigenschaften, aber auch Wünsche werden anderen Menschen zugeschrieben (auf sie projiziert). In anschaulicher Weise hat Jesus den Vorgang der Projektion in seiner Bergpredigt dargestellt. Er rief dazu auf, nicht auf „den Splitter im Auge des anderen" zu schauen, sondern vielmehr den „Balken im eigenen Auge" wahrzunehmen. – Was für ein wundervolles Gleichnis: Wie viel leichter ist es, den „Fehler" beim anderen zu sehen als bei sich selbst. Wie schwierig ist es, das eigene Auge zu betrachten! – Aber glücklicherweise haben wir Menschen zwei „psychologische Augen", nur das Auge mit dem Balken ist blind.

Und während unser „erstes Auge" teilweise verblendet auf den anderen schaut, kann sich das „zweite" nach innen wenden. Es ist das Auge der Selbstreflexion. Zentral steht dabei die simple Frage: *„Was stört mich eigentlich am anderen und was hat das mit mir selbst zu tun?"* Hilfreich ist es, die Antwort nicht nur rein intellektuell zu suchen, sondern auch Gefühle und Einfälle in die Selbstbetrachtung mit einfließen zu lassen.

Die meisten Projektionen auf andere haben eine Art Aufhänger, das Gegenüber hat vielfach tatsächlich eine Eigenschaft und Reaktionsweise, die der Projektion entspricht. Aber in der Projektion wird sie deutlich überhöht; der Splitter wird zum Balken, der Eigenanteil wird übersehen. Hierzu ein Beispiel:

Am Ende einer Yogastunde seufzt ein Teilnehmer, seine Frau sei aggressiv, seitdem er Yoga übe. Dabei sei er doch ein „lieber, verständnisvoller" Partner. Die Yogalehrerin fragt, was den Spannungen vorausgegangen sei. Er berichtet, er habe seine Frau „aufgefordert", mit in den Yogaunterricht zu gehen, es sei gut für sie. Stattdessen habe sie sich nun zu einem Pilates-Kurs angemeldet. – Bereits beim Berichten fällt ihm auf, dass er „sauer" gewesen sei, dass die Partnerin nicht seiner Empfehlung gefolgt sei und dass er daraufhin selbst gereizt und aggressiv reagiert habe und bis heute ihre Entscheidung für Pilates nicht akzeptieren konnte. – Zu Hause angekommen, gesteht er der Frau seine eigenen aggressiven

Anteile, die Situation entspannt sich. Beide beschließen, einige Stunden Paartherapie zu machen. Dabei kommen die Themen Macht, Dominanz und Autonomie in ihrer Partnerschaft ins Gespräch.

Unsere Prägungen, Lebenseinstellungen Befürchtungen und Erwartungen werden häufig auf Menschen und Ereignisse projiziert, vor allem auch im Zusammenhang mit selektiver Wahrnehmung der Realität durch einen weiteren der Abwehrmechanismen, der *Verneinung:* „Niemand liebt mich, niemand mag mich … ich habe *immer* nur Pech". Im weiteren Verlauf benimmt man sich den Erwartungen entsprechend (z.B. mit Rückzug), womit das bestehende Weltbild durch die dadurch einsetzenden Reaktionen der anderen bestätigt zu werden scheint. Es ist dies die sich selbst erfüllende Prophezeiung nach A. ADLER. – Auch hier finde ich eine einfache Frage gelegentlich hilfreich: *„Ist es wirklich so, wie ich augenblicklich empfinde oder blende ich Teile der Wirklichkeit aus?"* – Sind immer *alle* Ampeln rot, wenn ich durch die Stadt fahre?

In Yoga- und Meditationsgruppen finden sich häufig gegenüber dem/der Yogalehrer*in eine Sonderform der Projektion: die *Idealisierung.* Alle Ideale, Wünsche, Hoffnungen werden auf den/die Yogalehrer*in/den Guru gerichtet, die Lehrenden erscheinen als Verkörperung hoher Spiritualität.

Es mögen Ihnen nun, liebe Yogaübende, einige der Abwehrmechanismen im täglichen Leben bewusster werden. Und das ist gut so, weil Sie damit mehr Wahrhaftigkeit (*satya*) in ihre Lebensgestaltung bringen und sich dadurch vielleicht sogar etwas verändern. Doch seien wir uns bewusst, dass wir nur einen Teil der Abwehrvorgänge erfassen werden, während die uns unbewusst verbleibenden vor Überforderung schützen, so lange es nötig ist. Wenn wir im Licht der Erkenntnis zunächst ein weniger günstiges Selbstbild als zuvor bekommen, so können wir uns doch freuen, der Wahrheit eine Facette hinzuzufügen. Und machen wir uns klar: Wenn wir bisher etwas besser und ehrlicher hätten handeln können - dann hätten wir es gemacht! Das entbindet uns jedoch nicht, hinfort unsere größeren und kleineren Lebenslügen zu vermindern, getragen von Liebe und Gewaltlosigkeit (*ahimsa*), auch uns selbst gegenüber.

Mahatma Gandhi nannte dies *Satyagraha*, „die Wahrheit ergreifen". Nach außen gerichtet war dies der damalige Befreiungskampf gegen das Joch des Kolonialismus mit Hilfe der Wahrheit, die gewaltlos zu vertreten war. Dieser aber hatte als ethische Voraussetzung die Wahrhaftigkeit sich selbst gegenüber.

Im Reich der Träume

„oder mit Hilfe des Wissens aus traumerfülltem Schlaf (entstehen Zufriedenheit und Stabilität des Geistes)" (PYS I,38)

Wir alle träumen jede Nacht. Dies lässt sich mithilfe von Schlaf-EEGs und bildgebenden Verfahren nachweisen. Und beobachtet man Menschen im Schlaf, so sieht man häufig Bewegungen der Augäpfel, während die Augenlider geschlossen sind. In diesen „REM"- Schlafphasen entstehen zumeist unsere Träume. Aber an die wenigsten erinnern wir uns nach dem Erwachen oder vergessen sie bald danach. Vorwiegend jene, die besonders intensiv waren oder uns erschrocken aufwachen ließen, erreichen unser Tagesbewusstsein.

Eine für unseren Wachzustand oft eigenartige Welt entfaltet sich da - wie ein zweites, anderes Leben. Tagesreste fließen darin ein, oft in scheinbar merkwürdiger Veränderung und Zusammenstellung. Ereignisse der Vergangenheit mischen sich hinein, so, als wenn es in der Gegenwart geschähe, und auch Tote können im Traumerleben wieder anwesend sein. Uns bekannte Personen scheinen zu handeln und zu sprechen, andere sind uns unbekannt. Oder es mischen sich Gesichtszüge und Eigenschaften von mehreren Personen in einer einzigen Gestalt. Und das „Traum-Ich“ handelt im Traum oder ist eher beobachtend, so, als wenn man einen Film im Kino betrachtet.

Oft reihen sich scheinbar unzusammenhängende Szenen aneinander. Manchmal aber haben unsere Träume aber auch den gestalterischen Aufbau eines Dramas: Zuerst werden Ort und Personen deutlich, wie in einer Einleitung. Danach entwickelt sich eine Handlung, die nach einer Reihe von Verwicklungen einem Höhepunkt und einer wie immer gearteten Lösung zustrebt.

Dieses Traumleben erscheint uns während des Träumens als Wirklichkeit, auch wenn wir gewöhnlich nach dem Erwachen meinen, „es war *nur* ein Traum“. Vom Standpunkt des Erwachens ist die Traumwelt „nicht wirklich“, bloßes subjektives Erleben. Aber wie oft wirkt dieses Erleben bis in den Tag nach, erzeugt Stimmungen und Gefühle in unserem Wachbewusstsein, selbst wenn wir uns der jeweiligen Träume nicht voll erinnern. Die Traumwelt hat ihre eigene Bedeutung, ihre eigene Wirklichkeit. Und so konnte der große chinesische Philosoph Zhuangzi sagen, er habe in der Nacht geträumt, ein Schmetterling zu sein. Dann sei er erwacht und wisse nun nicht, ob er ein Schmetterling sei, der träume, ein Mensch zu sein ...

Unsere Träume gehören zu uns, sind Teil von uns - *eine* Form des Erlebens, ein Nachhall, ein Kommentar und eine Ergänzung unseres Bewusstseins und dessen, was wir als „unsere Persönlichkeit“ mit ihren Erfahrungen, Wünschen, Hoffnungen, Gefühlen und Fähigkeiten ansehen. Ein Teil von uns produziert die Träume, ist der „Regisseur“. Er entspringt aus dem Bereich, den die Tiefenpsychologie als das

Unbewusste bezeichnet. Dieser Bereich ist nicht unserer bewussten Absicht oder unserem vernunftbegabten Willen unterworfen und kann daher im Traum Dinge zum Ausdruck bringen und ausleben, die wir bewusst nicht anschauen können oder wollen.

Die alten Weisen und Yogis wussten bereits vor Jahrtausenden viel über diese Ebene der Persönlichkeit. Sie nannten sie „a-citta", das Nicht-Bewusste. – Wie viel wertfreier ist dieser Ausdruck als unser von S. FREUD geprägter Begriff des „Un-Bewussten"! In der deutschen Sprache ist die Vorsilbe „un" stets mit etwas Un-Schönem verbunden: Das Unbewusste sollte aber nicht als etwas Hässliches oder Minderwertiges begriffen werden; es ist ein wichtiger und integraler Teil von uns selbst!

Im alten Indien und auch in denen von ihnen abgeleiteten tibetischen Traditionen spielte die Beachtung der Träume eine wichtige Rolle in der Vorbereitung auf vertiefte Yogawege. So macht etwa das Patanjala Yoga Sûtra deutlich, dass aus Träumen ein Wissen gewonnen werden kann, das zu innerer Harmonie beiträgt. Und in der (teils mythisch-symbolischen) Biografie Milarepas - des größten mittelalterlichen tibetischen Heiligen und Dichters - wird deutlich, wie bedeutsam Träume für den Yogaweg gesehen wurden:

Sein Guru Marpa hatte eine Reihe von tantrischen Yogatraditionen in Indien übermittelt bekommen und nach Tibet gebracht. Dort versammelte er eine Reihe begabter Schüler, unter ihnen auch Milarepa. Nach jahrelanger Ausbildung und Beobachtung durch Marpa sollten sie ihren individuellen Yogaweg gehen, unabhängig vom Guru – aber ausgestattet mit Manuskripten, auf denen sie weitere

Anweisungen bei Bedarf nachlesen konnten. Und Marpa gab seinen Hauptschülern die Anweisung, ihre Träume der kommenden Nacht zu berichten. So konnte – auch unter Einbeziehung der Träume – entschieden werden, welchem Yogaweg beim Einzelnen zu folgen sei.

Der Traum Milarepas ist uns überliefert; der Guru deutete ihn prophetisch in Bezug auf seine vier Hauptschüler und gab ihnen dementsprechend Lehranweisungen und Manuskripte mit auf ihren spirituellen Weg.

Aber während die anderen Schüler Abschied vom Guru nahmen, blieb Milarepa noch einige Jahre in direkter Schülerschaft des Meisters – bis er auf Geheiß eines weiteren Traumes Abschied von Marpa zu nehmen hatte. Jahrelang hatte er intensiv Yoga geübt. Und doch – der Traum machte deutlich, dass er sich noch einmal seiner Vergangenheit, den Erinnerungen an Kindheit und Jugend zu stellen hatte, noch einmal in seine alte Heimat zurückkehren musste. Der psychologische Hintergrund war folgender:

Milarepa war vaterlos mit Mutter und Schwester in bitterer Armut aufgewachsen; Onkel und Tante hatten die kleine Familie um das Erbe betrogen. Auf Geheiß der Mutter hatte Milarepa in der Jugend versucht, Onkel und Tante mit magischen Mitteln zu schaden. Sein Guru hatte ihm als reinigende Buße in väterlicher Strenge schwierige Aufgaben auferlegt. Der junge, psychologisch muttergebundene Milarepa löste aber bei der Frau des Gurus Mitleid mit dem „armen Jungen“ aus. Sie hintertrieb daher zunächst die strengen Anweisungen ihres Gatten, schickte Milarepa sogar zu einem anderen Guru (was für eine Selbstständigkeit hatte diese Frau im tibetischen Mittelalter)!

Erst in der alten Heimat – in der Auseinandersetzung mit seiner Biografie und konfrontiert mit dem Tod der Mutter und dem Zerfall des Elternhauses – wurde Milarepa frei von den Verhaftungen an die Welt der Erscheinungen und erreichte tiefste meditative Verwirklichung und Erleuchtung.

In indischen Yogakreisen wird manchmal die Meinung geäußert, dass erleuchtete Yogameister*innen auch durch Träume ihre direkten Schüler*innen auf dem spirituellen Pfad leiten können. Ich habe demgegenüber eine eher skeptische Auffassung. - Ich denke, dass sich in solchen Träumen zumeist die eigene unbewusste Einstellung widerspiegelt, etwa in dem Sinn: „Was würde mein Guru mir in meiner jetzigen Situation wohl raten?" Ob es über meine psychologische Sichtweise hinaus etwas im Sinne dieser indischen Tradition gibt, vermag ich nicht zu beurteilen.

Erst etwa 1.800 Jahre nach dem Patanjala Yoga Sûtra kam das Abendland durch S. FREUD zur Erkenntnis, dass die Beobachtung von Träumen und deren Deutung Hinweise auf unbewusste Wünsche und Konflikte geben könnte. Träume sah er als den „Königsweg" zum Unbewussten. Die daraus abzuleitenden Erkenntnisse und Erfahrungen mochten peinlich und schmerzlich sein, unser so sorgsam bewahrtes Selbstbild in Frage stellen. Aber dadurch könnten wir nach FREUD freier werden von bloßem instinkthaften Reagieren und von quälenden psychischen und psychosomatischen Symptomen. Und: wir können uns freier entscheiden, etwas zu tun oder zu lassen, mit allen sich daraus ergebenden Konsequenzen. Aber wie können wir Träume verstehen - jene

Bildersprache, die so gar nicht den Gesetzen der Logik zu entsprechen scheint?

Nach FREUD beinhalten sie vor allem die Erfüllung von libidinösen Wünschen (vor allem auch sexuelle), die im Wachbewusstsein für uns tabu wären. Und so entstünde eine Entlastung des Ichs (unserer bewussten Persönlichkeit), das im Spannungsfeld von „Über-Ich" (den von uns verinnerlichten Normen und Geboten der Kultur, der Gesellschaft und unserer Erziehungspersonen) und dem „Es" (die Ebene der in der Tiefe schlummernden Triebe und instinkthaften Impulse) steht. Selbst Angstträume könnten eine Wunscherfüllung als Basis haben.

Im Traum könne also nach FREUD etwas ausgelebt werden. Da dies aber eine belastende Zumutung für das Ich – das Wachbewusstsein – wäre, bedienten sich Träume häufig einer symbolischen Sprache, die den wahren Trauminhalt verschleiere. - Wenn im Traum z. B. ein Pfahl oder ein Turm erscheint, könne dies ein Hinweis auf ein phallisch-sexuelles Geschehen sein.

FREUDs Begriff der „Libido" ist zwar primär sexuell im weitesten Sinn zu verstehen. Dabei ging es FREUD aber auch um den Gesamtbereich naturhafter, instinkthafter Triebe. C. G. JUNG entwickelte den Begriff der Libido noch weiter und umfassender, im Sinne einer wandelbaren psychischen Kraft. Er geriet darüber mit FREUD in Konflikt. – Eine Parallele zur psychoanalytischen Idee der Libido kann in gewisser Weise zum Konzept der „Kundalinî" im Yoga gezogen werden. Im Yoga wird die Kundalinî beschrieben als eine gewaltige naturhafte Kraft im Menschen, die sich – wandelbar - in vielen Auswirkungen zeige.

Die Instanz der Verschlüsselung durch Symbole im Traum nannte FREUD den „Zensor". Die Traumsprache könne aber entschlüsselt werden durch Kenntnis von Traumsymbolik und Einfällen der Träumenden („Assoziationen") zum jeweiligen Traum. So könne Verborgenes und Tabuisiertes dem Bewusstsein zugeführt und bearbeitet werden.

C. G. JUNG ergänzte FREUDs Auffassung einer Wunscherfüllung durch Träume. Er fand in ihnen oft einen gegensätzlichen Standpunkt zur Überzeugung der Träumer in deren Wachbewusstsein, womit eine einseitige Auffassung sozusagen relativiert oder in Frage gestellt wurde. Dies nannte er die *kompensatorische Funktion* eines Traumes. Und in der Auseinandersetzung zwischen der bewussten Einstellung und der des Traumes könne vielleicht eine tragbare und nicht einseitige Lösung gefunden werden.

Auch verstand C. G. JUNG die handelnden Personen und die Geschehnisse als *Persönlichkeitsanteile und Tendenzen der Träumenden selbst* (subjektstufige Traumdeutung). Wenn z. B. im Traum die Gestalt des Vaters auftauchte, ging es JUNG nicht nur um die Auseinandersetzung mit dem „realen" Vater (objektstufige Traumdeutung), sondern auch um den „Vater in uns selbst", also was man im Guten und Schlechten von ihm übernommen und sich zu eigen gemacht habe.

S. FREUD sah im Unbewussten vor allem jenen Bereich unserer Psyche, in dem sich das Verdrängte, „Vergessene", Tabuisierte anhäuft. Und Träume verstand er als den „Königsweg" zum Unbewussten. C. G. JUNG erweiterte diese Auffassung eines *persönlichen Unbewussten* mit seinem Konzept eines *kollektiven Unbewussten* - einem Tiefenbereich des Menschen, der über ein persönliches Unbewusstes hinausginge und in dem die Grunderfahrungen menschlichen Seins und allen Lebens verankert seien. In ihm sah er Grundstrukturen, die er *Archetypen* nannte. Diese zeigten sich in Märchen, Mythen, Sagen und religiösen Vorstellungen der Menschheit, aber auch etwa in Träumen. Aus diesem Bereich des kollektiven Unbewussten könnten sich hilfreiche Bilder und Geschichten von großer Kraft entfalten, die Wege aus psychischen Problemen und Konflikten aufzeigen. Solche außergewöhnlichen Träume mit archetypischen Inhalten bezeichnet JUNG als „große Träume".

Gerade in seiner Begegnung mit indischer, tibetischer und chinesischer Kultur entwickelte JUNG sein Konzept der Archetypen. Er hatte z. B. gesehen, dass seine Patient*innen häufig von beeindruckenden kreisförmigen Strukturen träumten, wenn sich durch die Psychotherapie etwas „rundete", eine Synthese, eine Lösung von Konflikten gefunden wurde oder eine Integration von zuvor verdrängten Persönlichkeitsanteilen stattgefunden hatte. Er verglich dies mit den Meditationsmandalas Indiens und Tibets. In ihnen werden in einer ringförmig angeordneten Struktur Mantras oder "Götter" dargestellt, über die Yogaübende intensiv meditieren, um schließlich ins Zentrum des Mandalas zu gelangen, d. h., zum Mittelpunkt ihres eigenen Wesens.

Diese Götterbilder können aus rein psychologischer Sicht als Symbole innerer psychischer Kräfte der Meditierenden verstanden werden. Und die Mantras sind Mittel zu ihrer meditativen Bewusstwerdung, Entfaltung und Verwirklichung im Yogaübenden. Zwar unterscheiden sich die von JUNG berichteten Träume in ihrer Erscheinungsform deutlich von indischen Mandalas. Doch zwei Dinge sind beiden gemeinsam: Sie haben eine kreisförmige Struktur und sie deuten auf eine Ganzwerdung und Harmonisierung der psychischen Kräfte eines Menschen hin. Oder sie machen darauf aufmerksam, dass ein solcher Prozess erforderlich sei.

Eine solche gemeinsame Grundstruktur oder grundlegendes Motiv nennt JUNG den *latenten Archetyp,* die individuelle oder kulturbedingte Erscheinungsform den *manifesten Archetyp.* In dem oben genannten Fall handelt es sich um den *Archetyp der Ganzheit.*

Um das In-Erscheinung-treten des „Archetyps der Ganzheit" zu illustrieren, möchte ich an dieser Stelle den Traum einer meiner Patientinnen mit deren Erlaubnis wiedergeben. Eine längere Psychotherapie war notwendig gewesen, weil sie durch schwere Schicksalsschläge und menschliche Enttäuschungen in eine erhebliche depressive Krise geraten war, in der sie sich sozial zurückgezogen hatte und auch arbeitsunfähig war. Nachdem sie ihre soziale Isolation durchbrechen konnte, wieder arbeiten ging und ihre ursprüngliche Kreativität zurückgewonnen hatte (sie malte und schrieb einfühlsame Gedichte) kam es zu folgendem Traum:

„Ich stehe inmitten eines Kreises von Menschen, die mir alle vertraut sind und ich fühle, dass ich zu allen in der einen oder anderen Form in Beziehung stehe. Zunächst ist es noch ziemlich dunkel, dann wird es immer heller, der Morgen bricht an. Ich stehe reglos, fühle mich geborgen und glücklich … Dann wache ich auf."

In der Therapie hatte die Patientin gelernt, mit ihren Träumen weitgehend selbständig umzugehen, und so verstand sie auch diesen Traum ohne meine Hilfe. Ich gebe hier ihre Deutung wieder; in Klammern meine Anmerkungen dazu:

„Im Laufe meiner Therapie hat sich vieles zum Positiven verändert, mir war gar nicht so deutlich, wie sehr ich in den letzten Monaten wieder auf Menschen zugegangen bin ... es geschah allmählich ... (kompensatorische Traumfunktion, objektstufige Deutung). Aber das Traumbild zeigt mir auch die noch vor mir liegende Aufgabe und meinen Wunsch, wie es einmal sein möge; denn ich bin durch meine Verletzungen doch noch recht misstrauisch Menschen gegenüber (prospektive Deutung; Wunsch, dessen Erfüllung die erlittenen Ungerechtigkeiten noch im Weg stehen). Zudem merke ich, wie ich wieder in Beziehung trete zu meinen Fähigkeiten der Kreativität –Musik, Malerei, Dichtung. Insgesamt bin ich wieder eine „vollständigere" Frau; vielleicht sogar vollständiger als vor meiner Depression, deren Erfahrung ich nun in mein Leben integrieren muss; es hat sich etwas in mir „gerundet" (subjektstufige Deutung). Jedenfalls bestätigt mir mein Traum, dass die Dunkelheit der Depression nachlässt und die Helligkeit der Lebensfreude zurückzukehren beginnt. (Dunkelheit und Licht sind ebenfalls archetypische Symbole, hier individuell gedeutet als Depression und Lebensfreude)".

Manchmal erzeugen Träume eine Einsicht und Kraft, die dem Leben eine andere Richtung geben. Sie sind dann große Träume im Sinne von JUNG. So geschah es einer Frau mittleren Alters, deren Kinder kürzlich das Haus verlassen hatten. Ihre dem Leben Sinn gebende Rolle als Mutter fiel weg. Ihre berufliche Karriere hatte ihren Höhepunkt überschritten; ihre Arbeit war ihr zwar Broterwerb, jedoch darüber hinaus nicht sinnerfüllend. Und auch in ihrer Ehe hatte sich lähmende Langeweile breit gemacht. In anderen Worten: Sie war in eine Situation geraten, die JUNG bereits Anfang des 20. Jahrhunderts als „Krise der Lebensmitte" beschrieben hatte und die erst vor einigen Jahrzehnten als angeblich neue Erkenntnis amerikanischer Psychologen wieder als „midlife-crises" in die nähere Optik auch europäischer Psychotherapeuten kam.

Doch ihre psychische Situation war ihr nicht bewusst. Sie bemerkte lediglich eine gewisse dauerhafte Erschöpfung. Gegen diese ging sie im Sinne einer *hypomanischen Abwehr* mit exzessivem Sport vor, besonders mit Ausdauer-Lauftraining. Jedoch konnte sie „unerklärliche" Unlustgefühle auch damit nicht ganz unterdrücken.

In dieser Situation träumte sie, dass sie - wie so oft - mit aller Kraft und schon erschöpft durch den Wald läuft. Da sieht sie in einer Waldlichtung einen alten Mann im Yogasitz. Er ruft ihr zu, sie solle zu ihm kommen und er bittet sie, sich neben ihn zu setzen. Als sie es tut, fragt er sie, wovon sie denn davonlaufe. Sie ist betroffen und verwirrt. Aber die Ruhe des Mannes geht auf sie über. Beide sitzen still auf der Lichtung, schauen in die Ferne und in den Himmel. Die Anstrengung und Ermüdung des Laufens sind verflogen. Als sie ihren Blick seitwärts wendet, sieht sie, dass es sich bei dem alten Mann um den ehemaligen Philosophielehrer ihrer Abiturklasse handelt. Und sie denkt, „wie alt ist er geworden ... und so gütig, heiter und ruhig, so wie ein Buddha." Dann wacht sie auf.

Als Konsequenz dieses Traumes beschäftigt sie sich in der Folge mit Yoga und wird nach längerer Ausbildung Yogalehrerin. Ich habe sie als engagierte Yogalehrerin erlebt, die es vermochte, die Botschaft des Yoga ohne missionarischen Eifer, aber mit Hingabe an ihre Schüler weiterzugeben. Sie hatte ihre Bestimmung, ihre Aufgabe, ihren neuen Lebenssinn gefunden

– jenseits einer hypomanischen Abwehr eines sinnentleerten Lebens.

Bei dem alten Mann handelt es sich um *den Archetyp des alten Weisen,* der in der ganz spezifischen individuellen Form ihres alt und gütig gewordenen Philosophielehrers erscheint. Es ist ihr eigener innerer Guru, der sie aufmerksam macht auf das Davonlaufen vor ihrer Lebensrealität, der sie sich zu stellen hat. Und ein möglicher Weg aus der Krise deutet sich in seiner Gestalt an.

Bei manchen psychischen Erkrankungen, Konflikten und psychosomatischen Störungen kann die Arbeit an Träumen mit Hilfe eines darin geschulten Psychotherapeuten außerordentlich hilfreich sein. Und ich bedauere, dass in der heutigen Psychotherapie die Traumdeutung nicht jenen Stellenwert hat, die ihr nach meiner Meinung gebührt.

Wir Yogapraktizierende bemühen uns um unsere innere Wahrheit (*satya*). Und die Beschäftigung mit Träumen kann uns helfen, diese Wahrheit umfassender zu verstehen. Nicht umsonst hat das Patanjala Yoga Sûtra das aus Träumen gewonnene Wissen als *einen* Weg zu innerer Harmonie bezeichnet.

Ich bin davon überzeugt, dass die meisten von uns Yogaübenden lernen können, die wichtigsten Botschaften eigener Träume wenigstens teilweise zu begreifen - auch ohne die Hilfe von Psychotherapeuten, Traumsymbolbüchern u. ä. Ich folge nicht der Auffassung FREUDs, dass die wahren Inhalte der Träume meistens durch eine „Zensurinstanz" verschlüsselt wären, weil diese Inhalte eine zu große Zumutung für unser Bewusstsein seien. Mag auch öfter eine solche „Zensur" aus Gründen eines psychischen Schutzes erfolgen, so bin ich der Meinung, dass unser Unbewusstes sich in Träumen Gehör verschafft - ja verschaffen „will" - *unter Umgehung der Abwehrmechanismen –, soweit es dem Bewusstsein zumutbar ist.*

In unseren Träumen finden wir einen Nachklang vom Tagesgeschehen, ein Kommentieren sowie ein Be- und Verarbeiten von bewussten und unbewussten Konflikten, von Hoffnungen, Ängsten, offenen und geheimen Wünschen.

Allerdings fallen die Botschaften unserer Träume nicht mit der Tür ins Haus. Vielmehr klopfen sie mit einer bilderreichen, symbolhaften Sprache zart an die Pforten unseres Bewusstseins, als wenn sie sagen würden:

"Möchtest du - das Bewusstsein - unsere Meinung hören? Wenn ja, wirst du dich ein wenig bemühen müssen - nicht nur mit deinem Verstand, nicht nur mit der konkreten Wahrnehmung dessen, was wir dir als Bild vorgespielt haben, nicht nur mit einem bloßen Gefühl, sondern auch mit deiner Kreativität, deiner Intuition. Denn was wir dir sagen möchten, ist vielschichtig, mehrdeutig - wie ja auch das Leben selbst. Und selbst wenn du meinst, du hättest alles verstanden, alles begriffen, gibt es immer noch eine andere Dimension, die du bestenfalls erahnen kannst. Wenn dir das aber zu viel ist, zu anstrengend und belastend, dann sage einfach: „Es war nur ein blöder Traum; komischen Unsinn habe ich geträumt ..." Allerdings möchten wir dich warnen. Wenn du nie auf uns hörst, werden unsere Stimmen leiser, wirst du dich nur noch selten an uns erinnern. Wir werden dir dann gegebenenfalls einen unruhigen Schlaf bereiten, von dem du morgens mit Stimmungen erwachst, die du nicht begreifst..."

Wenn wir Yogaübenden uns mit unseren Träumen näher auseinandersetzen möchten, könnten wir vielleicht für einige Zeit ein Traumtagebuch führen, um unsere Traumwelt und unsere spezielle Art des Träumens näher kennenzulernen. Es ist dabei hilfreich, die Notizen möglichst gleich nach dem Erwachen zu machen, denn die flüchtigen Gebilde der Nacht werden leicht durch Tagesaktivitäten überlagert und geraten dann in Vergessenheit.

Ein solches Traumtagebuch erscheint mir besonders angebracht in Zeiten von Lebenskrisen und Veränderungen, so dass unsere „andere Seite" ergänzend zu Wort kommen kann. In Zeiten, in denen unser Leben ruhig verläuft, kann es hingegen angebracht sein, lediglich über besonders beeindruckende Träume näher nachzudenken und nachzufühlen.

Freilich, die „Traumwahrheit" ist oft einseitig und bringt nur einen Teilaspekt zum Ausdruck. Und häufig ist die Traumbotschaft nicht eindeutig und muss näher reflektiert werden unter Einbeziehung weiterer Einfälle („Assoziationen").

So habe ich oft erlebt, dass Menschen, die entschlossen waren, eine Partnerschaft zu beenden, in ihren Träumen liebend vereint waren. Drückt nun ein solcher scheinbar einfacher Traum lediglich den Wunsch aus, es möge wieder so sein wie früher, stemmt sich gegen die Veränderung, etwa aus Angst vor dem Alleinsein? Oder macht er aufmerksam, dass trotz allem doch noch mehr Verbundenheit besteht, als im Wachbewusstsein wahrgenommen wird und es sich lohnen könnte, um die Beziehung zu kämpfen? In solchen Fällen wäre es angebracht, den Traum als Aufforderung zu verstehen, immer wieder das Problem wirklich von allen Seiten zu beleuchten.

Manche Menschen scheinen nie zu träumen. Dann kann es hilfreich sein, im Bett vor dem Einschlafen einen Wunsch und Entschluss (Skt.: *samkalpa*) zu formulieren und dreimal in Gedanken zu wiederholen, etwa so: „Möge ich mich an Träume dieser Nacht erinnern und möge ich sie verstehen lernen, so wie es mir zuträglich ist". Ein solcher Wunsch richtet eine Nachricht an das Unbewusste, dass das Bewusstsein Träume ernst nehmen will und gleichzeitig darum bittet, dass sie verständlich sein mögen und eine tragbare Zumutung sind. Man bittet dabei keineswegs darum, sich an *alle* Träume erinnern zu können. So darf manches noch nicht Zumutbare sich weiter im Unbewussten ausagieren und damit einen dem Bewusstsein noch nicht zugänglichen Ausgleich schaffen. Es wird auf diese Weise vermieden, dem Unbewussten irgendwelche Fesseln anzulegen.

Mehr als mit diesem oder einem ähnlichen *Samkalpa* sollten wir nicht in das Traumgeschehen eingreifen. In einigen wenigen Yogatraditionen wird empfohlen, zu lernen, Träume zu manipulieren. So etwa, in Verfolgungsträumen sich umzudrehen und den Verfolger in die Flucht zu schlagen. Dagegen bin ich ganz entschieden. Wir sollten nicht auch noch unser Unbewusstes manipulieren, wir kontrollieren und manipulieren uns ja schon viel zu viel im Alltagsbewusstsein! Es muss ein freies Feld wenigstens unterhalb unserer Bewusstseinsschwelle verbleiben. Und - das Unbewusste wehrt sich gegen solche Manipulation.

Ja, es ist durchaus möglich zu lernen, während des Träumens einzugreifen und sie anscheinend ins „Positive" zu drehen.

Aber wir verändern dadurch nichts in der Tiefe unserer Persönlichkeit. Das Unbewusste wird bei solchen Manipulationen nur ausweichen.

Hierzu ein Beispiel aus meiner persönlichen Erfahrung: In meiner Ausbildung zum Psychotherapeuten spielten Träume eine wichtige Rolle. Aber ich konnte mich anfänglich nur schwer an Träume erinnern. Da nahm ich mir vor, mir schon während des Träumens bewusst zu werden, ob der spezielle Traum wichtig für die Analyse sei und ich jeweils zum besseren Erinnern danach sogleich aufwachen würde. Dies gelang nach einiger Zeit. Allerdings - diese angeblichen wichtigen Träume waren ausgesprochen blass und blutleer. Sie kreisten ausschließlich um ein bestimmtes, aber nicht so entscheidendes Thema meiner Psychoanalyse. Erst als ich es aufgab, bei und während scheinbar wichtigen Träumen aufwachen zu wollen, gelang der zwanglose Zugang zu meiner Traumwelt …

Wenn wir Yogaübenden uns mit unseren Träumen beschäftigen, werden wir zunehmend ihre „Sprache" verstehen lernen – und diese ist durchaus sehr individuell. Daher helfen auch Bücher, die vorgeben, Traumsymbole zu entschlüsseln, meist nicht wirklich weiter. Aber wenn wir uns eingehender mit unseren Träumen auseinandersetzen, werden sie allmählich für das Tagesbewusstsein verständlich werden. Das Einfachste und Beste wäre wohl zunächst, uns von den Bildern und Geschichten unserer Nächte „anmuten" zu lassen und zu fragen: „Wollen sie mir etwas sagen?" – Nicht jeder Traum muss uns etwas sagen – und manchmal enthüllt sich auch eine Botschaft erst nach langer Zeit. Und seien wir uns stets bewusst – die „Traumwahrheit" ist nur ein Teil der „Gesamtwahrheit". Folgen wir daher nicht unbesehen und unkritisch eventuellen Hinweisen unserer Träume, lernen wir sie eher als einen Dialog zwischen dem Unbewussten und dem Bewussten zu begreifen.

Auch wenn jede/r von uns allmählich einen Zugang zur „Individualsprache“ der eigenen Träume finden kann, so möchte ich hier doch einige Hinweise geben, was vielleicht bei der Betrachtung von Träumen hilfreich sein mag:

1) Wie weicht der Traum von der Tageswirklichkeit ab? - Warum?

2) Was ist die Botschaft des Traumes in Bezug auf mein aktuelles Leben und meine Spiritualität? Gibt es Hinweise darauf, was ich aus meiner Lebensgeschichte noch nicht ausreichend verarbeitet habe? Wo zeigen sich Ängste, Wünsche, Erwartungen, Hoffnungen, die mir noch nicht voll bewusst waren oder um deren Bewältigung bzw. Befriedigung ich mich bemühen müsste?

3) Was haben die im Traum erscheinenden Personen mit mir selbst, mit meinen eigenen Eigenschaften zu tun?

4) Sind im Traum Motive aufgetreten, die mich an mir bekannte Märchen oder Mythen (vielleicht sogar indische) erinnern? Wie ist die Lösung, die diese Märchen und Mythen anbieten und könnte das auch ein Weg für mich selbst sein?

Das Reich der Schatten – Abgründe unserer Seele

„Die Konfrontierung mit dem Schatten heißt demnach, sich seines eigenen Wesens schonungslos kritisch bewusst zu werden"

(J. JACOBI)

Jede/r von uns hat Eigenschaften und Persönlichkeitsanteile, die zunächst eine Zumutung für unser Selbstbild darstellen würden, wären sie uns voll bewusst. Diese Anteile unserer Persönlichkeit verlagern sich daher ins Unbewusste. Im Kapitel „Sich selbst auf die Schliche kommen" hatte ich einige der psychischen Abwehrmechanismen geschildert, die die Verlagerung ins Unbewusste bewirken, ohne dass das Ich-Bewusstsein das bemerkt.

Diese uns am Anfang unserer inneren psychologischen Reise zumindest teilweise unbekannten Persönlichkeitszüge sind unserem bewussten Selbstbild *entgegengesetzt* und stellen nach C. G. JUNG unseren *Schatten* dar.

Bei uns Yogaübenden konnte ich immer wieder bestimmte Themen als Schattenbereiche identifizieren. Hierzu zählen insbesondere: *Aggressivität, Fanatismus, Überheblichkeit, ambivalenter Umgang mit Sexualität und Erotik, Machtausübung, Egoismus und die Tendenz, sich spirituelle Erfolge einzubilden.* Solche Schattenbereiche können zu Reaktionen in unserem Leben führen, die wenig mit den von uns propagierten Absichten und Idealen zu tun haben. Und dies umso mehr, je weniger wir uns jener verborgenen Tendenzen bewusst sind.

Wir Menschen auf dem Weg des Yoga bemühen uns, dem Ideal von *ahimsa*, der Nicht-Gewalt, zu entsprechen. Sind wir uns bewusst, wie oft wir im Alltag in althergebrachte aggressive Reaktionen verfallen? Es wäre hilfreich, uns dieser Reaktionen bewusst zu werden, ohne in Verzweiflung oder gar resignative Depressivität zu verfallen. Dann sind wir ihnen nicht mehr völlig unkontrolliert ausgesetzt. *Aggressivität* verbirgt sich in Yogakreisen und spirituellen Gruppen oft im Gewand der Rechtschaffenheit und scheinbarer Wahrhaftigkeit. Auch Ungeduld, Pochen auf „unser Recht" und Intoleranz können andere Gesichter von Aggressivität sein. Und *passive Aggressivität* umhüllt sich mit scheinbarer Liebenswürdigkeit, vorgetäuschter Kooperationsbereitschaft und hintergründiger Entwertung des anderen (so z. B. ein Beifahrer im Auto, der zu seiner Frau sagt: „Du bist mal wieder falsch abgebogen, bei nächsten Mal werde ich dich darauf früher aufmerksam machen müssen, *mein Schatz*"). Öfter habe ich erlebt, wie Menschen in spirituellen Gruppen dem Gegenüber entgegenschleuderten: „Du warst nicht achtsam(!!)" - ohne die dahinter verborgene eigene Aggressivität zu bemerken. Und wie häufig sind wir hochgradig aggressiv uns selbst gegenüber! – Letzteres ist so bedeutsam für unsere persönliche und spirituelle Entwicklung, dass ich dieses Problem im nächsten Kapitel ausführlicher erörtern werde.

Vielleicht kennen Sie, liebe Leser*innen, Menschen, die zum *Fanatismus* neigen, der ihnen aber als solcher nicht bewusst ist. Ja, sogar einige Gurus verfallen dieser Tendenz. Sie beharren darauf, dass der eigene Übungsweg, die eigene spirituelle Gruppe den „wahren Yoga" darstellt und andere Wege demgegenüber weniger wertvoll seien. Das mag für deren *eigenen* Weg zutreffend sein - aber doch nicht für alle! Halten wir uns daher besser fern von den Marktschreiern des Yoga. Sicher kann es auch von uns gewünscht und nützlich sein, wenn wir uns über verschiedene Yogawege und Glaubensrichtungen fundiert informieren können, um dann selbst gegebenenfalls eine für uns passende Entscheidung zu treffen. Auch ist es manchmal hilfreich, den eigenen spirituellen Weg durch neue Erkenntnisse zu bereichern, ohne ihn als solchen aufzugeben. Jedoch dürfen wir nicht jenen Gurus und spirituellen Lehrer*innen zum Opfer fallen, die ihre Methode als den „einzig wirksamen Weg" anpreisen.

Die Tendenz, andere von der eigenen Meinung fanatisch überzeugen zu wollen, steht manchmal für das, was ich den *Missionarskomplex* nennen möchte. Sie findet sich vor allem in sektenartigen Gruppierungen: Die Sektenmitglieder sind zwar von der eigenen Ansicht überzeugt, doch im Unbewussten nagen gewisse Zweifel. Diese leisen Stimmen werden dadurch zum Schweigen gebracht, dass man andere überzeugt. Je größer die Zahl der neu gewonnenen Anhänger ist, desto mehr kann die innere Unsicherheit überspielt werden. Falls aber nicht so viele neue Anhänger gewonnen werden können oder einige sogar die Gruppe verlassen, kann sich der Fanatiker damit trösten, dass nur die wirklich ernsthaften und wertvollen Menschen der Gemeinschaft angehören sollten. Es sei etwas Außerordentliches und Besonderes, Mitglied der eigenen spirituellen Gemeinschaft sein zu dürfen ...

Ein Fanatismus kann sich sowohl auf die „Bekehrung“ Andersdenkender beziehen als auch auf die eigene Lebensführung. Auf andere bezogen kann dies z. B. so aussehen: “Du lebst noch nicht fleischlos (rauchst noch, trinkst noch Alkohol, lebst noch immer nicht vegan)?“ – Auch hier können eigene leise Zweifel durch Bekehrung anderer und eine gewisse Aggressivität in den Hintergrund geschoben werden. Der eventuelle hintergründige Neid, dass andere das ausleben können, was ich mir selbst versage, wird nicht wahrgenommen ...

Eine Neigung zu Fanatismus sich selbst gegenüber findet sich häufiger bei jungen Menschen, die sich durch ihre anders geartete Lebensweise von den „Alten“ abgrenzen. Eine Tendenz, Yoga übermäßig in den Vordergrund zu stellen und das „gewöhnliche“ Leben zu vernachlässigen, findet sich manchmal hier - teilweise auch aus der unbewussten Angst vor den Anforderungen, die Beruf, soziale Kontakte und Partnerschaft vielleicht stellen könnten. Aber auch ältere Menschen sind nicht immer frei von solchen Tendenzen, vor allem nach Enttäuschungen und in Lebenskrisen. Sollten Sie, liebe Leser, diese „Fluchttendenzen“ bei sich selbst entdecken – stellen Sie sich der Lebenswirklichkeit - *und üben bitte weiter ihren Yoga.* Denn nicht alles ist „nur“ Fluchttendenz. Und: Yoga wird zu Ihrer Stabilisierung und Entängstigung beitragen, auch ohne Fanatismus und Zwanghaftigkeit.

Eine leichte Form eines *Überlegenheitsgefühls gegenüber „gewöhnlichen“ Menschen* ist nicht selten unter uns

Yogaübenden, und auch ich bin nicht ganz frei davon. Es führt zu einer Überzeugung, auf der „richtigeren Seite" des Lebens zu stehen, wenn wir Yoga üben. Dies hebt ein wenig unser Selbstwertgefühl. Ein leichtes Überlegenheitsgefühl schleicht sich hintergründig auch bei mir ein, weil ich mich bemühe, weitgehend vegetarisch zu leben, wenig oder keinen Alkohol trinke, Yoga und Meditation pflege und mich um die Einhaltung gewisser ethischer Regeln bemühe ... Seien wir uns dieser Tendenz bewusst, ohne sie zu verteufeln. Ja, wir können ruhig ein wenig stolz sein, dass wir uns um ein gutes und spirituelles Leben bemühen, das auch unsere Mit- und Umwelt mit einschließt. Doch darf dies nicht zum Krebsgeschwür der Überheblichkeit führen oder gar einen hintergründigen Neid verdecken, dass andere sich das Leben „weniger anstrengend" machen.

Einige von uns Übenden haben sich Yogarichtungen verschrieben, die eine *Abkehr von Sexualität und Sinnenfreudigkeit* als Voraussetzung für *höhere* Stufen spiritueller Erfahrung lehren. Eine solche Tendenz findet sich zudem über den Bereich des Yoga hinaus auch in vielen Religionen und spirituellen Traditionen der Menschheit. Manche von diesen asketisch Lebenden sind sich ihrer Sexualität nicht mehr bewusst – und darf ihnen aufgrund ihres speziellen Yoga- und Selbstbildes auch nicht bewusst sein. Denn ihr Selbstbild wird vermeintlich dadurch stabilisiert, dass sie sich als die besonders ernsthaften Yogaübenden fühlen. Sexualität und Genussfreudigkeit führen dann oft ein Schattendasein im Unbewussten und zeigen sich u. a. in Träumen.

Die Frage des Umgangs mit Sexualität und Erotik bei uns Yogaübenden erscheint mir so bedeutsam, dass ich dieses Thema im übernächsten Kapitel aufgreifen werde.

Gelegentlich findet sich bei uns Praktizierenden auch eine Neigung, *Macht auszuüben,* auch wenn es uns nicht bewusst ist. Dies verbindet sich manchmal mit dem oben beschriebenen Missionarskomplex und vielleicht sogar hintergründiger Aggressivität: Wir möchten, dass auch andere von den Segnungen des Yoga profitieren – an sich eine durchaus edle Absicht, entstanden aus der eigenen spirituellen Erfahrung. Vielleicht besteht dabei auch der Wunsch, dass unsere Partner, Freunde und Kinder sich nicht innerlich zu weit entfernen, indem sie auch den Yogaweg gehen. Aber wir tun gut daran, keinen „liebevollen Druck" auszuüben, gar unsere soziale Umwelt psychologisch zu erpressen, z. B.: „Wenn du nicht mit in den Yogaunterricht gehst, könnte es sein, dass wir uns voneinander entfernen und uns vielleicht eines Tages trennen müssen."

Jeder Mensch kann einen individuellen Zugang zu Selbstentdeckung, Sinnfindung und Spiritualität finden. Auch wenn es uns schmerzen mag, verschlungene Lebenswege von Nahestehenden mit anzusehen: Wir haben nur in ganz besonderen Fällen die Möglichkeit oder die Pflicht, einzugreifen. Wir können andere an unseren Erfahrungen teilnehmen lassen - wenn sie es möchten. Wir sollten sie aber nicht mit unserem „Rat-Schlag" schlagen und einengen. Aber vielleicht kann das Beispiel unserer eigenen Lebensführung und unsere Art zu „Sein" andere anregen, ihren eigenen Weg zu finden.

Gelegentlich findet sich in heutigen spirituellen Gruppen die Neigung zu *Übertreibung:* Kleinere meditative Erlebnisse werden von uns selbst oder von anderen aufgebauscht und als tiefgehende spirituelle Erfahrungen dargestellt. Dies kann zu spirituellem Hochmut führen. Diese Neigung ist verständlich, wir möchten in unserer europäisch-ungeduldigen Art „rasche Erfolge“ sehen – und bilden sie uns daher notfalls ein, steigern uns in akzentuierter Weise in immer „bedeutsamere“ Pseudoerfahrungen hinein, machen uns etwas vor. Es war daher in Indien fester Brauch, dass meditative Erfahrungen ausschließlich mit dem Guru besprochen wurden und nicht anderen mitgeteilt werden durften. Dies verhinderte einen möglichen „spirituellen Gruppenwahn“ in den Ashram- und Sangha-Gemeinden. ANDERSEN hat in seinem Märchen „Des Kaisers neue Kleider“ einen solchen Gruppenwahn dargestellt: Alle meinen (oder behaupten), der Kaiser trage wundervolle, feine, fast durchsichtige Kleider – bis ein naiver (oder mutiger) Junge kommt und sagt: „Der hat ja gar nichts an“.

„Des eigenen Wesens schonungslos kritisch bewusst zu werden“ (JACOBI) ist eine spannende und auch teilweise schmerzliche Erfahrung. Aber die Bewusstwerdung unserer „dunklen“ Persönlichkeitsanteile ist die Voraussetzung für einen Wandel – falls wir diesen wünschen.

Eine solche Bewusstwerdung geschieht bei uns Yogaübenden idealerweise durch liebevolle, geduldige, akzeptierende Achtsamkeit im Alltag und in der Meditation. Sie, liebe Yogaübende, sind darüber hinaus auch vertraut mit den wichtigsten Abwehrmechanismen. Es könnte Ihnen helfen, auch bezüglich Ihrer „dunklen Seiten“ bewusster zu werden.

Sollte Ihnen dies gelingen, liegen mehrere Möglichkeiten vor Ihnen:

1) Sich dieser Schatten im Alltagsgeschehen durch Achtsamkeit immer wieder „neugierig“ bewusst werden, ohne etwas bewusst ändern zu wollen. - Es könnte sich etwas verändern, auch ohne ein „Wollen“. Hilfreich könnte es sein, zunächst lediglich *ein* Thema in den Mittelpunkt der Aufmerksamkeit zu stellen.

2) Sie könnten entscheiden, dass der betreffende Schattenanteil keinesfalls beeinträchtigend sei. Dann darf er ruhig wieder teilweise unter die Oberfläche des Bewusstseins gleiten und bedarf zunächst keiner weiteren Achtsamkeit.

3) Der Schattenanteil wird durch die Abwehrmechanismen wieder abgewehrt (z. B.: „Ich? Ich habe doch keine sexuellen Wünsche, habe mich geirrt“). – Dies geschieht weitgehend unbewusst, wenn der Schattenanteil vom Unbewussten als zu belastend für das Tagesbewusstsein angesehen wird.

4) Der Schattenteil darf sich voll *ausleben*. Aus einem vordergründig friedliebenden Menschen wird ein aggressiver Despot. Und der bisher sexuell Enthaltsame versucht sich nun als Don Juan. Yoga wird verworfen, als nutzlose Qual abgetan. – Ein solches massives einseitiges Ausleben des bisher nicht Gelebten ist zumeist keine gute Wahl. Gelegentlich kann es aber in einem *vorübergehenden* Stadium eine vorausgegangene Einseitigkeit ausbalancieren, vor allem auch bei Jugendlichen. Es wäre jedoch erstrebenswert, wenn die neue und krasse

Einseitigkeit mit ihrer Verkehrung ins Gegenteil (Enantiodromie) im weiteren Verlauf überwunden werden kann.

5) Der Schattenanteil wird in die bewusste Persönlichkeit *allmählich integriert.* Denn auch der Schatten ist in gewisser Weise *ein Teil meines Wesens, sollte aber nicht die Herrschaft übernehmen.* Bis zu welchem Grad und wo ist ein gewisses Maß an Aggressivität und Selbstbehauptungsfähigkeit im Alltag erforderlich? Will ich gern andere von meinen Lebenseinstellungen und Ansichten überzeugen und wie? Gibt es Situationen, in denen eine leichte, zur Schau getragene Überheblichkeit oder Selbstsicherheit im sozialen Kontext wichtig ist? Sollte ich zu allen und immer völlig aufrichtig sein? Wo sind soziale Lügen angebracht und wo nicht (z. B. „mir geht es gut", „du siehst prächtig aus", auch wenn beides nicht stimmt). Und haben Sexualität und Erotik in meinem Leben Platz, machen mich eventuell beziehungsfähiger, ohne anderen zu schaden - oder meine ich, sie - teilweise (?) - sublimieren zu müssen, um meine Energie für wichtige Aufgaben zu bündeln, sei es zeitlich begrenzt oder auf Dauer?

Der Königsweg der Integration des Schattens in die bewusste Gesamtpersönlichkeit ist keine leichte Aufgabe und erfordert vielleicht sogar Kompromisse von Seiten der bisherigen Normen und Wertvorstellungen (woher kommen diese eigentlich ...?).

Ein historisches Beispiel einer gelungenen Integration von Aggressivität in einer Kultur von Nicht-Gewalt (*ahimsa*) war Mahatma Gandhis berühmter Salzmarsch: Die englischen Kolonialherren hatten eine Steuer auf Salz erhoben, u. a. zur Finanzierung der Kolonialverwaltung. Gandhi rief seine Anhänger auf, selbst Salz aus dem Indischen Ozean zu gewinnen und sich so der Salzsteuer zu verweigern. Er und Hunderte seiner Anhänger wurden für diesen „Ungehorsam" (civil disobedience) brutal zusammengeschlagen, ohne sich dagegen zu wehren. Das Ergebnis war ein moralischer Aufschrei in England, friedliche Menschen so zu behandeln. Gandhi hatte mit dem Salzmarsch auf die zwiespältigen moralischen Normen der Kolonialmacht aufmerksam gemacht. Das „friedliche" Sich-schlagen–lassen war eine moralische Erpressung gegenüber dem englischen Imperium - notwendig und wirksam, um Indiens Unabhängigkeit zu erzwingen.

Wollen Sie, liebe Yogaübende, Ihre Schattenanteile den ihnen zustehenden Platz in Ihrem Leben und im Yoga zuweisen, ohne sich von ihnen überwältigen und überschwemmen zu lassen? Möchten Sie auf diesem Weg zu einem ganzheitlicheren, vollständigeren Menschen werden und Ihre Spiritualität nicht verlieren, ja ausbauen? Wenn ja, werden Sie mächtigen Gegnern begegnen. Es sind die Kräfte der Beharrung und begrenzender Grundüberzeugungen, die Ihnen im Laufe ihres Lebens vermittelt wurden oder die Sie durch Erfahrungen erworben haben. Sie sind ihnen vielleicht schon in ihrer Auseinandersetzung mit Ihrer Biografie begegnet. Mit den besonders destruktiven dieser inneren Dämonen der Vergangenheit möchte ich Sie im nächsten Kapitel vertraut machen.

Im Banne der inneren Dämonen – sich selbst ein Feind sein

Immer wieder erschrecke ich, wie viele von uns Yogaübenden und auch Menschen auf anderen spirituellen Wegen sich selbst ein Feind sind. Sie bemühen sich, anderen gegenüber Liebe, Achtung und Verständnis zu entwickeln - sich selbst gegenüber aber nicht. Unerbittlich klagen sie sich an, was sie hätten machen sollen (oder nicht machen sollen), gemäß ihren Vorstellungen, wie sie zu sein und zu handeln hätten. Dies kommt nicht von ungefähr:

Im Laufe unseres Lebens ist unter vielfältigen Einflüssen und Lebensereignissen ein gewisses Selbstbild entstanden. Es enthält sowohl positiv-aufbauende als auch destruktive Elemente. Wie wir gesehen hatten, wird das Selbstbild durch Abwehrmechanismen und Verdrängung unserer Schattenanteile meistens positiv verstärkt und stabilisiert. Andererseits nagen negative internalisierte Grundüberzeugungen an unserem Selbstbild und können uns unsicher, ängstlich, depressiv und zwanghaft empfinden und reagieren lassen.

Und wenn wir uns nun langsam auf die Schliche kommen und auch Schattenanteile bewusster geworden sind, kann die verbliebene positive Färbung unseres Selbstbildes zunächst weiter an Kraft verlieren. In dieser Situation ist es geboten, allmählich mit wohl-wollender Achtsamkeit sowie Humor uns auch mit unseren Schwächen und dunklen Seiten anzunehmen, sie als *auch zugehörig zu uns zu akzeptieren - zunächst auch einschließlich der Axt der Selbstzerfleischung.*

Wir alle haben destruktive Grundüberzeugungen bezüglich der eigenen Person in mehr oder minder ausgeprägtem Maße, und oft nur im Verborgenen. Liebe Yogaübende, werden Sie sich Ihrer negativen Grundüberzeugungen bezüglich der eigenen Person bewusst. Am besten geschieht dies durch von Verständnis und Offenheit getragener Achtsamkeit in den Situationen des Alltags. Wenn wir uns immer wieder dieser Dämonen unserer Vergangenheit bewusst werden, verlieren sie allmählich ihre Macht über uns und unsere Gefühle.

Bei uns Yogaübenden finden sich besonders häufig als negative Grundüberzeugungen Gefühle von *Schuld, Minderwertigkeit, Hilflosigkeit und Ungeliebt-sein.* Mit ihnen werden wir uns im Folgenden beschäftigen. Doch zunächst - mit welchen unserer Bemühungen um Veränderung und Wandel auf dem spirituellen Weg geraten sie in Interaktion?

Wir alle wurden konfrontiert mit den Normen unserer Eltern, der Gesellschaft und unserer Kultur, woraus sich nach S. FREUD unser Über-Ich gebildet hat mit seinen teils unerbittlichen Gewissensvorstellungen und Forderungen. Hinzu kommen bei christlich geprägten Menschen die zehn Gebote, bei uns Yogaübenden oft zusätzlich die ethischen Regeln des Patanjala Yoga Sûtras (*yamas, niyamas* – siehe später), eventuell auch die buddhistischen Empfehlungen, abzustehen von Töten und Grausamkeit, von Lügen und groben Worten, von Stehlen, von sexuellem Fehlverhalten und berauschenden Substanzen. Gefordert wird in den spirituellen und religiösen

Traditionen der Menschheit zudem die Liebe zu den Mitmenschen, zur Schöpfung, ja zu allen Wesen. Der Theologe H. KÜNG hat versucht, die Grundregeln ethischen Verhaltens in den großen Menschheitskulturen und Weltreligionen als „Weltethos" zusammenzutragen. Neben dem „biografisch-kulturell" entstandenen Über-Ich entwickelt sich daher bei Menschen auf Yogawegen noch ein „Yoga-Über-Ich". Es kann noch fordernder als das „normale" Über-Ich sein, da es sozusagen spirituell überhöht wird.

Wer ist fähig, diesen hohen Idealen zu folgen? Und doch versuchen viele von uns Yogaübenden, solchen Normen mit eiserner Disziplin zu entsprechen, stehen unter der Fuchtel ihrer „Über-Ichs". Sie sind unbarmherzig sich selbst gegenüber und meinen, sie müssten diesen Idealen vollständig folgen und verzweifeln, wenn ihnen das nicht gelingt. Ja, es *kann nicht* gelingen, denn es handelt sich dabei um *Ideale*, denen man nachstreben mag, die aber nie ganz zu erreichen sind. E. NEUMANN nannte diese Ideale „Elitemoral". So manche Yogaübende verzweifeln daran, fühlen sich schuldig, sündig, hilflos. Doch das muss nicht so sein, wenn es uns gelingt, unsere „Über-Ichs" etwas sanfter umzuformen und ihnen nicht in blindem Gehorsam zu folgen.

Um aus eigener Erfahrung zu berichten: Meine beiden Über-Ichs stehen in Gegensatz und Dialog miteinander. Es ist spannend, was da in mir abläuft, und mal folge ich dem einen oder dem anderen, finde aber auch durchaus Kompromisse. Und manchmal folge ich den beiden mit ihren Vorschriften ganz bewusst nicht!

Mein „preußisch-pflichtbewusst" gefärbtes Über-Ich ist nicht mehr ganz so unerbittlich wie manchmal in meiner Jugend (meiner Lehranalyse sei Dank!). Es mahnt aber in Zeiten verminderter Yogaaktivität: „Was ist nur los mit dir? Du *musst* wieder mehr meditieren. Nicht umsonst sagte dein Zen-Lehrer „jeden Tag Meditation so lange, wie ein Weihrauchstäbchen brennt“. Und bilde dir nicht ein, das Stäbchen könne kurz sein. Nur stetiges Üben bringt Fortschritt. Und auch Âsanas sind täglich zu machen, du wirst ja immer steifer. Du hattest doch da mal eine 90-jährige Yogaschülerin, die viel beweglicher war, als du es jetzt bist ...“

Mein „Yoga-Über-Ich“ hat sich im Laufe vieler Jahre zu einem liebevollen, verständnisvollen Begleiter entwickelt, wohl auch unter den Nachwirkungen dessen, was ich durch meine Lehrer und Gurus erfahren habe. Es meldet sich in Krisenzeiten etwa so: „Es wäre schön, wenn du wieder mehr meditieren würdest ... vielleicht könntest du dich etwas weniger in Äußerlichkeiten verstricken ... weißt du noch um die Zeiten deines Lebens, in denen du im Einklang mit dir selbst warst und das äußere Leben davon getragen wurde? Vielleicht kommst du wieder zu etwas Ähnlichem – es wird aber nicht das Gleiche sein wie damals ... Aber strenge dich nicht so schrecklich an. Vertraue der Weisheit, die im Verborgenen zur Reife kommt. Es ist die Weisheit der Nacht, die Weisheit des Weiblichen, die Weisheit der Târâ.“

Müssen wir denn immer so perfekt sein in unseren Bemühungen? Kann unser Über-Ich nicht auch durch unsere jetzigen Lebenserfahrungen befreiter werden von den Prägungen des bisherigen Lebens und sich milder, versöhnlicher, verständnisvoller, weitherziger entwickeln? Und hat nicht gerade das Christentum darauf aufmerksam gemacht, dass wir uns zwar bemühen sollten, aber nie vollkommen sein werden – uns unsere Fehler („Sünden“) aber verziehen werden können? Sind wir auch selbst in der Lage, uns zu verzeihen? Dann könnten wir anstatt einer kollektiven „Soll-Moral“ (Gebote!) zu einer mehr dem Leben angepassten eigenen, aus unserer Spiritualität geborenen „Seins-Moral“ finden, die berücksichtigt, dass wir unseren Idealen nicht in vollem Umfang folgen. Bemühen – ja. Unbarmherzigkeit sich selbst gegenüber – nein …

Im mosaischen Glauben gibt es eine Geschichte, die die Begrenztheit all unserer Bemühungen zeigen soll – und dass es dennoch nicht vergeblich ist, ein ethisch gutes Leben anzustreben: Gott habe beschlossen, die Welt noch so lange bestehen zu lassen, wie es noch 37 Gerechte gäbe (Menschen, die *völlig* nach Seinem Willen lebten). Und, oh Wunder, die Welt besteht immer noch! Aber wer zu den 37 Gerechten zähle, das wisse niemand, auch die Gerechten nicht. – Wollen wir uns selbst gegenüber unbarmherziger sein als Gott in dieser wundervollen Geschichte?

Unsere negativen Grundüberzeugungen machen die Sache nicht besser, denn sie lassen unsere Bemühungen, den hohen Idealen wenigstens etwas zu folgen, noch schwieriger erscheinen. Sie vermitteln uns das Gefühl, noch verzweifelter, unfähiger, hilfloser und einsamer zu sein, als wir es in Wirklichkeit sind.

Viele von uns sind geplagt von hintergründigen *Schuldgefühlen.* Wir spüren, dass wir in Denken, Reden und Handeln nicht annähernd jenen Werten und Normen folgen, die unsere Religion, Erziehung und Gesellschaft sowie unsere spirituelle Weltanschauung einfordert und die wir uns zu eigen gemacht haben.

Wir sind mit der christlichen Vorstellung aufgewachsen, dass wir durch den Sündenfall der ersten Menschen bereits mit der Geburt sündig, schuldhaft und tragisch verstrickt sind. Mit der Erkenntnis von Individualität, Geschlechtlichkeit, Scham sowie dem Wissen über Tod und Vergänglichkeit habe sich der Mensch von Gott entfernt und sei aus der paradiesischen Einheitswirklichkeit gefallen. Und so sei der Mensch als Nachkomme jener, die vom Baum der Erkenntnis gegessen hätten, schon bei der Geburt unvollkommen, beinhalte ein Element des Bösen.

Auch Menschen, die zwar in unserer Kultur heranwuchsen, aber nicht in direkter christlicher Umgebung eingebettet waren, tragen nach meiner Beobachtung ebenfalls häufig das Gefühl in sich, grundlegend schuldig und fehlerhaft zu sein. Vielleicht hat sich auf dem Hintergrund der christlichen Grundkultur auch in unserer weltlichen Erziehung das Gefühl breit gemacht, dass der Mensch von Natur aus böse sei und daher entsprechend zum Guten erzogen werden müsse. Und so wird uns in der Erziehung oft die Botschaft vermittelt, wir hätten Schuld, wenn wir dieses oder jenes machten oder nicht machten. – Die befreiende Botschaft des Christentums von der Erlösung durch Gnade scheint mir oft weniger präsent zu sein als das Gefühl der Verstrickung in Schuld.

Zwar hat sich die heutige Theologie in Bezug auf die Frage vom Sündenfall durchaus verändert. So spricht man heute z. B. von der „universellen Sündenverhaftetheit“ (der Unvollkommenheit?) des Menschen. P. KNAUER sieht als wesentlichstes Element dieses „Abfalls von Gott“ die „fortwährende Angst um sich selbst.“ Und im Katholizismus wird heute anerkannt, dass ein Neugeborenes zunächst noch nicht der Erbsünde unterläge. Doch habe ich psychologisch den Eindruck, dass weiterhin viele von uns ein in der Tiefe schlummerndes Grundgefühl der Schuld mit sich tragen, das in Krisensituationen nur allzu leicht zur Selbstverurteilung und Hass auf sich selbst führt.

Dieses Grundgefühl verstärkt sich dann oft noch durch tatsächliches oder vermeintliches schuldhaftes Verhalten während unseres Lebens und durch ins Unbewusste abgeglittene tabuisierte Wünsche …

Wenn wir uns unserer Schuldgefühle mit anteilnehmender Achtsamkeit zuwenden und lernen, wann sie zumindest teilweise auf Tatsachen beruhen, können sie uns - soweit berechtigt - zu innerer Umkehr anregen, ohne dass wir uns selbst zerfleischen und in Staub und Asche kriechen.

Auch durch vertiefte Meditation kann eine Befreiung von übermäßigen Schuldgefühlen geschehen: Wenn wir erleben, dass wir eingebettet und Teil des Lebens in diesem unendlichen All sind, vermindert sich die „fortwährende Angst um uns selbst“. Nicht umsonst sprach der große Zen-Meister HAKUIN davon, dass aufgehäufte Schuld bei sich vollendender Meditation schwinde - durch den Wandel in unserem Bewusstsein.

Viele von uns Yogaübenden werden von *Minderwertigkeitsgefühlen* geplagt. Oft haben diese ihre Wurzeln in einem Mangel an Liebe, Zuwendung und Förderung in der Kindheit und Jugend sowie Erlebnissen des Versagens im späteren Leben. In der depressiv-passiven Reaktion führt dies zu *Hilflosigkeitserleben* und in der Folge zu ängstlich-vermeidendem Verhalten, das sowohl das Leben als auch die Yogapraxis in mehr oder weniger starkem Maß einschränkt. Und dann denken die Betroffenen in etwa: „Ich bin nichts wert, weil ich nichts leiste, nicht wirklich leisten kann, nicht das leiste, was ich leisten sollte. Eine vertiefte Yogapraxis wird mir nicht gelingen."

In der aktiveren Form des Umgangs mit scheinbarer Bewältigung von (bewussten und unbewussten) Minderwertigkeitsgefühlen findet sich eine übermäßige Leistungsbezogenheit. Durch „Erfolge" wird das Minderwertigkeitsgefühl zumindest zeitweise überspielt und das Selbstbewusstsein notdürftig stabilisiert. Und die eventuelle soziale Anerkennung der Leistung dient dann als weiterer stabilisierender Faktor. Im extremen Fall führt dies jedoch zu einem einseitig auf Leistung bezogenen Leben mit Selbstausbeutung, das zudem häufig in Erschöpfung bis hin zu Burnout mündet und dann eine Psychotherapie erforderlich machen kann.

Sollten Sie, liebe Yogaübende, zeitweilig von Minderwertigkeitsgefühlen geplagt sein, versuchen Sie, diesen in ihren Auswirkungen im Alltag mit annehmender Achtsamkeit zu begegnen, ohne sich wegen der vermeintlichen Schwäche fertig zu machen. – Diese Gefühle sind Relikte der Vergangenheit, die Sie *langsam* mit Achtung vor sich selbst vermindern und integrieren können. Sie haben bereits mit der Yogapraxis erste Schritte dazu getan. Denn Yoga stellt unser Leben in größere Zusammenhänge und trägt so zu unserer Würde als Menschen bei.

Minderwertigkeitsgefühlen beigesellt ist häufig eine Grundüberzeugung der *Hilflosigkeit, oft verbunden mit Ängstlichkeit.* Auch hier ist es wichtig, entsprechendes Erleben und Verhalten in den Situationen des Lebens bewusst mit Anteilnahme wahrzunehmen, aber sich nicht in sie hineinziehen zu lassen und auch in dosierten Schritten dagegen anzuüben. Nach dem Patanjala Yoga Sûtra wäre das Üben des Gegenteils (Mut in dosierten Schritten zu entwickeln) vielleicht hilfreich. Auch unsere westliche Verhaltenstherapie würde ähnliches anraten. – Hilflosigkeit und Ängstlichkeit darf aber auch einen kleinen Platz in unserem Leben behalten: Wenn gut integriert, bewahren sie uns vor Überforderung und übermäßigem Leichtsinn …

Gefühle des *Ungeliebt-Seins* finden sich häufig bei Menschen, die in Kindheit und Jugend keine hinreichende Liebe und Zuwendung von Bezugspersonen erhielten und es ihnen auch im weiteren Leben nicht gelang, hinreichend gute soziale Kontakte und Partnerschaften aufzubauen. Und oft verbindet sich dieses Gefühl auch noch mit Minderwertigkeitsgefühlen, z. B.: „Ich finde niemanden, der mich wirklich liebt … Wie sollte das auch sein? Ich bin ja nichts wert. Kein Wunder, dass auch meine erwachsenen Kinder nichts von mir wissen wollen." Die negativen Erwartungen führen dann leicht im Sinne einer sich selbst erfüllenden Prophezeiung zum Scheitern von zaghaft aufgenommenen sozialen Kontakten und Partnerschaften. Und aus der Sehnsucht nach Liebe und bestehenden Minderwertigkeitsgefühlen heraus wird dann nach jedem Strohhalm gegriffen, indem unpassende destruktive Partnerschaften eingegangen werden („finde ja niemand Besseren"), die in Chaos, Unterwerfung, Ausbeutung und Gewalt enden.

In der aktiveren Form der Bewältigung von Einsamkeit wird versucht, durch Leistung oder andere Merkmale - wie Schönheit oder soziales Engagement - Aufmerksamkeit, Anerkennung und Liebe zu erlangen. Das Problem dabei kann aber sein, das man so zwar Aufmerksamkeit, vielleicht auch Bewunderung erreichen kann – jedoch nicht unbedingt Liebe und Nähe zu anderen. Auch in Yogagruppen und spirituellen Gemeinschaften sowie Kirchengemeinden und Bibelkreisen finden sich Übende, die neben dem Yoga und spirituellem Austausch soziale Kontakte und Anerkennung suchen. Dies kann ganz in Ordnung sein und bietet durchaus auch einige Aussicht, etwas gegen Einsamkeit machen zu können. Denn in solchen Gruppen finden sich häufig Übende, die dem Gleichgesinnten gegenüber aufgeschlossen sind, so dass sich daraus manche Freundschaft entwickeln kann. Doch wäre es ratsam, sich in solchen Gemeinschaften nicht übermäßig anzupassen, bloß um dazu zu gehören. Es wäre zu fragen: „Bin ich hier richtig? Entspricht das auch meinem spirituellen Weg?" – Immerhin habe ich auch erlebt, dass Freundschaften aus solchen Gruppen auch dann bestehen bleiben, wenn einer dann doch einem anderen spirituellen Weg folgt. Dies ist möglich, wenn gegenseitige Anerkennung und Verständnis für den Weg des anderen besteht.

Einige wenige Übende kommen in ihrer Einsamkeit auch zum Yoga, weil sie hoffen, keinerlei näheren (und vielleicht wieder verletzenden und enttäuschenden) menschlichen Kontakt mehr zu benötigen, wenn sie auf dem inneren Weg des Yoga voranschreiten. Auch wenn es einige wenige zutiefst mystisch-spirituell begabte Menschen unter uns geben mag – in der Regel möchte ich eher davon abraten, sich auf Dauer von aller menschlichen Gemeinschaft abzuwenden. Yoga beinhaltet *auch* Beziehung zum Leben, zur Schöpfung. Und dies wird konkret in der Begegnung und Auseinandersetzung mit anderen. Yoga dient nicht einer Flucht vor einem nicht bewältigten Leben.

Es mag aber sein, dass ein *zeitweiliger Rückzug* von der Alltagswelt auf unseren spirituellen Wegen sinnvoll ist. Liebe

Yogaübende, Sie werden wissen, wenn dies der Fall ist. Die Retreats verschiedener spiritueller Gruppen und auch Besinnungstage in einem Kloster bieten sich hierfür an.

Eros, der Lebenstrieb - Liebe und Sexualität auf Yogawegen

In den klassischen indischen Yogarichtungen finden sich verschiedenste Anschauungen bezüglich der Frage, inwieweit Liebe - die auch Erotik und Sexualität mit einschließt - hinderlich, möglich oder förderlich für ein spirituelles Leben sei.

Spirituelles Leben kann nach meiner Auffassung unter anderem beinhalten:

1) Überschreiten eines nur Ich-bezogenen, egoistischen Vor-sich-hin-Lebens.

2) Hinwendung zu Ich-überschreitenden Erfahrungen (z. B. zur Transzendenz, zur Erfahrung des eigenen Wesenskerns, zur Hingabe an Gott oder das Göttliche oder zu einem sinngebenden Ziel oder Ideal).

3) Entwicklung von Liebe und Mitgefühl gegenüber den Menschen, ja vielleicht sogar gegenüber allen Wesen.

4) Verantwortungsgefühl gegenüber der Schöpfung und allem Leben. Dies kann sich z. B. aus dem Wissen um die gemeinsame Entstehung des Lebens auf unserer Erde entwickeln - sei es, dass wir dies mehr biologisch

begreifen oder die Vorstellung eines gemeinsamen liebenden Schöpfers haben.

5) Die Idee beziehungsweise Suche eines tiefer gehenden Sinns für unser Dasein.

Schon der Buddha hatte den „Begierdedurst" (und damit Sexualität und Gier im weitesten Sinne) als eine der drei Triebfedern menschlicher Existenz identifiziert. Die beiden anderen waren für ihn der „Werde- bzw. Selbstbehauptungsdurst" und der „Vernichtungsdurst". In der bildhaften Sprache seiner Zeit sprach er vom „Durst": Es sei wie das Trinken von Salzwasser - je mehr man davon trinke, desto durstiger, gieriger werde man schließlich. Und so empfahl er einen „mittleren Weg": sich nicht in selbstsüchtiger Weise zum Sklaven dieser Triebfedern zu machen. Es sei verhängnisvoll, sich den Begierden völlig auszuliefern und noch verhängnisvoller, sich mit übermäßiger Askese (wie damals häufig in Yogakreisen praktiziert) zu quälen. – Die übermäßige Askese sei ein Aspekt des „Vernichtungsdurstes".

2.500 Jahre später kam S. FREUD zu einer Auffassung, die mich an diese Gedanken des Buddha erinnern. Zwischen zwei Kräften entfalte sich unser Leben – *Eros* und *Thanatos,* den Lebenstrieben und den Todestrieben. Eros beinhalte Begehren, Verlangen, Vereinigung und Leidenschaft. Ihm beigesellt sei der Selbstbehauptungstrieb. Thanatos beinhalte Auflösung, Trennung, Ablehnung, Tod, Erstarren in Gewohnheiten und äußere sich unter anderem in Form von Aggressivität gegenüber anderen und Aggressivität gegen sich selbst. Für ein gesundes psychisches Leben müsse das Spannungsgefüge von Eros und Thanatos im Gleichgewicht sein.

Eros werde gespeist von der *Libido*, einer Energie, die FREUD primär als sexuell im weiten Sinne verstand. Sie müsse – zumindest teilweise – kanalisiert und auch sublimiert werden, wodurch menschliches Zusammenleben und Kultur entstünden. C. G. JUNG begriff hingegen Libido als die seelische Energie des Menschen schlechthin, die sich neben Sexualität auch in anderen Formen direkt manifestieren kann (z. B. Machtstreben, Suche nach einem Lebenssinn, Spiritualität). Diese Energie sei nicht primär nur sexuell zu verstehen; sie müsse daher nicht notwendigerweise sublimiert werden.

Ich habe die Ideen von FREUD und JUNG kurz dargestellt, damit wir sie mit den traditionellen Konzepten zu Liebe und Sexualität in den verschiedenen Yogatraditionen vergleichen können.

Traditionelle indische Konzepte zu Liebe und Sexualität im Yoga

Asketische Konzepte

Sexualität und Liebe zu einem (einzigen) Menschen wird hier als eine der stärksten Kräfte verstanden, die uns an die Welt der Erscheinungen (*mâyâ*) binde. Dadurch werde die Ablösung der Seele (*purusha*) von den Banden der Materie (*prakriti*) oder die Auflösung der Illusion erschwert. Sexualität sei ein Teil von Gier und Leidenschaft (*râga*), die als Hindernis (*klesha*) auf dem Yogaweg gesehen werden und schwächer gemacht werden müssten (PYS: *tanukarna*). Dazu diene *brahmacârya* (wörtlich: Wandel im Göttlichen). Orthodox wird dies als sexuelle Enthaltsamkeit verstanden. Im weiteren Sinne aber sei *brahmacârya* ein Leben mit einer Ethik, bei der man sich bemühe, weder sich noch andere zu schädigen. Im orthodoxeren Sinn vorwiegend für Nonnen und Mönche (Sâdvî, Sâdhu) gedacht, gibt es immer wieder auch Tendenzen, diese Enthaltsamkeit auch von Menschen einzufordern, die im gewöhnlichen Leben stehen.

So empfahl der berühmte Swami SHIVANANDA, dass auch verheiratete Paare sich die Sexualität langsam abgewöhnen sollten, indem sie in immer größeren Zeitabständen Geschlechtsverkehr hätten, um schließlich ganz darauf zu verzichten!

Aber es gibt traditionell auch andere Ideen, bei der eine *Beschränkung* sexueller Aktivitäten angestrebt wird. Denn auch *bhoga,* der Genuss, sei einer der Lebensziele und stehe mithin dem Yogaweg nicht entgegen, wenn er nicht suchtartigen Charakter habe. Daher gab es seit Jahrhunderten eine Tradition, die lange geheim innerhalb der Familien weitergereicht wurde: Nach der Geburt einer ausreichenden Anzahl von Kindern – die ja wichtig für die Versorgung im Alter waren – wurde das sexuelle Liebesleben beschränkt auf die Zeit vom 5. bis 10. Tag nach Beginn der Periode der Frau. Dabei sollte keine Blutung mehr bestehen. Wenn irgend möglich, sollte dann auch Verkehr gepflegt werden; auch die Ehefrau konnte dies einfordern. Durch diese natürliche Geburtenkontrolle wurde dann genügend Vermögen aufgebaut, so dass in der Folge mehr Zeit für Yoga und Meditation zur Verfügung stand. – Hätten doch die englischen

Kolonialherren mehr auf die Sitten ihrer angeblich in einer minderwertigen Kultur stehenden indischen Untertanen geachtet - wir Europäer wären früher als im 20. Jahrhundert auf die natürliche Geburtenkontrolle gekommen!

Sexualität ohne Bindung

Gelegentlich vertreten indische Gurus die Auffassung, dass Sexualität ohne gefühlmäßige Bindung an den/die Partner*in einem Yogaweg zuträglich sei. So könne man Genuss haben, ohne sich durch Bindung an einen Menschen an die Welt der Erscheinungen zu verlieren. In der Neuzeit lehrte RAJNESH (der sich Bhagvân = Erhabener, später Osho, nennen ließ) diese Ansicht für einige Zeit. Das verwundert mich, da RAJNESH als klarer Denker - er war Philosophieprofessor gewesen - den Denkfehler erkannt haben musste: Die Betreffenden banden sich dabei zwar nicht an den/die Partner*in, jedoch an ihre eigene Sexsucht, die promiskuitiv ausgelebt wurde!

Umlenkung (Sublimation) der Sexualität und der Lebenskraft

Im Kundalinî-Yoga - einer der tantrischen Yogaformen - soll die Kundalinî zum höchsten Bewusstseinszentrum aufsteigen und sich dort mit dem geistigen Bewusstsein des Menschen vereinen. Hierbei wird die Kundalinî entweder als sexuelle Energie verstanden oder - umfassender als Natur - als Lebenskraft. Sie soll sich nach dieser Anschauung nicht bloß erschöpfen als blinder Trieb, sondern zu Inspiration und Kraft unseres höchsten geistigen Potentials werden. Natur und Geist sollen sich vereinen, so dass das „Kind" umfassender, inspirierter und aktiver Bewusstwerdung und Erleuchtung entstehen möge. – Die beiden Ideen von FREUD und JUNG in Bezug auf die Libido finden hier ihre Parallele.

In einer intensiven Praxis eines klassischen Kundalinî-Yogaweges wird eine zeitweilige sexuelle Abstinenz erwartet bzw. die sexuelle Aktivität verringert sich im Meditationsprozess von selbst.

Sollte dies nicht geschehen, bietet der Hatha-Yoga einen traditionellen „Ausweg" auf der Grundlage der Vorstellung, dass ein Verlieren von Sexualflüssigkeit zu einer „Schwächung" führen könnte: Vergossener Samen oder Vaginalflüssigkeit wird entweder wieder aufgesogen oder in die Haut eingerieben. – Ich möchte hierzu nicht unbedingt raten.

Sexualität ohne Orgasmus

Eng verwandt mit der Idee, dass ein Vergießen von Sexualflüssigkeit zu einer Schwächung führen könnte, ist die gelegentliche Praxis, zwar Geschlechtsverkehr auszuüben (und damit in enge partnerschaftliche Beziehung zu treten), jedoch ohne dass es zum Samenabgang kommt, so dass ein Orgasmus (teilweise?) vermieden wird. Ähnliche Praktiken gibt es auch im Taoismus. – Graf K. DÜRCKHEIM nannte dies einmal ironisch „Samenknauser-Praxis".

Es ist wissenschaftlich nicht erwiesen, dass eine „Schwächung" durch das Ausstoßen von Samen oder Vaginalflüssigkeit stattfinden würde. Wohl aber tritt oft nach dem Geschlechtsverkehr für eine gewisse Zeit Erschöpfung und Ruhe ein (die berühmte Klage mancher Frauen, dass sich

Männer „danach“ unsensibel umdrehen und schnarchen, während sie noch die Ruhe und das Glück nach dem Verkehr genießen und gern in einer Zweisamkeit verbleiben würden.)

Sexuelle Symbolik

In den tantrischen Yogarichtungen findet sich häufig eine sexuelle „Zwielichtsprache“ (*sandhya bhasha*), die Herbert von GÜNTHER zu Recht als Symbolsprache bezeichnet hat: In einem integrativen Meditationsprozess vereinen und durchdringen sich männliche und weibliche Persönlichkeitsanteile *im Übenden selbst* – was mit sexuellen Bildern dargestellt wird. Diese komplexen Meditationsübungen erfordern detaillierte Anweisungen, die ohne diese Instruktionen für den Übenden gefährlich werden könnten. In den Schriften werden daher „schockierende“ Bilder gewählt, um Uneingeweihte von einem Herumprobieren abzuhalten. – Mehr hierzu im meinen Erläuterungen zu Tantrismus und Hatha-Yoga im Kapitel Selbstfürsorge.

Erleuchtung durch sexuelle Ekstase?

In der Liebe und im von Liebe getragenen Liebesakt wird der/die Partner*in zum Tiefsten und Schönsten, gleichsam zum Spiegelbild eigener Tiefe und Schönheit. Partner und Partnerin werden sozusagen zu Gott und Göttin für den anderen. Und in ihrer Vereinigung erleben sie – noch im Außen mit dem anderen – was vielleicht einmal an *innerer* Vereinigung gegensätzlicher Persönlichkeitsanteile im Yoga und in der Psychotherapie erreicht werden kann: Integration, Selbst-Findung, Eins-Sein mit sich selbst. Und so konnte der berühmte Rishi Yaynavalkya sagen: „Nicht ist der Gatte um des Gatten lieb - um des Selbstes willen ist der Gatte lieb …"

Gedanken zu Liebe und Sexualität für heutige Yogaübende

Im Folgenden möchte ich Ihnen, liebe Yogaübende, einige meiner Gedanken zu Spiritualität, Liebe und Sexualität näherbringen.

Sexualität kann bei Ergriffensein durch Zustände der Meditation oder durch eine uns stark beschäftigende Aufgabe *zeitweilig* in den Hintergrund treten, ja versiegen. Alles fließt dann gleichsam in das meditative Erlebnis oder die sich uns stellende Aufgabe hinein. Wenn wir in einer Liebesbeziehung stehen, ist hier die Toleranz und das Verständnis des Partners oder der Partnerin unerlässlich. Ein offenes Gespräch ist dann selbstverständlich.

In der Liebe wird der erste Schritt zum Überschreiten enger Ich-Grenzen getan. Wer Liebe erfahren und gegeben hat, kann auch darüber hinausgehen und andere Menschen und die Schöpfung mit offenem Herzen lieben lernen. Kennen wir nicht fast alle jenen Zustand des Verliebtseins, bei dem nicht nur der geliebte Mensch im Mittelpunkt steht, sondern wir mit Freude im Herzen, mit Offenheit und voller Glück auch auf andere zugehen konnten? Und so kann die Liebe zu *einem* Menschen zur Entfaltung von *maitrî bhâvanâ* beitragen - zur Entfaltung von Liebe und Mitgefühl allem Leben gegenüber, wo es uns begegnet. Damit wird körperliche und geistige Liebe zu einem Edelstein auf unserem spirituellen Yogaweg.

Durch Unterdrückung oder gar Verdrängung von Sexualität wird man nicht spiritueller, sondern verkrampfter. Ich hatte dies bereits im Kapitel über Abwehrmechanismen geschildert.

Andererseits ist es äußerst wichtig, dass wir nicht suchtartig zum Sklaven eigener Triebe werden und andere unglücklich machen. Spirituell Suchende sollten weder sich noch andere mit der eigenen Sexualität Schaden zufügen. Sexualität *ohne* Liebe fördert Egoismus und Narzissmus, liefert uns - wenn länger praktiziert - suchtartig unseren Trieben aus, schadet somit uns und verletzt oft andere.

Je weiter wir auf dem Yogaweg oder einer anderen weitherzigen spirituellen Tradition voranschreiten, desto liebesfähiger werden wir, was durchaus auch unsere körperliche Liebe mit Innigkeit erfüllen kann. Es ist dann nicht mehr ausschließlich der Rausch triebhafter Ekstase, wie möglicherweise bei unseren ersten sexuellen Erfahrungen der Jugend. Aber vielleicht erleben wir dann gerade in der Zweisamkeit eine Ahnung vom namenlosen Hintergrund unseres Lebens, der uns trägt. Dann können wir dem Leitsatz aus einem der buddhistischen Tantras erfahren: Auch in der körperlichen Liebe (*maithuna*) soll nicht das Bewusstsein der Erleuchtung (*bodhicitta*) schwanken.

Yoga und Psychosomatik – den Leib als Freund gewinnen

Unsere westliche psychosomatische Medizin befasst sich mit den Zusammenhängen von psychischen und sozialen Einflüssen auf unseren Körper und umgekehrt von körperlichen Einflüssen auf unsere psychische Befindlichkeit. In der Behandlung von psychosomatischen Krankheiten werden daher idealerweise sowohl körperliche wie auch psychische Aspekte berücksichtigt und auch psychosoziale Gegebenheiten (z. B. soziale Beziehungen, Arbeit und weitere Lebensumstände) mit in Betracht gezogen.

Forschungen haben ergeben, dass deutlich mehr als die Hälfte aller Patienten die Sprechstunden von Hausärzten wegen somatischen (= körperlichen) Krankheiten aufsuchen, die zumindest eine seelische Mitbeteiligung haben. Leider wird manchmal nur die körperliche Symptomatik behandelt. Dann erhält der an Magenschmerzen Leidende z. B. Medikamente, die die Säurebildung im Magen bremsen und magenschädigende Bakterien beseitigen. Die entzündete Magenschleimhaut kommt zunächst zur Ruhe, die Schmerzen klingen ab, der Patient fühlt sich geheilt. Aber allzu oft kommen die Magenschmerzen wieder, wenn nicht auch die psychische

Komponente mit bedacht und behandelt wird. Es könnte etwa sein, dass der Patient in einer belastenden Situation steckt, verbunden mit Partnerproblemen, Kraft fordernden kleinen Kindern, einem zänkischen mit im Haus lebenden Schwiegervater und einer stressigen Arbeitssituation. Wenn diese Probleme nicht angegangen werden, ist die Heilung nicht von Dauer. – In unserem Beispiel müsste der Betreffende langfristig lernen, die Belastung durch die Kinder in Absprache mit der Frau besser anzugehen, Partnerkonflikte anzusprechen und zu lösen, den Konflikt mit dem Schwiegervater auszutragen (notfalls mit der Familie ausziehen), sich in der Arbeit besser abzugrenzen, sich weniger zu überfordern und allgemein Strategien zu entwickeln, mit Stress umzugehen.

Die Liste der psychosomatisch bedingten, mitbedingten oder eventuell bedingten Krankheiten ist lang. Um Ihnen, liebe Leser*innen, einen Eindruck vom großen Gebiet der Psychosomatik zu vermitteln, erwähne ich im Folgenden einige der häufigsten psychosomatischen Krankheitsbilder. Die Liste ist keineswegs vollständig, und bei einigen der erwähnten Krankheiten ist auch eine rein körperliche Ursache ohne direkte psychische Mitbeteiligung möglich. Eine sorgfältige körperliche Untersuchung ist immer unerlässlich, gegebenenfalls verbunden mit einer medizinischen Behandlung der körperlichen Beschwerden:

Kopfschmerzen (z. B. Spannungskopfschmerz, Migräne), Kloßgefühl im Hals, Brustenge und Atemnot, Asthma bronchiale, Herzrasen, Bluthochdruck, Herzinfarkt, Magenschmerzen, Magengeschwüre, Durchfälle, Darmentzündungen wie z. B. Colitis ulcerosa, übermäßiger Harndrang, bestimmte Allergien, chronische Schmerzzustände mit körperlichen und seelischen Faktoren, Schmerzen, die stärker wahrgenommen werden, als es der körperlichen Ursache entspricht (z. B. starke Schmerzen bei kleinem Bandscheibenvorfall), Fibromyalgie (Weichteilrheumatismus), manche Formen von Rheumatismus, Hautkrankheiten, Magersucht (Anorexie), Adipositas, Essstörungen, Fatigue–Syndrom (chronische Erschöpfung), seelische Reaktionen auf schwere lebensverändernde Krankheiten wie z. B. Krebs oder eine Post-Covid-Symptomatik. Ferner sind Zusammenhänge zwischen seelischer Belastung und Krebs, Krebswachstum sowie mit einer verringerten Stärke des Immunsystems wahrscheinlich.

Es sind viele Theorien bezüglich der Entstehung und Behandlung von psychosomatischen Erkrankungen aufgestellt worden. Von ihnen will ich in vereinfachter Form drei Modelle vorstellen, die mir von besonderer Bedeutung auch für uns Yogaübende sind - auch in Hinblick auf *Prävention* von psychosomatischen Erkrankungen bei uns selbst.

Stressmodell: Unter Stress kommt es zur Ausschüttung von Stresshormonen wie Cortisol, die den Körper in einen Erregungszustand versetzen, der eigentlich leistungssteigernd sein sollte. Ist der Impuls jedoch zu stark, treten überschießende und kontraproduktive körperliche Reaktionen auf, z. B. Durchfälle oder muskuläre Verspannungen, die mit Schmerzen einhergehen. Diese Symptome sind nun selbst eine weitere Quelle von Stress, so dass sich die Symptomatik im Sinne eines Teufelskreises aufschaukelt. Geschieht dies öfter, „merkt“ sich der Körper die Reaktion und reagiert schon bei geringerem Stress in derselben Weise. Und schließlich ist die körperliche Reaktion chronifiziert, auch unabhängig von auslösenden Stressoren. Die Durchfälle werden chronisch, ein „Schmerzgedächtnis" hat sich im Gehirn verankert und die schmerzhaften muskulären Verspannungen bleiben bestehen oder kommen nach kurzer Zeit wieder. Schmerzmittel und Massagen allein helfen nicht mehr auf Dauer. Neben der körperlichen Behandlung muss eine neue Art des Umgangs mit Stress und/oder eine Verringerung der Stressoren gefunden werden.

Es finden sich zwei Arten von Stress. Zum einen gibt es den „objektiven" Stress, z. B. durch die Größe einer Aufgabe, ihren Schwierigkeitsgrad oder durch die zu bewältigende Masse der Aufgaben bzw. Arbeitsverdichtung. In diesem Fall wäre zu erwägen, ob eine Verringerung der objektiven Belastung möglich und sinnvoll sei. Jedoch ist eine schnelle Flucht - z. B. in eine Erwerbsunfähigkeitsrente - oft nicht der beste Weg. Selbst wenn die Rente gewährt wird, bleibt häufig das Gefühl zurück, „versagt" zu haben (dies müsste dann psychotherapeutisch aufgearbeitet werden). Und auch Arbeitsstellenwechsel oder Umschulung sind häufig erst dann sinnvoll, wenn andere Versuche der Entlastung versagt haben. - Auch auf sozialer Ebene kann es erheblichen objektiven Stress geben, wie z. B. Kindererziehung und Pflege alter Angehöriger bei gleichzeitiger Berufstätigkeit oder Alleinerziehung.

Zum anderen gibt es ein „subjektives" Stresserleben. Auch wenn die eigentliche Herausforderung nach objektiven Maßstäben zu bewältigen erscheint, wird es anders empfunden. Ein übermäßiges Pflichtgefühl, große Genauigkeit, aber auch ein Minderwertigkeits- und Hilflosigkeitserleben können hier am Werk sein und haben zumeist biografische Wurzeln, wie ich sie im Kapitel über Biografie angedeutet habe. Diese

Art von Stress kann durch Psychotherapie, aber auch durch Selbsterforschung, Achtsamkeit sowie Yoga allmählich vermindert werden.

Aber ein gewisses Maß an Stress muss nicht unbedingt schädigend, sondern kann sogar gesundheitsfördernd sowie leistungsfördernd sein. Denn Leben lebt von Herausforderungen - wir brauchen wenigstens zeitweise Anregungen und Aufgaben, um uns lebendig und sinnerfüllt zu fühlen. Ein *völlig* stressfreies Leben kann langweilig sein. So mancher Rentner musste erfahren, wie die lang herbeigesehnte Rente erst einmal zu Lethargie und Langeweile („boring") führt und im Gefolge sogar depressive Verstimmungen auslösen kann. Nicht umsonst suchen Rentner*innen oft eine sinnerfüllende Aufgabe, soweit es ihre Kräfte erlauben und es ihren Neigungen und Fähigkeiten entspricht. Yoga mit Meditation könnte *eine* solche selbst auferlegte Aufgabe sein.

Psychoanalytische Modelle: Aus der Fülle der psychoanalytischen Modelle erscheint mir am klarsten die Idee von A. MITSCHERLICH, nach der psychosomatische Krankheiten häufig durch eine *zweiphasige Abwehr* ausgelöst werden: In einer bestimmten (belastenden?) Lebenssituation entwickelt sich auf dem Hintergrund der bisherigen Biografie und Sozialisation sowie individueller Faktoren zunächst ein *unbewusster* Konflikt. Er bleibt unbewusst, da die Bewusstwerdung eine Zumutung für das Selbstbild darstellen oder einen Tabubruch beinhalten würde. Der schwelende Konflikt sucht einen Ausweg, und so kann im ersten Schritt eine psychische Symptombildung erfolgen, indem der Betreffende an einer Depression oder auch an Ängsten oder Zwängen erkrankt. Auch diese Symptome werden abgewehrt („... ich bin doch nicht depressiv oder ängstlich"). Körperliche Krankheiten erscheinen sozusagen für den Betreffenden selbst, aber auch sozial kompatibler als eine psychologische „Schwäche". Und so entwickelt sich in einem zweiten Schritt und auf unbewusstem Weg eine körperliche (psychosomatische) Krankheit.

Unter uns Yogaübenden sind nach meiner Erfahrung die meisten bereit, bei körperlichen Erkrankungen eine seelische Komponente mit in Erwägung zu ziehen. – Scheuen wir uns nicht, gegebenenfalls auch eine psychosomatische bzw. psychotherapeutische Beratung und Behandlung in Anspruch zu nehmen!

Alexothymie: Eine Richtung innerhalb der französischen Psychosomatik stellte fest, dass die meisten Menschen, die psychosomatisch erkranken, eine Unfähigkeit oder Schwäche haben, Gefühle bezüglich der eigenen Person differenziert wahrzunehmen und zu beachten. Der Begriff Alexothymie bedeutet wörtlich „Unfähigkeit, Gefühle zu lesen". Diese Unfähigkeit bezieht sich in der Regel vornehmlich auf die eigene Person. Gefühle anderer werden dagegen oft erstaunlich genau wahrgenommen und mit Empathie bedacht. Auch unter uns Yogaübenden finden sich manche, die mehr auf andere und deren Gefühle als auf sich selbst schauen - und schauen können. Nicht umsonst habe ich daher bereits an anderer Stelle auf die Gefahren eines übermäßigen Altruismus hingewiesen, der mit Selbstverleugnung und Überforderung einhergeht. Es ist das Verdienst der französischen psychosomatischen Schule, auf die Bedeutung der

Entwicklung von emotionaler Kompetenz im Rahmen der Behandlung psychosomatischer Krankheiten und deren Prävention aufmerksam gemacht zu haben.

Nach meiner Auffassung wirken alle drei Erklärungsmodelle der Entstehung psychosomatischer Krankheiten zusammen und bieten Behandlungsansätze. Hierzu ein Beispiel:

Eine viele Jahre beruflich erfolgreiche Chefsekretärin kam mit ihr unerklärlichen heftigen Migräneattacken und offensichtlicher Erschöpfung in eine Rehabilitationsmaßnahme. Sie gab bei Klinikaufnahme an, doch immer leistungsfähig und ohne körperliche Beschwerden gewesen zu sein. Relativ bald stellte sich heraus, dass die Arbeitsbelastung aufgrund von Umstrukturierungen erheblich zugenommen hatte (= „objektiver" Stressfaktor). Und in der Kindheit habe sie nur Anerkennung bei hervorragenden Leistungen bekommen. Der Vater habe darüber hinaus keine Liebe zeigen können. Zugleich habe er ihr keine wirkliche Leistung zugetraut, sei selbst beruflich gescheitert. So habe sie sich schließlich beruflich selbst angetrieben, ohne den Stress zu spüren - in Erfüllung des väterlichen Wunsches, der ihr jedoch nicht bewusst gewesen war (= biografischer Grundkonflikt, Alexothymie, die sie den schmerzlichen Mangel an Liebe nicht spüren ließ). Als sie der enorm gestiegenen Anforderung bei der Arbeit nicht mehr nachkommen konnte, sei der Chef ihr gegenüber wenig freundlich und wertschätzend gewesen (= Aktualkonflikt mit „Liebesentzug", verbunden mit ihrer vom Vater übernommenen Grundüberzeugung, nicht wirklich leistungsfähig zu sein = Primärkonflikt).

Während der Rehabilitationsmaßnahme lernt sie, sich mehr abzugrenzen, mehr „nein" zu sagen und beginnend die

Grenzen ihrer Leistungsfähigkeit anzunehmen (= beginnende Wahrnehmung eigener Gefühle). Die Sehnsucht nach Liebe anstelle bloßer Anerkennung wird ihr erlebbar. Sie beginnt, durch die Sporttherapie einen Zugang zu ihrem Körper zu bekommen. Nach zwei Jahren kommt sie erneut zu einer Rehabilitationsmaßnahme - zur „Festigung", wie sie sagt. Sie habe eine zweijährige ambulante Psychotherapie absolviert, sei weniger abhängig von beruflichem Erfolg. Gekränkt habe sie zunächst der Verlust der prestigeträchtigen Chefsekretärinnenstelle. Doch eine weniger belastende Arbeit lasse ihr nunmehr auch Zeit für Privates. In einer kürzlich begonnenen Beziehung nach langem Singledasein merke sie allerdings immer noch den starken Wunsch, vom Partner anerkannt zu werden, „mehr, als es wohl üblich ist". Sie wolle nunmehr auch dieses Problem angehen bei räumlichem Abstand vom Partner durch die Rehabilitationsmaßnahme, so dass sie sich voll auf *„ihr eigenes Problem"* konzentrieren könne.

Auch viele von uns Yogaübenden sind wegen körperlicher Krankheiten und ja, auch wegen psychosomatischer Beschwerden zum Yoga gekommen; siehe das Kapitel über Erwartungen an Yoga. Doch erwarte man nicht eine Heilung einer *akuten* Erkrankung wie ein blutendes Magengeschwür oder heftige Asthmaanfälle *allein durch Yoga!* Die Wege des Yoga sind bei chronischem Leiden und vor allem in der Prävention segensreich. In diesen Fällen könnte Yoga als ergänzende Therapie neben der körperlichen Behandlung und eventueller psychotherapeutischer Maßnahmen genutzt werden. Aber es ist nicht hilfreich, sich beim Üben von Yoga ausschließlich auf Prävention oder Behandlung von Krankheiten zu konzentrieren. Eine solche bloße Zielverhaftetheit führt weg von den Möglichkeiten, die Yoga für uns darüber hinaus bereithält. Dennoch möchte ich an dieser Stelle erläutern, wie die Methoden des Yoga bei psychosomatischen Krankheiten und ihrer Vorbeugung helfen können.

Wie unsere heutige psychosomatische Therapie hat auch Yoga einen ganzheitlichen Ansatz, bei dem Körper, Gefühle, Gedanken, bisher nicht Bewusstes und die Beziehung zur Mit- und Umwelt erlebbar gemacht werden. Und es stellt sich die Frage, welchen Sinn wir unserem Leben geben können. Bei den fortgeschrittenen Stufen des Yoga geht es darüber hinaus um die Erfahrung des inneren Tiefenwesens und um unsere Beziehung zu allem Leben und Sein, wodurch ein Kreisen nur um die eigene begrenzte Person relativiert und in größere Zusammenhänge gestellt wird.

In der Praxis der Achtsamkeit werden althergebrachte und nicht immer hilfreiche Reaktionsweisen im Alltag deutlich und verändern sich allmählich, wo es erforderlich ist – allein durch das Gewahrwerden mit liebevollem, verständnisvollem, nicht verurteilendem Annehmen dessen, was gegenwärtig geschieht. Und in vertiefter Achtsamkeitsmeditation werden uns die aus dem Vor- und Unbewussten aufsteigenden Gedanken, Impulse und Stimmungen erlebbar, so dass wir ihnen nicht mehr bloß instinkthaft folgen müssen. Die sich „wiederholenden Filme unseres Kopfkinos" werden uns bewusst und geben Hinweise auf bisher verborgene innere Konflikte und Probleme, die zu psychosomatischen Krankheiten beitragen können. Und so werden wir in die Lage versetzt, diese Probleme und Konflikte mit mehr Bewusstheit anzugehen. Die Tendenz, psychosomatisch durch verdrängte Konflikte zu erkranken, wird so vermindert. Und das achtsamkeitsbasierte Wahrnehmen von Gefühlen und Stimmungen im Alltag sowie in der Meditation kann allmählich zu einer Reduktion der Alexothymie beitragen.

Im Kapitel über Selbstfürsorge werde ich auf yogagemäße körperliche Betätigung durch Âsanas eingehen. In traditioneller Weise geübt (und nicht gymnastikähnlich, wie in manchen Sportstudios) tragen sie zur Entwicklung eines Körperbewusstseins bei. In den Âsanas wird im Idealfall der ganze Leib bewusst. Und über das Erleben und die Pflege des eigenen Körpers werden auch Gefühle spürbar. Der Körper wird nicht zur Leistung angetrieben wie in Sport und Gymnastik, sondern erlebt, wertgeschätzt, als Teil unserer Persönlichkeit empfunden. Er hat es sozusagen nicht mehr nötig, auf seine Vernachlässigung durch Krankheitssymptome aufmerksam zu machen. Zugleich wird auch die Neigung zu Alexothymie vermindert:

In den Âsanas und im Alltag werden wir fähig zu empfinden, wie sich in unserem Leib Gefühle ausdrücken. Hierzu einige Beispiele, wie sich durch den Körper Gefühle ausdrücken, die auch der Volksmund manchmal treffend benennt: In unserer Brust entsteht ein Gefühl der Wärme und Weite, wenn wir glücklich und/oder verliebt sind. Der Bauchraum fühlt sich warm an, ebenso Arme und Beine, wenn wir uns entspannen. Der Kopf fühlt sich hingegen „zum Platzen“ an, wenn wir uns überanstrengen. Sitzt uns gerade „die Angst im Nacken“ und führt dort zu schmerzhaften Verspannungen? Warum klopft uns das „Herz bis zum Halse“? Welche Gefühle lassen uns schneller atmen? Stehen die schweren Beine in Beziehung zu einer gedrückten Stimmungslage? Und ist die Neigung zu Durchfällen ein Ausdruck von Ängsten („die Hose gestrichen voll haben“)? Was lässt uns „die Galle überlaufen“ und auf

„die Nieren“ gehen? Zeigen Rückenschmerzen vielleicht, dass vielfältige Aufgaben schwer auf uns lasten?

So können einige seelische Konflikte und Probleme manchmal mit bestimmten psychosomatischen Krankheiten und Organen in Verbindung gebracht werden. Oft aber zeigt sich eine psychosomatische Erkrankung auch an anderen Stellen des Leibes. Denn die Ursachen sind zumeist vielschichtig, und eventuell bricht die Krankheit am genetisch anfälligsten Organ, dem schwächsten Punkt, aus.

Einer meiner Lehrer im Yogakolleg, Dr. VINEKAR, hatte bereits vor 60 Jahren die Beobachtung gemacht, dass psychosomatisch Erkrankte, die sich einer Psychotherapie unterzogen, schneller ihre Problematik bewältigten, wenn sie zuvor oder zugleich Yoga übten. Und auch ich habe ähnliche Erfahrungen mit meinen Patienten und Yogaschülern machen können. Daher freue ich mich, dass heute in vielen psychosomatischen Krankenhäusern beziehungsweise Rehabilitationskliniken neben Psychotherapie, Ergotherapie und Sport auch Körpertherapie oder/und Yoga angeboten wird.

Sich selbst ein Freund sein – Selbstakzeptanz, Selbstliebe und Selbstfürsorge

Sich selbst zu lieben setzt voraus, dass wir uns bis zu einem gewissen Grad akzeptieren können und führt dazu, dass wir fürsorglich-liebevoll mit uns selbst umgehen – so, wie wir es mit Menschen machen würden, die uns nahe stehen.

Selbstakzeptanz

Selbstakzeptanz beinhaltet ein weitgehend positives Selbstwertgefühl und schließt das Annehmen eigener Schwächen und Fehler mit ein. Dabei werden Fehler und Schwächen durchaus kritisch gesehen, aber nicht verleugnet, ohne dass sich hier ein strenges Über-Ich aus Kindheit, Jugend und Yogaidealen unerbittlich einmischt und sofortige „Besserung" erheischt.

In den vorausgegangenen Kapiteln dieses Buches haben Sie, liebe Yogaübende, erfahren, wie schwer es sein kann, aus alten Prägungen auszusteigen, um sich mehr akzeptieren zu können. Es ist meine Hoffnung, dass Sie - wenn nötig - mit der Flamme liebevoller Achtsamkeit hier allmählich eine Wandlung vollziehen können. Und eventuell mag auch eine Psychotherapie bei mangelndem Selbstbewusstsein oder unzureichender Selbstakzeptanz hilfreich sein.

Gelungene Selbstakzeptanz ist nicht auf fortwährende Bestätigung durch andere angewiesen. Im Gegensatz hierzu benötigen selbstverliebte Narzissten andauernd Bewunderung und Bestätigung von außen. Und Menschen, die extrem selbstunsicher sind, erhoffen sich Stabilisierung ihres Selbstwertgefühls durch Lob und Anerkennung. Oft sind sie dafür bereit, besondere Leistung zu erbringen, was sie anfällig für Ausbeutung macht. Für Letzteres ein Beispiel:

Eine junge, deutlich selbstunsichere Altenpflegerin kam wegen eines depressiven Erschöpfungssyndroms zu einer Rehabilitationsmaßnahme in eine psychosomatische Klinik. Sie habe jahrelang über ihre Kräfte gearbeitet, sei immer eingesprungen, wenn Kolleg*innen ausfielen. Man habe sie dafür gelobt, doch das habe sie innerlich nicht wirklich annehmen können, denn sie fühle sich minderwertig, obwohl sie ihre Arbeit eigentlich richtig mache. In mehreren psychotherapeutischen Einzelgesprächen erkennt sie: „In meiner Kindheit hat meine Stiefmutter ihren leiblichen Sohn immer bevorzugt, mich als dumm und unfähig hingestellt … Keine Leistung meinerseits war ihr gut genug. Diese Meinung über mich habe ich mir zu eigen gemacht. Und egal, wie viel ich leiste, es ist nie gut genug vor mir selbst - auch dann, wenn andere sagen, meine Arbeit sei gut.“ In einem achtsamkeitsbasierten Training lernt sie, in diversen Alltagssituationen diese negative Grundüberzeugung wahrzunehmen und zu entlarven. Zum Abschluss der Rehabilitationsmaßnahme wird ihr empfohlen, eine ambulante Psychotherapie zu beginnen.

Nach zwei Jahren kommt sie zu einem Begegnungstreffen mit früheren Mitrehabilitand*innen in die Klinik. Entgegen den Empfehlungen habe sie keine ambulante Psychotherapie begonnen, denn sie habe damals bereits den Ursprung ihrer Probleme begriffen. Daher habe sie mit Achtsamkeit hunderte von Malen ihre negative Grundüberzeugung im Alltag identifiziert. Daraufhin sei innerhalb eines Jahres mehr Selbstbewusstsein entstanden. Sie könne nunmehr ihre Leistungen selbst würdigen, sage auch öfter „nein", wenn sie merke, dass sie keine Kraft für zusätzliche Dienste habe. Und: seit einigen Monaten habe sich eine intensive Partnerschaft ergeben; früher habe sie dafür „keine Zeit" und auch keinen Mut gehabt.

Manche Menschen können sich selbst nicht akzeptieren wegen vermeintlichen oder tatsächlich begangenen Fehlern der Vergangenheit. Sie bleiben in Bitterkeit über ein angeblich verpfuschtes Leben oder gar in Schuldgefühlen und Selbstanklagen stecken. So erging es einem Mann, der in Berlin aufwuchs, sich als Großstädter fühlte und der Liebe wegen in ein kleines Dorf in Mecklenburg-Vorpommern zog – ins Haus der Schwiegereltern. Dort fühlte er sich kreuzunglücklich, blieb aber, nachdem zwei Söhne geboren wurden, für die er sich als Vater verantwortlich fühlte. Insgeheim gab er seiner Frau die Schuld für seine Situation. Daher war es kein Wunder, dass die Ehe unglücklich verlief. Als die Söhne erwachsen wurden, fragten sie ihre Eltern, warum sie zusammen seien, obwohl sie wie Hund und Katz unter einem Dach lebten (worunter sie als Kinder gelitten hätten). In der Folge trennte sich das Paar, und der Berliner zog in seine Heimatstadt zurück. Aber anstatt nun das Leben zu genießen, klagte er, dass er sein Leben „vergeudet" habe: „Was für ein Idiot war ich." Er blieb in Selbstanklagen, Bitterkeit und Vorwürfen sich selbst und seiner Lebensgeschichte gegenüber stecken. Es bedurfte einer längeren Psychotherapie, bis er sich mit sich selbst und seinem langen Leben in der „Provinz" aussöhnen konnte.

Sollten Sie, liebe/r Leser*in, einer solchen Falle von Bedauern, Selbstvorwürfen und Anklagen stecken, bedenken Sie, dass Sie manches zukünftig ändern können. Schauen Sie sich die Ursprünge ihrer heutigen Prägungen an. Nicht immer ist eine äußere Veränderung notwendig, sondern vielleicht eine innere Wandlung der Einstellung. Möglicherweise kann Yoga dazu beitragen. – Doch wie kann das geschehen?

Der Weg zur Selbstakzeptanz führt über ein Verstehen und Begreifen, wie wir aufgrund unserer Prägungen und Erlebnisse geworden sind, wie wir jetzt sind. Es ist meine aus vielen Erfahrungen gewonnene Überzeugung: Ohne ein solches – auch emotionales – Begreifen, das unbewusste negative Grundüberzeugungen entlarvt und ihre Entstehung dem Bewusstsein zugänglich macht, ist die Befreiung von Minderwertigkeits- und Schuldgefühlen äußerst schwer – selbst unter Anwendung hervorragender Methoden des Yoga und/oder der heutigen Verhaltenspsychotherapie. Es erscheint mir so, als wolle man den Sumpf eines Minderwertigkeitskomplexes mit Entwässerungsgräben trocken legen, bedenkt aber nicht, dass aus der Ferne (dem Unbewussten) immer wieder Wasser nachfließt, das abgeleitet und in andere Bahnen gelenkt werden müsste. Aber aus dem Verstehen und Begreifen der Entstehung von Fehlern, Schwächen und Schuld entsteht Verzeihen uns selbst gegenüber. – Dies kann die Geburt realistischer Selbstakzeptanz sein.

Selbstliebe

Selbstliebe geht über das bloße Akzeptieren, wie wir sind, weit hinaus. Es ist das liebevolle, bejahende, geduldige, achtsame Annehmen, wie wir sind- sowohl in unseren positiven Eigenschaften wie auch in unseren Schwächen und Fehlern. Selbst ein (noch) vorhandener Minderwertigkeitskomplex mag dazu gehören, ebenso Ängste und Neigung zu Depressivität.

Auf unserem spirituellen Weg werden wir allerdings an unseren Schwächen und Fehlern liebevoll, gewaltlos, achtsam und verständnisvoll weiter arbeiten – und lernen, uns auch dann zu lieben, wenn uns dies nicht im vollen Umfang gelingt.

Selbstliebe ist bedingungslos, so wie die der Natur, die uns das Leben geschenkt hat. Und für jene von uns, die an Gott glauben: Sie ist ein Abglanz der Liebe Gottes zu uns. Sie ist wie die uneingeschränkte Liebe einer Mutter zu ihrem Sohn, die mir in ihrem Kummer erzählte: "Er ist immer wieder kriminell. Ich leide entsetzlich darunter. Aber ich liebe ihn aus ganzem Herzen, was immer er auch tut; er ist mein Sohn."

Selbstliebe ist kein Kreisen um das eigene Ich. Sie ist das Gegenteil der Selbstverliebtheit eines Narzissten, der von der Bewunderung durch andere lebt, dafür eine entsprechende Show veranstaltet - sich aber im Grunde selbst hasst.

E. FROMM hat darauf hingewiesen dass reife Liebe zu anderen die Selbstliebe als Grundlage erfordere. Selbstliebe und Liebe zu anderen bedingten sich gegenseitig. Dies wussten auch die alten Meister des Yoga. So gibt es im buddhistischen Yoga Meditationsübungen, die darauf abzielen, ein unbegrenztes Gemüt der Liebe zu allen Menschen und zu allem Leben zu entwickeln, um so Hass und enge Selbstbezogenheit zu überschreiten. Aber diese Übungen beginnen mit dem Wunsch, dass es *uns selbst gut gehen möge.* Eine solche Meditation wird dann etwa mit folgenden Worten (und den damit verbundenen Gedanken und Gefühlen) rituell eingeleitet, die ich aus einem alten Text aus der Pâli-Sprache hier in Übersetzung zitiere:

Möge ich frei sein von Hass!
Möge ich frei sein von Krankheit!
Möge ich frei sein von Leiden des Körpers und des Geistes!
Möge ich fähig sein, für mein eigenes Glück zu sorgen!
Mögen alle Wesen frei sein von Hass!
Mögen alle Wesen frei sein von Krankheit!
Mögen alle Wesen frei sein von Leiden des Körpers und des Geistes!
Mögen alle Wesen fähig sein, für ihr eigenes Glück zu sorgen!

Ich bin immer wieder tief beeindruckt von der Weisheit und den Traditionen der alten Yogameister. So auch, wenn sie empfehlen, *„möge ich*/alle Wesen glücklich sein". Mein Doktorvater D. LANGEN – eine Koryphäe auf dem Gebiet der Hypnosetherapie – hat darauf hingewiesen, dass Suggestionen und formelhafte Vorsatzbildungen *glaubhaft* sein müssen, um wirken zu können. Ein Wunsch, der eingeleitet wird mit „möge ich", erfüllt diese Kriterien, wenn ich mit meinen Gefühlen dahinter stehen kann. Eine moderne und häufiger gebrauchte Affirmation wie „ich *bin* glücklich" wäre nach meinem Professor wohl nur begrenzt wirksam, da sie zumindest teilweise nicht wahr sein kann (und wäre sie es, dann wäre sie unnötig).

Neben unserem eigenen Selbstbild und Selbstwertgefühl wird Selbstliebe gespeist aus vielen Quellen: aus der Liebe der Eltern und Erziehungspersonen, aus der Liebe anderer Menschen (ohne dass wir dafür etwas tun müssten), die uns zeigen, dass wir liebenswert sind. Ferner Erfahrungen der Verbundenheit mit der Natur, die uns deutlich machen, dass wir Teil eines größeren Ganzen sind. Auch spontane Meditationszustände und Erfahrungen in der Meditation tragen dazu bei, denn sie lassen uns eine kostbare Tiefe des eigenen Wesens und Bewusstseins erahnen. Und nicht wenige von uns Yogaübenden empfinden eine Würde ihrer Person, indem sie sich geliebt und getragen fühlen von Gott, von Jesus, von Maria und/oder von höheren Mächten.

Selbstliebe kann eine Basis sein für mehr Resilienz in den Stürmen des Lebens. Sie ist die Grundlage dafür, anderen mit offenem Herzen begegnen zu können, ohne dem dauernden Misstrauen ausgesetzt zu sein, dass man uns schaden könnte oder schlecht von uns denke. Sie schafft eine gewisse

Grundzufriedenheit des Geistes (*citta-prasâdana* -wie es das Patanjala Yoga Sûtra nennt), die es ermöglicht, freier und leichter in den Bereich vertiefter Meditation und des Geheimnisses unseres Lebens einzutreten.

Doch die Selbstliebe hat bei vielen von uns Yogaübenden nicht den wünschenswerten Grad erreicht. Ja, sie wird oft durch idealistische altruistische Idealvorstellungen abgewertet, wie ich bereits geschildert habe. Ich schließe mich hier durchaus mit ein. An dieser Stelle kommt nun die Selbstfürsorge ins Spiel. Sie vermag, uns Schutz, Selbstachtung und Würde zu geben, stärkt damit unsere Selbstliebe. Eine Selbstfürsorge, wie sie mir vorschwebt (und die ich versuche zu praktizieren) folgt einem alten indischen ethischen Maßstab: *„Handle so, dass es gut für dich selbst und auch gut für andere ist"*

Selbstfürsorge

Vor einiger Zeit leitete ich ein abschließendes psychotherapeutisches Gruppengespräch von Menschen, die sich einer psychosomatischen Rehabilitationsmaßnahme unterzogen hatten. Alle Teilnehmer waren in sozialen Berufen engagiert: Krankenschwestern, Altenpfleger*innen sowie ein Sozialarbeiter. Sie alle hatten sich in ihrer Arbeit erschöpft, waren in Burnout geraten und so schließlich in die Klinik gekommen. Ich hatte den Eindruck, dass sie von der Rehabilitationsmaßnahme profitiert hatten. Sie wirkten deutlich gelöster, entspannter, zuversichtlicher als am Anfang der

Behandlung. Sie hatten in der Psychotherapie verstanden, dass ihre Berufswahl und übermäßiges Engagement nicht zufällig gewesen war und viel mit ihrer Erziehung und Sozialisation zu tun hatte. Dennoch wollte keiner aus der Gruppe den Beruf wechseln, denn er gäbe ihnen auch viel Sinn und Erfüllung im Leben. Jedoch würden sie in Zukunft auf mehr Selbstfürsorge achten: die Grenzen eigener Leistungsfähigkeit wahrnehmen und möglichst einhalten sowie öfter „nein" sagen - auch ihren Mitarbeiter*innen und Vorgesetzten gegenüber. Und in der Familie sowie im Freundeskreis wollten sie es ähnlich halten.

Ich konnte zufrieden sein mit dem in fünf Wochen Erreichten. Und so erwiderte ich zunächst: „Ich freue mich, dass Sie nunmehr versuchen werden, sich hinreichend abzugrenzen und sich in ihrer Arbeit und ihren Beziehungen nicht mehr „auffressen" lassen wollen. Auf Dauer kann nur derjenige anderen etwas geben, der sich nicht völlig erschöpft und ausgebrannt ist. Ich bin sicher, dass Sie nun nicht in das Gegenteil bisheriger Reaktionsweisen verfallen und zu bloßen rücksichtslosen Egoisten werden, die die anderen nicht beachten. – Bei Ihren Bemühungen um notwendige Abgrenzung wird Ihnen ein Gegenwind entgegen blasen; man wird Sie als weniger hilfsbereit, weniger freundlich, weniger entgegenkommend erleben. Können Sie dies auch aushalten?"

„Und", fuhr ich fort, "Selbstfürsorge ist noch viel umfassender als nur Abgrenzung, Einhaltung von Leistungsgrenzen und „nein"-Sagen. Es ist die Gestaltung eines guten, gesunden, befriedigenden und sinnerfüllten Lebens, das eine lebendige Beziehung zu unserer Umwelt mit einschließt und den Herausforderungen und Stürmen unseres Daseins standzuhalten vermag. Vielleicht haben Sie hierzu einige

Anregungen in unserem vielfältigen Therapieangebot erhalten, die Sie zu Hause weiter ausbauen möchten. Darf ich Sie bitten, sich in der kommenden Zeit der Frage zu widmen, wie Sie ihr Leben gestalten möchten und könnten?"

Letztere Frage möchte ich auch an Sie, verehrte Leser*innen, weitergeben. Hierzu einige Anregungen speziell für uns Yogaübende. Sie beinhalten:

1) *Spiritualität*
2) *Psychologische Grundhaltungen und Ethik*
3) *Yogagemäße körperliche Betätigung*
4) *Ernährung*
5) *Umgang mit dem sozialen Umfeld*
6) *Balance zwischen Arbeit, Freizeitgestaltung, Erholung und Yoga*

Spiritualität

Im Kapitel „Liebe und Sexualität im Yoga" hatte ich bereits einige Merkmale eines spirituellen Lebens erwähnt: Überschreiten bloßer Ichbezogenheit, Hinwendung zu Ich-überschreitenden Erfahrungen, Entwicklung von Liebe und Mitgefühl, Verantwortung gegenüber dem Leben und der Schöpfung sowie Sinnfindung. Von Bedeutung für unseren Lebens- und Yogaweg ist, wie wir uns im Zusammenhang mit allem Leben begreifen, eine Ahnung von der Tiefe unseres Seins haben und daraus unserem Dasein Sinn geben können. Eine solche Spiritualität gibt uns eine Ausrichtung für die Gestaltung unseres Lebens und der Yogapraxis. Nicht umsonst beginnt daher auch der achtfache Yogaweg des

Buddha mit „vollkommener Ansicht" (Sanskrit: *samyak drishti*).

Viele von uns Yogaübenden haben im Laufe ihres Lebens spontane mystische Erfahrungen gemacht: Erlebnisse des Eins-Seins mit der Natur, in der Liebe und manchmal selbst im Angesicht von Not und Verzweiflung - Erfahrungen von Ruhe, Frieden, Geborgenheit und gesteigerter Intensität des Bewusstseins. Und aus solchen Erlebnissen wächst nicht selten vertiefte Spiritualität. Einige kommen dabei ohne die Vorstellung eines persönlichen Schöpfergottes aus, glauben eher an einen schöpferischen Urgrund. Und andere - wie z. B. Mahâyâna-Buddhisten - vermeiden jegliche Aussage über ein wie immer geartetes Transzendentes, das höchstens mit Chiffren wie Shûnyatâ „Leerheit" (von aller Begrifflichkeit) angedeutet werden dürfe.

Hingegen steht für viele im Christentum beheimatete Yogaübende der Glaube an Gott, zu Jesus, zur Gottesmutter, vielleicht auch die Hingabe an die christlichen Heiligen sinnstiftend und richtungsweisend zentral.

Jedoch, Spiritualität muss nicht unbedingt mit einem bestimmten religiösen Glauben oder dem Glauben an Gott einhergehen. Ja, auch Menschen ohne religiösen Glauben können durchaus spirituell sein, wie ich im Kapitel „spirituelle Gründe für Yoga" dargestellt habe. - Einem Gedanken von P. MICHEL folgend, entwickelt sich vielleicht auch zunehmend eine individuelle Religiosität und Spiritualität, weg von engen konfessionellen Grenzen und hin zur Idee einer „Weltreligion" mit einer Toleranz, die auch doktrinäre Gegensätze mit einschließen kann.

Im Laufe unseres Lebensweges und unserer Yogapraxis verändert sich häufig unsere Spiritualität durch neu gewonnene Erfahrungen. Liebe Yogaübende, fragen Sie sich immer wieder einmal, inwieweit sich Ihre Spiritualität oder auch Religiosität im Lauf der Zeit verändert hat und so zu neuen Impulsen anregt. So habe ich bei Patienten mit der biografischen Belastung durch einen grausamen, jähzornigen Vater gesehen, dass auch ihr Gottesbild davon kontaminiert war: Gott erschien ihnen als hart und unbarmherzig, alle Sünden wahrnehmend; Fegefeuer und ewige Verdammnis drohten. Mit der therapeutischen Verarbeitung der biografischen Belastung veränderte sich auch das Gottesbild und nahm mehr liebevolle, verzeihende Züge an.

Aus unseren spirituellen Erfahrungen, Überzeugungen und Empfindungen ergeben sich Konsequenzen für Denken und Handeln uns selbst und der Welt gegenüber: psychologische Grundhaltungen für ein spirituelles Leben und entsprechende Ethik. Doch dem stehen andere Kräfte in uns gegenüber, die ich bereits in den Kapiteln „Sich selbst ein Feind sein", „Eros – der Lebenstrieb" und „das Reich der Schatten" geschildert habe. Und es stellt sich die Frage, wie wir dies alles in ausgewogener Weise integrieren und auch sanft teilweise verändern - ohne Unterdrückung oder Verdrängung durch Abwehrmechanismen.

Psychologische Grundhaltungen und Ethik

Psychologisch heilsame Grundhaltungen und Ethik erwachsen in den Yogatraditionen aus eigener Einsicht. Die Yogatraditionen geben hierzu Anregungen, die man zu Übungen des eigenen Lebens machen kann, ohne sich dabei in einem Gefängnis von „Sollen und Müssen" zu verstricken. Es geht nicht um das Befolgen einer rigiden oder gar engstirnigen „Elitemoral", die letztlich nicht eingehalten werden kann. Es geht vielmehr um die stufenweise Entwicklung von heilsamen Charaktereigenschaften und entsprechenden Verhaltensweisen, die zu innerer Harmonie beitragen und zu einem friedvollen, wahrheitsgemäßen und der Realität entsprechenden Leben mit sich selbst und anderen führen möchten. Insofern sind sie ein wesentlicher Bestandteil der Selbstfürsorge von uns Yogaübenden und schließen zugleich unsere Mitwelt mit ein.

Die meisten Yogatraditionen gehen davon aus, dass ohne das Bemühen um solche psychologischen Grundhaltungen und Ethik bereits am Anfang des Yogaweges kein spiritueller Fortschritt möglich sei. So empfiehlt etwa das Patanjala Yoga Sûtra als die ersten beiden Glieder eines achtfachen Yogaweges das Üben von *yama* und *niyama*. Dabei werden die *yamas* traditionell mehr auf die Außenwelt gerichtet verstanden, während die *niyamas* eher mehr die eigene Lebensführung beträfen. – Nach meiner Meinung beziehen sich beide sowohl auf die persönliche Lebensführung als auch auf unsere Beziehung zur Welt.

„Die *yamas* sind: Gewaltlosigkeit, Wahrhaftigkeit, Abstehen vom Stehlen, edler Lebenswandel, Nicht-Ansammeln (nicht benötigter) Dinge (PYS II, 30). Die *niyamas* sind: Reinheit, Zufriedenheit, Disziplin („Askese"), Studium, Hingabe an Gott oder ein Ideal oder ein wie immer empfundenes Transzendentes (dies erfolgt besonders anfänglich vornehmlich in Form einer rituellen Handlung oder Gebet)" (PYS II, 32). Hierzu im Einzelnen:

Ahimsa, Gewaltlosigkeit: Das Nichtverletzen beinhaltet nicht nur Verzicht auf körperliche Gewalt, sondern auch das Bemühen, Gewalt und Verletzen mit Worten zu meiden und auch im Denken davon freier zu werden. Dazu gehört ferner die Überwindung von Intoleranz in Worten und Gedanken. Wichtig ist mir ferner, dass wir Yogaübende lernen, uns selbst gegenüber gewaltfreier zu werden. Ich hatte bereits im Kapitel „Sich selbst ein Feind sein" ausführlicher darauf aufmerksam gemacht. Immer wieder bin ich betroffen, wie wenig liebevoll Menschen auf spirituellen Wegen mit sich selbst umgehen, wie hart sie mit sich ins Gericht gehen …

Satya, Wahrhaftigkeit: Sind wir in der Lage, aufrichtig zu anderen zu sein? Wie können wir anderen die von uns empfundene Wahrheit vermitteln, ohne dabei zu verletzen? Und wie wollen wir es mit den kleinen sozialen Lügen halten, die das Leben für alle angenehmer machen? Entscheidend ist für mich auch, dass wir lernen, unsere Lebenslügen zu entlarven und freier davon zu werden, aufrichtiger uns selbst gegenüber. Ich hoffe, dass Sie, liebe Leser*innen, hierzu einige Anregungen aus diesem Buch entnehmen können. Versuchen Sie immer wieder, jenseits von Projektionen zu kommen, so dass Sie nicht länger andere beschuldigen, sondern eigenes Versagen erkennen, gewaltfrei, geduldig, verzeihend, zunehmend verständnisvoller, und ohne sich zu „armen reuevollen Sündern" zu machen, die in Scham- und Schuldgefühlen steckenbleiben!

Asteya, Nicht-Stehlen: *Asteya* ist im Yoga mehr, als nur Diebstahl zu vermeiden. Es umfasst vielmehr ein gewisses Sich-beschränken auf das, was für das eigene Leben sinnvoll und notwendig ist, die Ressourcen der Welt nicht unnötig zu verbrauchen, einen Beitrag zu leisten für den Erhalt von Natur und Umwelt und die Zukunft künftiger Generationen. Es gilt, der eigenen Gier Grenzen zu setzen. Seien wir uns bewusst, dass wir hier in Europa pro Kopf durchschnittlich so viele Ressourcen verbrauchen wie etwa zehn Inder! Diebstahl kann auch eine geistige Form annehmen, etwa im akademischen Bereich. Immer wieder kommt es da zu Plagiaten, z.B. bei Doktorarbeiten. – Im alten Indien war es üblich, dass ein Autor bescheiden deutlich machte, dass er im Wesentlichen nicht eigene Ideen vortrug, sondern eher Erläuterungen zu den Werken seiner Vorgänger. Und auch ich möchte im Anklang an diese ehrwürdige Tradition freimütig bekennen, dass die meisten Ideen in diesem Buch auf der Grundlage dessen beruhen, was ich von meinen Gurus und Yogalehrer*innen, aus inspirierenden Büchern sowie von meinen Lehrer*innen der Psychotherapie, meinen Patient*innen und Yogaschülern*innen gelernt und verarbeitet habe.

Brahmacârya, edle Lebensgestaltung (wörtlich: Wandel im Göttlichen, Brahma): wird traditionell meistens gedeutet als gewisse Begrenzung in der Sexualität, bei Mönchen und Nonnen als Enthaltsamkeit. Im Kapitel „Liebe und Sexualität im Yoga“ habe ich bereits die Meinung verschiedener indischer Traditionen zu diesem Thema erläutert und meine Auffassung dazu geäußert. Im Grunde geht es um die Begrenzung von Gier, nicht nur auf sexuellem Gebiet, so dass wir nicht zu Sklaven werden, die Süchten verfallen, die keinen Raum für anderes im Leben lassen. Mein Lehrer Lama Govinda interpretierte *brahmacârya* als Begrenzung der Sexualität auf die eigene Partnerschaft. Für mich bedeutet der „Lebenswandel im Göttlichen“ darüber hinaus der Glaube und die Ahnung einer Wirklichkeit, die hintergründig unser Leben und unsere Lebensführung durchdringt „wie der Duft eines Räucherstäbchens" (so formuliert es das das *Tryambakam*–Mantra).

Aparigraha: Nicht Ansammeln und Horten von Dingen, die eigentlich nicht benötigt werden. – Hier werden wir zu einem bescheidenen Lebensstil aufgerufen. Nach der Auffassung der Yogatraditionen werden wir nicht glücklicher durch ein Übermaß an materiellen Dingen, sondern eher sorgenvoller. *Aparigraha* bezieht sich auf die Handlungsebene, Dinge anzuhäufen, die wir eigentlich nicht benötigen. Eng verwandt damit ist der Begriff *samnyâsa:* sich nicht (übermäßig) an Besitz psychisch zu binden. Ein persönliches Beispiel: Ich pflege zwar keinen luxuriösen Lebensstil, doch bei Büchern neige ich dazu, immer mehr anzuhäufen (das Gegenteil von *aparigraha*). Und es fällt mir ausgesprochen schwer, meine Bücher zu entsorgen oder zu verschenken (das Gegenteil von *samnyâsa*). Wir Yogaübende werden immer wieder vor die Entscheidung gestellt: Was brauche ich wirklich. Und hänge ich übermäßig daran, so dass es zu einem Klotz an meinem Bein wird (denken Sie an Ihren letzten Umzug!)?

Kommen wir nun zu den *niyamas,* die besonders die persönliche Lebensführung betreffen und daher idealerweise möglichst täglich geübt werden.

Shauca: Reinheit. Hier ist primär die Reinlichkeit bezüglich des Körpers gemeint. - Bereits im vedischen Zeitalter gehörte möglichst tägliches morgendliches Waschen zum Tagesablauf von Menschen auf Yogawegen. Ferner gehört zur Reinheitspflege des Körpers auch eine gute, nicht belastende Ernährung (hierzu später) und Pflege der Ausscheidung (teilweise wird der Darm so trainiert, dass Stuhlgang sich bereits vor der morgendlichen Waschung einstellt.) – Jahrhunderte nach der Entstehung des Patanjala Yoga Sûtras entwickelten sich ausgefeilte Techniken zur innerlichen körperlichen Reinigung, die *Kriyas des Hatha-Yoga,* von denen das eine oder andere – nach sorgfältiger Einweisung durch Yogalehrer*innen – vielleicht Teil eines individuellen Yoga-programms sein könnten.

Heutige Gurus und Yogalehrer*innen betonen zu Recht die Notwendigkeit der *Reinhaltung unserer Innenwelt* und deuten *shauca* auch in diesem Sinne. Unsere „innere Verschmutzung" speist sich aus zwei Hauptquellen: den dunklen und schmerzvollen Erfahrungen unserer Vergangenheit und jenen massiven und nicht immer heilsamen Einflüssen der Außenwelt, die täglich auf uns einprasseln. Ich hoffe, liebe Yogaübende, dass sich die trüben Wasser der Vergangenheit bei Ihnen langsam klären und auch dieses Buch ein wenig dazu beiträgt.

Zu möglichen negativen Außeneinwirkungen, die täglich auf uns einströmen, können unter anderem gehören: Menschen, mit denen wir auf schwierige Weise in Beziehung stehen, die Wohn- und Arbeitssituation, Reizüberflutung, Einflüsse durch ein Konsumverhalten, das Gier und Habenwollen fördert.

Stürzen wir uns übermäßig in unsere Arbeit und Pflichten, als wenn es sonst nichts Wichtiges auf der Welt gäbe? Können wir die Entfremdung von den Kindern ertragen, wenn sie als Erwachsene das Haus verlassen (und wir vielleicht noch ohnmächtig mit ansehen müssen, wie sie in Fallen und Fettnäpfchen des Lebens tappen)? Was empfinden wir, wenn der Nachbar ein schönes Haus, Garten und Auto besitzt, während wir Mühe haben, unsere Miete zu bezahlen?

Müssen wir wirklich täglich mehrmals Nachrichten in uns „reinziehen", angesagte Filme ansehen, vor dem Fernseher versacken, dauernd ausgehen, uns mit unserem Yogaprogramm und auch sportlichen Aktivitäten stressen, ohne je zur Ruhe, zur Besinnung zu kommen?

Zur Verschmutzung unserer Innenwelt trägt die auf psychologischen Erkenntnissen aufgebaute allgegenwärtige Werbung für alles und jedes (bis hin zum Parteiprogramm) bei. Es geht dabei nicht um „Produktinformation", sondern um Erwecken von Begehrlichkeiten, die zum Kaufen führen sollen. Wenn Sie im Supermarkt von gedimmtem Licht und einlullender Musik empfangen werden, so sollen Sie in einen entspannten Zustand versetzt werden, damit Sie leichtsinniger und großzügiger einkaufen. Sie müssen bestimmten Laufwegen folgen, die an Dingen vorbeiführen, die verkauft werden sollen. Wenn die Regale bei Aldi aussehen wie Regale ihres Kellers, so soll der Eindruck vermittelt werden „hier ist alles billig" (die Regale sind in Wirklichkeit von bester, robuster, teurer Qualität). Und vor den Kassen finden sich die Süßwaren für die beim Anstehen gelangweilten, quengelnden Kinder …

Dauernd werden wir dazu angeregt, Dinge zu kaufen, die wir nicht unbedingt brauchen. Das ist das Gegenteil von *aparigraha*, wie ich es beschrieben habe. Schon vor 2.500 Jahren hatte der Buddha gewarnt: „Durch Berührung entsteht Empfindung … Begehren." Das führt dazu, dass wir Dinge haben wollen, die wir nicht brauchen. Ein Werbespruch einer

Kaufhauskette drückt es so aus: „Sie denken, Sie haben alles? Sie irren, kommen Sie zu uns!"

Falls Sie dazu neigen, abends vor dem Fernseher ermattet einzuschlafen, dringen die Werbebotschaften ins Vor- und Unbewusste, ohne dass Sie sich darüber im Klaren sind. Und eines Tages wundern Sie sich dann, warum Sie in Ihrem Einkaufskorb ein Waschmittel haben, obwohl Sie seit Jahren eine andere Marke bevorzugen.

Wie gehen wir mit den vielfältigen Einflüssen der Außenwelt um, denen wir täglich ausgesetzt sind? Wie gelingt es, dass wir uns selbst bewahren können, nicht in alles hineingezogen zu werden? Und können wir dennoch teilhaben an der Welt, von der wir ein Teil sind? – Ich habe kein Patentrezept auf diese Fragen, jede/r muss selbst Antworten darauf finden, die der eigenen Lebenssituation angepasst sind. Aber einige Hinweise möchte ich geben:

Einige sehr ernsthafte Yogaübende versuchen den Weg der weitgehenden Abschottung von äußeren Einflüssen. Sie geben im extremen Fall Beruf und Familie auf, gehen für Jahre oder für immer nach Asien ins Kloster. Ja, gelegentlich gibt es sogar bei uns in Deutschland solche Einsiedler. Zwei meiner Bekannten gehen – als alleinstehende Rentner – diesen letzteren Weg und ich glaube, dass sie ein gewisses Maß an spiritueller Verwirklichung erreicht haben. Für einige von uns mag eine solche Lebensgestaltung die richtige sein – für mich wäre es nicht stimmig, weil ich mich auch mit der Welt und dem Leben auseinandersetzen, dazugehören und Anteil nehmen möchte, während ich zugleich in Yoga und Meditation beheimatet bin.

Viele von uns Yogaübenden versuchen, in täglicher Meditation und Yoga für Minuten oder länger aus dem Alltag auszusteigen und in das Reich der Ruhe und Stille einzutreten. Und tatsächlich nimmt dies belastenden, „verschmutzenden" Eindrücken der Außenwelt etwas ihre Schärfe. Das ist wunderbar, und manche erleben dadurch eine Belebung und Stärkung für die Bewältigung der Herausforderungen des Alltags. Aber oft bleiben beide Lebenswege nebeneinander stehen - wie nach einer Urlaubsreise in ferne Länder, deren Erlebnisse durch die Alltagsroutine verblassen.

Gibt es Möglichkeiten, die Erfahrungen von Ruhe, Stille, Frieden und Liebe auch in das „gewöhnliche Leben" einfließen zu lassen? Sind wir fähig, den „Alltag als Übung" (Graf DÜRCKHEIM) zu gestalten? Und können wir – wie J. KORNFIELD es so humorvoll nennt –„nach der Erleuchtung Wäsche waschen und Kartoffeln schälen" – auf dann andere Weise ?

Ein Weg, Yoga und Spiritualität mit unserem „gewöhnlichen Alltagsleben" zu verbinden und der seelischen Verschmutzung durch unkontrolliert einfließende Außeneindrücke vorzubeugen, ist die Praxis liebevoller, engagierter, verständnisvoller Achtsamkeit in den verschiedenartigsten Lebenssituationen. Doch strengen Sie, liebe Yogaübende, sich nicht übermäßig dabei an, versuchen Sie nicht, in *jeder Minute* achtsam zu sein – denn das könnte zu Verkrampfung und Verlust jeglicher Spontaneität führen. Stellen Sie sich vielleicht eher *nach* einer Situation, die Ihnen aufgefallen ist, einige Fragen in lockerer Weise. So etwa: „Was ist hier gerade geschehen, was fühle ich dabei, was fällt mir dazu ein, muss ich mich damit auseinandersetzen oder eher davor schützen und abgrenzen?"

Manchmal aber werden wir so in eine Situation hineingezogen und von ihr überschwemmt, dass Achtsamkeit allein nicht wirklich gelingt. Dann kann es hilfreich sein, sich eine Situation zu vergegenwärtigen, in der wir innerlich Ruhe und Frieden empfanden, sei es in der Meditation oder im Gebet, oder ein Erlebnis des Eingebettet-Seins in der Natur oder der Liebe. Wichtig ist dabei, dass wir die damals verbundenen Gefühle mit aufsteigen lassen. Und während wir uns der aktuellen schwierigen Situation bewusst bleiben, spüren wir, dass es in uns etwas gibt, das über die aktuelle Schwierigkeit hinausweist und uns trägt. Wer bereits etwas tiefer gehende Erfahrungen in der Meditation hatte, kann auch versuchen, das vertraute Meditationsobjekt hintergründig anklingen zu lassen. Hier eignet sich insbesondere das Wahrnehmen des eigenen Atemrhythmus. Und wer ein bevorzugtes Mantra in der Meditation anwendet, kann es in diesen besonderen Alltagssituationen im langsamen Rhythmus innerlich anklingen lassen. – Lassen Sie sich dies, liebe Yogaübende, von ihrem/ihrer Yogalehrer*in genauer zeigen.

In der heutigen Psychotherapie wird eine ähnliche Technik (nach REDDEMANN) angewandt bei traumatisierten Patienten, die immer wieder von ihren schrecklichen Erfahrungen überschwemmt werden („flashbacks"). Sie besteht im imaginativen Aufsuchen eines „sicheren Ortes" - eine Vergegenwärtigung einer Situation, in der der/die Patient*in in seinem/ihrem Leben Ruhe, Frieden und Sicherheit empfunden hatte.

In Asien begegnet uns die Praxis der fortwährenden Wiederholung von Mantras im Alltag auf Schritt und Tritt. Viele Menschen lassen die Perlen ihres Rosenkranzes (*mâlâ*) auch bei alltäglichen Verrichtungen langsam durch ihre Finger gleiten, während sie innerlich ihr persönliches Mantra wiederholen. Mag auch gemäß weitverbreiteter Volksfrömmigkeit ein quasi magischer Gedanke dahinter stehen (etwa, dass die Gottheit stets hilfreich eingreifen möge), so gibt es tiefere Bedeutungsebenen. Diese wurde mir zum Erlebnis, als ich vor Jahren in Kathmandu eine *Thangka* in einem kleinen Geschäft eines tibetischen Händlers erwarb:

Er war anders als die lärmenden Händler seiner Straße. Obwohl offensichtlich bereits relativ fortgeschritten an Jahren, war sein Gesicht faltenlos, strahlte Ruhe aus. Seine Gesten erschienen sanft. Und er sprach ein passables Englisch, wobei die Stimme ruhig, klar und harmonisch war. Der Lärm der Straße wirkte gedämpft, trat in den Hintergrund, obwohl die Tür offen war. Unwillkürlich zog ich meine Schuhe aus. Als Käufer muss man das nicht unbedingt; dies wird nur in Tempeln und Wohnungen erwartet. Doch dieser bescheidene Raum *war* ein Tempel: Die angebotenen Rollbilder – allesamt neu, nicht antik - , waren von exquisiter Schönheit und Detailtreue - nicht das, was gewöhnlich Touristen angeboten wurde.

Er drängte mich nicht zu irgendeinem Kauf, wie es andere Händler getan hätten. Schließlich wählte ich eine *Thangka* mit einer Darstellung der 21 Formen der Târâ. Nach einem – wie in Asien üblich – längeren Verkaufsgespräch waren wir uns handelseinig. Doch auch diese Verhandlungen waren von Ruhe und Gelassenheit getragen, waren nicht das übliche hektische Feilschen, wie weit der andere wohl nachzugeben bereit sein könnte.

Dann aber kamen wir in ein längeres Gespräch, in dem er mir unter anderem sagte: „Ich freue mich, dass Sie diese *Thangka* erworben haben. Der Verkauf von Kunstgegenständen meiner tibetischen Kultur ist mir ein Anliegen, und ich achte darauf, nur gute Stücke weiterzugeben, alles andere erschiene mir als Verrat an meiner Kultur und Religion. Mit meinem Geschäft kann und muss ich meine Familie ernähren, und ich unterstütze auch den *Thangka*-Maler, der noch in der traditionellen Malweise arbeiten kann. Aber wenn hier ein betrunkener Tourist hereinkommt, der offensichtlich meine Kunst und Kultur nicht achtet, setze ich den Preis höher, so dass er nichts kauft und so nichts in unwürdige Hände fällt. Mir ist es wichtig, meine Frau, unsere beiden studierenden Söhne und meine alte Schwiegermutter zu versorgen. Aber eins ist mir *gleich* wichtig", und in diesem Augenblick hob er seine *mâlâ* hoch, „nie zu vergessen, dass es neben dem üblichen Leben *gleichzeitig* noch etwas anderes gibt: die Möglichkeit und die Gegenwart von Erleuchtung und Befreiung, in meinem Herzen - und in den Herzen aller Menschen. Um mich stets daran zu erinnern, wiederhole ich das Mantra OM MANI PADME HÛM auch, während ich hier im Laden sitze."

Hier war mir in Gestalt eines Händlers ein Yogi begegnet, der im Sinne des Karma–Yoga seine Familie ernährte und den Kontakt zur „hintergründigen" Wirklichkeit zu wahren wusste. Und er blieb im Einklang mit sich selbst, indem er seiner persönlichen Ethik folgte: „Ich verkaufe nichts an Unwürdige". Er bewahrte so seine innere Reinheit (*shauca*), ließ sich nicht durch Geld korrumpieren. Dies ist wahre Selbst-Fürsorge!

Hilfreich in bewegenden Lebenssituationen kann auch ein (kurzes?) Nachdenken, Nachfühlen und Abklingen-lassen der Tagesereignisse zur Zeit der Abendstunde sein. Traditionell wird in Indien zu dieser Zeit der Abenddämmerung (*sandhya*) das *Tryambhaka*-Mantra rezitiert. In diesem Mantra wird u. a. um die Kraft gebeten, Dinge loszulassen, die abgeschlossen sind: „… so wie eine reife Gurkenfrucht (ihres nährenden Stammes nicht mehr bedarf und sich ablöst) …". Die „Frucht" des Tages ist da, aber wir müssen nicht mehr an den Ereignissen festhalten. Auch dies kann Selbstfürsorge sein, uns von Ballast, von „Unreinem", befreien.

Eine erste Anleitung zu einem solchen Tagesausklang bekam ich im Alter von acht Jahren von meiner Großtante. Sie war Bäuerin und ich war in ihrem kleinen hessischen Dorf zur Zeit der Ernte. Damals waren Ernten beschwerlich, nicht so mechanisiert wie heute, und ich half ein wenig dabei mit. Abends saß sie allein auf einer Bank im Hof. Ihr Gesicht schien zu leuchten, die Falten des alten Gesichts geglättet. Aufrecht saß sie, trotz ihres ansonsten krummen Rückens und blickte in die Weite der sanft geschwungenen Berglandschaft. In die Ehrfurcht gebietende Stille (so nenne ich es heute, damals fühlte ich es) fragte ich, was sie da mache. Fast zögerlich, leise kam ihre Antwort: „Die schwere Arbeit ist vorbei. Nichts ist mehr zu tun ... Selbst die Vögel werden leiser ... Es ist schön …" Noch länger saßen wir schweigend, und ihre Stille und Ruhe gingen auf mich über. Und so wurde meine Großtante zu einer meiner ersten Yogalehrerinnen. Doch wir wussten damals beide nicht, dass dies Yoga und Meditation war.

Innere Reinheit (*shauca*) kann sich zunehmend aus der Praxis *aller yamas und niyamas* in Gedanken, Worten und Taten entwickeln. Doch ich möchte hier nochmals betonen, dass wir dabei nicht unerbittlich und streng mit uns umgehen dürfen! Weiterhin spielen hier auch die persönlichen Wertevorstellung und Normen eine entscheidende Rolle. So werden Christen bei ihrer Yogapraxis wohl immer auch die zehn Gebote mit im Blick haben.

Indischer Hintergrund von wertebasierter Ethik ist zumeist die eigene Erkenntnis, dass die von den jeweiligen Traditionen empfohlenen Werte als richtig und vernünftig erkannt werden und sich lange Zeit bewährt haben (Patanjali Yoga Sûtra, Buddhismus, Jainismus). Im buddhistischen Yoga kommt noch die Solidarität mit allem Leben (das ja ein gemeinsames Schicksal mit uns selbst hat) hinzu. Und in einigen Formen hinduistischer Gottesliebe (*bhakti*) ist die Liebe zu Gott und der Wunsch, zum Welterhalt (*loka-samgraha)* beizutragen, ein entscheidendes hintergründiges Motiv jeglicher Ethik.

Im buddhistischen Yoga beinhalten die ethischen Grundwerte im Einzelnen das Vermeiden von Töten und Verletzen, von Diebstahl, von grobem sexuellen Fehlverhalten, von Lügen und verletzenden Worten sowie Vermeidung von Substanzen, die das Bewusstsein eintrüben. Sie entsprechen also in etwa den *yamas* des Patanjala Yoga Sûtras. Hinzu kommt die Kultivierung von universeller Liebe, Mitleid, Mitfreude sowie Gleichmut. Und das Ideal, anderen beizustehen, hat eine gewisse Entsprechung in der christlichen Caritas.

Im Christentum scheinen mir die ethischen Wertevorstellungen vornehmlich in den zehn Geboten und der tätigen Nächstenliebe enthalten zu sein. Die zehn Gebote machen zunächst den Eindruck, im Widerspruch zu den indischen Auffassungen bezüglich des *freiwilligen* Befolgens ethischer Normen zu sein, denn sie beginnen jeweils mit *„Du sollst....“*, wirken somit verbindlicher und bindender (so wie auch die entsprechenden Vorschriften des Islams) als die Regeln der indischen Traditionen. Mir erscheint dieser Gegensatz aber nur so lange massiv ausgeprägt, wie christliche Yogaübende das Bild eines zwar gerechten, aber strafenden Schöpfers haben. Ist hier vielleicht manchmal auch der persönliche strenge, regelfixierte, zwanghafte biografische Vater Pate für die Idee, wie man sich den himmlischen Vater vorstellt? Wenn das Gottesbild jedoch durchdrungen ist von liebevollen, verzeihenden, großzügigen Eigenschaften, wie es uns so oft im Neuen Testament entgegentritt - (im Islam: Bismillah, Barmherzigkeit Allahs), so löst sich der Gegensatz teilweise: Christliche Yogaübende bemühen sich dann um die zehn Gebote aus *Liebe zu Gott und nicht aus Angst vor Strafe.* Die Gebote enthalten dann eine Note *liebender Freiwilligkeit, sind kein bloßes „Muss“.* – An diesem Punkt könnten sich Christentum und hinduistische Gottesliebe berühren.

Ein gewisses psychologisches Problem für christliche Yogaübende, die auch nach objektiven Maßstäben unter furchtbaren Eltern aufgewachsen sind, sehe ich im 4. Gebot, „Vater und Mutter zu ehren“. – Wie sollen sie diese Eltern, die körperliche und psychische Gewalt anwendeten, ja, wo es vielleicht gar zu sexuellem Missbrauch kam, „ehren“? Verzeihen, Vergebung wird hier christlicherseits angeregt, ebenso wie auch im Buddhismus. Doch machen wir uns nichts vor - das ist fast nicht zu bewältigen. Selbst hervorragende tibetische Meditationsmeister bekannten, wie ausgesprochen schwer es ihnen über Jahre fiel, in sogenannten

Umerziehungslagern ihren sadistischen Peinigern zu verzeihen, ihnen Verständnis und gar Liebe und Mitleid entgegenzubringen. Wie viel schwerer also für diejenigen unter uns, die so gelitten haben und an den Folgen weiter leiden, ohne ein jahrelanges Meditationstraining durchlaufen zu haben! Ähnliches gilt auch für Yogaübende, die von anderen Menschen psychisch oder physisch schwer verletzt wurden.

Aus rein psychologischer Sicht empfehle ich, dass ein erster Schritt eigener Heilung dadurch erfolgen könnte, dass die Betroffenen geloben, sich hinfort nicht mehr quälen zu lassen und auf sich achten, z. B. am Anfang neuer Partnerschaften aufmerksam sind, ob sich wieder alte destruktive Muster zeigen. Denn Opfer neigen dazu, immer wieder Opfer zu werden, im Sinne des FREUDschen Wiederholungszwangs und weil sie unbewusst nichts anderes erwarten, entsprechend der sich selbst erfüllenden Prophezeiung nach A. ADLER. In einem weiteren Schritt ist es mir wichtig, dass Opfer nicht in Hass und Groll stecken bleiben, sich selbst damit seelisch vergiften, sondern ihre Würde gewinnen, indem sie sich in Zukunft schützen, ohne dabei misstrauisch vor Begegnungen mit Menschen zurückzuweichen.

Ob wir in unserer Lebensführung nun einer selbstbestimmten Ethik folgen oder ob wir nach ethischen Werten unserer religiösen Überzeugungen und Glaubens zu leben versuchen – es wird zu innerer Reinheit beitragen und vielleicht auch zu Zufriedenheit, wenn wir zumindest teilweise in Übereinstimmung mit unseren Wertevorstellungen sind. Und dies ist das nächste der *niyamas.*

Samtosha, Zufriedenheit im Sinne der *niyamas* ist keine träge, selbstverliebte, passive und starre geistige Haltung. Vielmehr besteht sie in dem sanften, aber stetigem Bemühen, *yamas* und *niyamas* im Alltag anzuwenden und so ein immer neues, dynamisches seelisches Gleichgewicht hervorzubringen. Dabei beinhaltet *samtosha,* eine augenblickliche Situation zunächst einmal gleichmütig anzunehmen und dann - wenn nötig - auf *sanfte allmähliche* Veränderung zu setzen, ohne sich in hektische Aktivität zu stürzen. Mit Gleichmut (*upeksha)* ist hier keineswegs Gleichgültigkeit gemeint. Vielmehr bedeutet es, in jeder Lebenssituation unaufgeregt den „gleichen Mut" zu entwickeln. Es ist die Lebensart engagierter, zu positiven Handlungen führender Gelassenheit.

Tapas, „Askese" (= Engagement, Disziplin, „Hitze"). Während die Kultivierung von Zufriedenheit dazu beiträgt, in Gelassenheit Dinge erst mal anzunehmen, wie sie sind und stetige *sanfte* Veränderungen anstrebt, ist jedoch auch eine *ergänzende* Praxis auf unserem Yogaweg erforderlich, die mehr willensbetont ist. Nicht alles im Yoga - und erst recht nicht in unserem Leben - erschließt sich uns allein durch sanfte Beharrlichkeit. Die Übung von *tapas* setzt hier an und „trainiert" unsere Fähigkeit, auch bei Schwierigkeiten und Widerständen nicht aufzugeben.

Manche von uns Yogaübenden sind übermäßig willensbetont, wollen auf allen Gebieten Dinge erzwingen - und so auch im Yoga. Da ist zumeist *samtosha* angezeigt. Sonst überfordern wir uns allzu leicht - und geben daher dann frustriert auf. Deshalb empfehle ich bereits länger Übenden, in der Woche einmal mit der Meditations- und Yogapraxis zu pausieren, damit sich keine lähmende Routine entwickelt. Dann kann jede Woche sozusagen neu an die Praxis herangegangen werden. Doch dies gilt nicht so sehr für diejenigen von uns, die gerade erst mit Yoga begonnen haben. Anfänglich ist es meines Erachtens sinnvoll, eine gewisse Gewohnheit des Übens zu entwickeln durch Beharrlichkeit. Und hier kommt *tapas* ins Spiel.

Nicht umsonst stellt *tapas* einen Bestandteil aktiver Anfangs-Yogapraxis dar. Das Patanjala Yoga Sûtra nennt dies *Kriyâ-Yoga,Yoga des Handelns* (PYS II,1). Zum *Kriyâ*-Yoga gehören ferner: Studium, *svâdhyâya* sowie *Îshsvara-pranidâna, Hingabe an Gott, einen Aspekt Gottes oder an ein inspirierendes Ideal.* Diese werde ich in den nächsten Abschnitten erläutern. Alle drei Stufen des *Kriyâ Yoga* gehören auf der Ebene der Charakterentwicklung zu den *niyamas,* während sie im *Kriyâ–Yoga* möglichst tägliche Handlungen erfordern, so dass Anfänger*innen sich an eine gewisse Routine der Yogapraxis gewöhnen können.

Hierbei wird *eine* bestimmte Übung in den Mittelpunkt des *täglichen* Übens gestellt. Dies kann sehr Verschiedenes sein. Traditionell empfohlen wird etwa das tägliche Üben von Prânâyâma oder Âsanas. Aber auch ein längerer oder dauerhafter Verzicht kann *tapas* sein, z.B. das Vermeiden von Fleischkonsum, Rauchen, Süßigkeiten, Alkohol oder Einschränkung des Fernsehkonsums und des Handygebrauchs.

Svâdhyâya, Studium. Hierunter wird traditionell verstanden, sich mit der eigenen (*sva...*) spirituellen und religiösen Tradition stückweise (...adhâya) zu beschäftigen. Für einen christlichen Yogaübenden mag dies z. B. bedeuten, neben

Yogaliteratur auch regelmäßig Teile der Bibel, insbesondere des Neuen Testaments, zu lesen. Yogaübende, die in irgendeiner Weise von der indischen Gottesliebe inspiriert sind, würden vielleicht genauer die *Bhagavadgîtâ* studieren. Andere sind vom Reichtum der Yogatradition im Patanjala Yoga Sûtra inspiriert und werden sich ein Sûtra nach dem anderen erarbeiten, auch mit Hilfe der persönlichen Yogalehrerin oder des -lehrers. Und jene von uns, die buddhistischen Yogawegen folgen, können sich u. a. mit den überlieferten Reden des Buddha, Büchern des Dalai Lama, der klassischer Zen-Literatur oder auch mit Werken zeitgenössischer Autoren der entsprechenden Tradition beschäftigen.

Die traditionelle Empfehlung ist, jeweils nur kleine Kapitel der jeweiligen Literatur zu studieren. Doch dies hängt nach meiner Meinung von der Art des Lernens der Yogaübenden ab. Ich z. B. verschaffe mir zunächst einen Überblick, bevor ich ins Detail gehe. So habe ich vor vielen Jahren die gesamte *Bhagavadgîtâ* an einem Nachmittag durchgelesen – ohne irgendeinen Kommentar. Dadurch bekam ich einen ersten Eindruck und habe mich dann über lange Zeit in die einzelnen Verse vertieft. Ähnlich bin ich beim Patanjala Yoga Sûtra vorgegangen, habe an vier Nachmittagen jeweils eins der vier großen Kapitel gelesen – und dann im Yogakolleg in zwei Jahren das PYS studiert - jeweils 1 - 2 der kurzen Sûtras pro Woche.

Wir westlichen Yogaübenden sind durch unsere Lebensweise, Wissenschaft und Kultur oft mit intellektuellem Wissen überladen, und so verstehe ich gut, dass viele von uns „nur die Yoga*praxis*“ haben wollen. Doch ich empfinde, dass ein Hintergrundwissen über die alte Erfahrungswissenschaft des Yoga erforderlich ist, um Landmarken und Wegweiser bei der spirituellen Reise zu haben. Und darüber hinaus erscheint es mir wichtig, dass wir uns mit unserem persönlichen spirituellen und religiösen Weltbild immer wieder auseinandersetzen. Denn individuelle Spiritualität und Glauben sind Veränderungen und Modifikationen unterworfen - wie alles im Leben. Selbst Jesus war in seinem Glauben schweren Anfechtungen ausgesetzt, wie das Neue Testament mehrfach berichtet und hat z. B. im Laufe seiner Lehrtätigkeit auch seine Meinung bezüglich des Kommens des Himmelreichs offenbar geändert.

Îshvara pranidhâna, Hingabe und Verehrung Gottes, eines wie immer verstandenen Transzendenten oder eines Ideals, das uns inspiriert.

In der heutigen Yogaliteratur wird *Îshvara pranidhâna* als „Verehrung Gottes“ gedeutet. Gemäß dem Patanjala Yoga Sûtra ist im Rahmen des Kriya-Yoga und der *niyamas* hiermit zunächst nur eine hingebungsvolle Haltung gegenüber einem wie immer gearteten Göttlichen gemeint, möglichst verbunden mit einem entsprechenden täglichen Ritual. Auch wenn unser Glaube an eine höhere Realität anfänglich begrenzt sein mag, so kann doch ein tägliches Ritual uns darin bestärken.

Für den Christen mag dies ein weitherziges Gebet sein wie das Vaterunser. Für sie und andere Yogaübende kann es aber auch die feierliche und mehrmalige Rezitation des OM beinhalten, nachdem man sich mit dessen vielfältigen Bedeutungsebenen vertraut gemacht hat und darin auch „die eigene“ Bedeutungsebene fand. – Das schließt eine weitere Gebetspraxis natürlich nicht aus!

Andere von uns Yogafreund*innen mögen am Beginn einer Yogastunde eine Kerze entzünden, vielleicht auch ein Weihrauchstäbchen, und sich so den Kräften des Lichtes in ihnen selbst sowie in der Welt rituell zu nähern.

Übende eines buddhistischen Yogaweges verneigen sich eventuell vor einer Buddha-Statue am Beginn ihrer Meditation. - Übrigens hat der Buddha nicht so ausgesehen, wie es heute dargestellt wird. Ja, in der Frühzeit des Buddhismus hatte man es aus Ehrfurcht vermieden, ihn figürlich darzustellen. Doch jede Religion benötigt ein sichtbares Symbol (so wie das Kreuz im Christentum). Und so kam es in der buddhistischen Kunst zur Darstellung eines Menschen, der in meditativer Haltung die Erfahrung der Erleuchtung symbolisiert. Eine solche Statue mag uns daran erinnern, dass wir möglicherweise eines Tages gelöst und frei in der Meditation sitzen werden. Und die Verneigung vor einer solchen Statue ist kein Akt der Unterwerfung, sondern drückt Ehrfurcht und Dankbarkeit gegenüber dem Erleuchteten aller Zeiten aus. Andere Übende mit dem Hintergrund des Mahâyâna-Buddhismus erinnern sich täglich an ihren Wunsch, sich nicht nur um die eigene Erleuchtung zu bemühen, sondern auch anderen auf ihren Lebens- und spirituellen Wegen beizustehen. (*Bodhisattva-pranidhâna).* Ein solches Gebet gehört unter anderem zum Morgenritual des Dalai Lama.

Wir müssen uns klarmachen, dass das Gottesbild des Patanjala Yoga Sûtras nicht dem mosaisch-christlichislamischen Glauben an einen Schöpfer des Universums entspricht. *Îshvara* hat bei Patanjali eine Art Vorbildfunktion: Er sei das einzige Wesen, das seit anfangloser Zeit nie in die Begrenzungen weltlich-materieller Existenz verstrickt gewesen sei und weise hin auf die Möglichkeit, die Begrenzungen unserer gegenwärtigen Existenz zu überschreiten. Das Patanjala Yoga Sûtra zeigt sich hier in seinem Bemühen, die Praxis aller Yogatraditionen in einem Gesamtwerk zu vereinen. Denn im Yoga gab und gibt es neben theistischen auch nicht-theistische, ja atheistische Richtungen (Buddhismus, Jainismus, klassischer Samkhya). Patanjalis Bild von *Îshvara* konnte jede Tradition in ihrem Sinne deuten ... - Aber haben Sie, liebe Yogaübende, ein Gottesbild? Oder erscheint Ihnen die Idee eines Schöpfergottes unwesentlich, vielleicht sogar absurd? Glauben Sie vielleicht an einen Urgrund des Seins (z. B. Brahman?). – Was immer ihre Einstellung und Glauben sein mögen – Sie können Yoga vertieft und spirituell üben, so lange Sie eine Ahnung haben (oder anstreben), dass es etwas gibt, das über unsere begrenzte Alltagserfahrung hinausreicht.

Wenn Sie es etwas feierlicher mögen: RUDOLF OTTO nannte es „Das Heilige“. Könnten Sie sich vorstellen, diesem täglich ein kleines Ritual zu widmen? – Sie haben aber keine Zeit? Denken Sie an Martin Luther, der einmal sagte, dass er so viel zu tun habe, dass er erst mal *eine Stunde* beten müsse.

Mein persönliches tägliches Ritual zum Tageseinstieg ist da kürzer, indem ich Mantras beim morgendlichen Duschen rezitiere, bevor meine Morgenmeditation beginnt. Diese Art des Tagesanfangs habe ich in meiner Jugend in Indien kennengelernt. Sie ist mir bis heute wesentlich geblieben. Sie, verehrte Yogaübende, könnten vielleicht ein tägliches Gebet oder Mantra sprechen. Vielleicht möchten Sie aber auch in diesem Zusammenhang einfach eine Kerze entzünden und des Lichtes in Ihnen selbst und in der Welt gedenken. – Letzteres hätte eine Parallele zur morgendlichen Rezitation des Gâyatrî – Mantras in indischen Traditionen.

Yogagemäße körperliche Betätigung

In der Frühzeit der historisch nachweisbaren Yogatraditionen scheint mir die Beziehung zur Körperlichkeit zwiespältig gewesen zu sein; man versuchte, sich vorwiegend der Seele (*purusha, âtman)*) und dem Göttlichen (*Brahman*) zu widmen. Das Leibliche und die Natur (*prakr*iti) wurden daher als Gegensatz zum Geistig-Spirituellen gesehen, man müsse im Yoga Abstand zur materiellen Ebene gewinnen. Im Jainismus wurde sogar versucht, die Seele durch extremes Fasten von Materieteilchen zu befreien. Auch der Buddha hatte dies vor seiner Erleuchtung versucht und wäre dabei fast zu Tode gekommen. Konsequent wies er daher solche Askesepraktiken mit seinem „mittleren Weg" zurück.

Allerdings gab es schon früh Gegenstimmen. So betonte bereits die historisch alte Isha Upanischad, dass man weder den Leib noch den Geist vernachlässigen dürfe. Und in seinem achtsamkeitsbasierten System der Meditation machte der Buddha das Gewahrwerden von Körper und Atem zum Ausgangspunkt und Grundpfeiler der Meditation. Allerdings gibt es auch im frühen Buddhismus Meditationsübungen über die „Unreinheiten" des Körpers; übermäßig sinnenfreudige Mönche und Nonnen sollten so u. a. ihre Triebe bezähmen lernen.

Und so spielte offenbar die Pflege des Körpers im frühen Yoga eine eher untergeordnete Rolle. Immerhin: Die durch Indien ziehenden Mitglieder von Mönchs- und Nonnenorden gingen auf Bettelgänge und legten täglich bis zu zehn Kilometer dabei zurück, so dass ein gewisses Maß an Gesundheit fördernder Bewegung wenigstens bei diesen Yogaübenden vorhanden war. Und die übrige Bevölkerung hatte nicht eine so ausgeprägt sitzende Lebensweise, wie wir es heute so häufig haben.

Spätestens ab dem Patanjala Yoga Sûtra wird anerkannt, dass man den Leib bei allem spirituellen Bemühen nicht vernachlässigen dürfe. Ja, das Sûtra gibt auch der Materie eine wichtige Bedeutung, während es zugleich noch auf dem Gegensatz von *purusha* (Seele) und *prakriti* (Materie) besteht. Der *purusha* könne sich nicht selbst erkennen und benötige die Materie wie einen Spiegel, um sich selbst wahrnehmen und befreien zu können. Hier wird also die Materie als Dienerin des Geistes verstanden. Und es wird deutlich, dass man nicht gut für lange Zeit sitzend meditieren kann, wenn der Körper nicht mitmacht. Und so ist für das Patanjala Yoga Sûtra das Erlernen und Üben von Âsanas der dritte Schritt nach der Pflege von *yamas* und *niyamas.*

Âsanas sind im Patanjala Yoga Sûtra Sitzhaltungen auf dem Boden mit gerade aufgerichtetem Rücken. Eine gute Sitzhaltung beinhalte, dass sie für längere Zeit regungslos sei und als angenehm empfunden werde. Dies werde erreicht, wenn man sich nicht mehr übermäßig anstrenge und das Bewusstsein von etwas Unendlichem erfüllt sei (PYS II,42 – 47). Solche Âsanas werden für Prânâyâma und Meditation benötigt. KUVALYANANDA nennt sie „meditative poses“.

Andere Âsanas stehen in der heutigen Anfänger-Yogapraxis deutlich mehr im Mittelpunkt. Sie wurden etwa seit dem indischen Mittelalter in dem damals entstandenen Hatha-Yoga entwickelt. KUVALYÂNANDA bezeichnet sie als „cultural poses".

Der Hatha-Yoga ist Teil der großen tantrischen Reformbewegungen innerhalb des indischen Yoga, die ab dem 6. Jahrhundert sowohl buddhistische wie hinduistische Kreise ergriff. Die tantrischen Bewegungen sahen und sehen in der Beziehung zwischen Materiellem und Geistigem ein lebendiges und notwendiges Gegensatzpaar, das in einem befruchtenden Spannungsgefüge steht und gerade dadurch Neues (wie die Erleuchtung) hervorzubringen vermag. Nicht die Unterdrückung des einen Pols – wie im frühen Yoga – sei das Ziel, sondern die Vereinigung beider Seiten unserer Existenz.

Im Hinduismus wird als oberstes sich ergänzendes und befruchtendes Gegensatzpaar Natur und Geist gesehen; symbolisiert durch Shiva (dem Geistespol) und Shaktî, der weiblichen, belebenden, Wachstum hervorbringenden Kraft. Bei dieser Symbolik ruht Shiva anfänglich beschaulich in sich selbst, sei bei aller Erhabenheit leblos - eine „Leiche" (*shava*). Die Shaktî hingegen sei die gewaltige, zunächst ungerichtete „blinde" Kraft der Natur. In der Vereinigung von Shiva und Shaktî aber entstünde alles Leben und letztlich auch Befreiung.

Diese Vereinigung wird häufig in sexueller Symbolik ausgedrückt. Das hat zu dem Missverständnis beigetragen, Tantra sei vornehmlich Sex und raffinierte Sexualpraktik. – Ja, die sexuell-erotisch-liebende Vereinigung von zwei Menschen ist eine der tiefsten Erfahrungen, die uns beglückend zuteil werden kann. Sie wird im Tantra nicht vermieden; siehe auch das vorangegangene Kapitel über Eros und Sexualität. Aber die Vereinigung von „Shiva und Shaktî“ ist vornehmlich *in uns selbst* zu vollziehen. Sie entsteht in der Begegnung der männlichen (solaren) und weiblichen (lunaren) Kräfte, die in jedem Menschen vorhanden sind.

Auf individueller Ebene wird die Shaktî als Kundalinî verstanden, die potentiell als Kraft in jedem Menschen ruhe und mit dem – im Hinduismus als männlich empfundenen - Geistespol vereint werden muss: durch bewusstes und leidenschaftlich gelebtes Leben, durchdrungen von der Praxis des Yoga. Und so habe jeder Mensch die Aufgabe, das Weibliche und Männliche in sich - auch im eigenen Leib - zu vereinen. Wir sollten daher auch für unseren kostbaren menschlichen Körper Sorge tragen.

Aus dieser Weltanschauung heraus musste sich daher zwangsläufig ein Übungssystem entwickeln, das den Körper ehrt und achtet und ihn sowohl stärkt als auch mit in die spirituelle Entwicklung einbezieht. Die Gheranda Samhita drückt es so aus: „Der menschliche Körper ist zerbrechlich wie ein Krug aus ungebranntem Lehm. Brenne ihn hart im Feuer des Yoga.“ Die indischen Yogis und Weisen stellten sich daher die Aufgabe, Methoden zu entwickeln, in denen

a) der Körper selbst zum Meditationsobjekt wird

b) ein Gewahrwerden entsteht für die Bewusstseinsebenen (*chakras*) und Kraftströme und Bahnen (*nâdis*) innerhalb unseres Leibes und diese miteinander in Harmonie gebracht werden

c) ein kontemplatives Leben nicht durch übermäßige körperliche Anstrengungen unterbrochen wird

d) Rücken-, Bauch- und Brustmuskulatur so ausgebildet werden, dass selbst langes Sitzen mühelos und die Atmung unbehindert ist. Hingegen müssen Arme und Beine nicht übermäßig kräftig sein

e) Verdauung und Ausscheidung trotz sitzender Lebensweise regelmäßig bleiben

f) ein fließender Übergang zu tiefen Formen der Meditation möglich ist.

Dies ist den indischen Weisen und Yogis durch die Entwicklung des Hatha-Yoga gelungen mit seinen vielfältigen Âsanas und Mudrâs, Reinigungsübungen und differenzierten Formen von Prânâyâma. Alle diese Praktiken werden mit einer achtsamen und meditativen Grundhaltung geübt. Sie bereiten den Einstieg in vertiefte Meditation vor.

Yoga lässt sich nicht wirklich aus Büchern lernen; sie können jedoch oft eine erste Orientierung geben. Wenn Sie noch Anfänger im Yoga sein sollten, suchen Sie sich bitte einen guten Lehrer oder Lehrerin. Häufig sind die von Volkshochschulen angebotenen Kurse zumindest für den Einstieg von guter Qualität. Angebote von Sportstudios sind in einigen Fällen fragwürdig: Manche dort Tätigen sind vom Grundberuf Gymnastiklehrer*innen oder Krankengymnasten, die nur eine Übungsleiterschulung für Yoga absolviert haben. Dementsprechend vermitteln sie manchmal Gymnastik oder Krankengymnastik mit Yogaelementen. Das kann durchaus für einige Menschen hilfreich sein - ist aber kein Yoga. Zur Orientierung erläutere ich im Folgenden einige Grundprinzipien der Âsanapraxis.

Die Besonderheit des Hatha-Yoga ist, dass seine Praktiken zur Bewusstwerdung unseres Leibes und Körperwahrnehmung führen.

Âsanas sind weitgehend isometrische Übungen. Dabei werden die Muskeln in einer längeren Haltephase (Endhaltung) für einige Zeit angespannt gehalten. Hierdurch werden die Muskeln langfristig in die Lage versetzt, eine Ausdauerleistung (z. B. langes, ermüdungsfreies Sitzen) zu ermöglichen. Im Gegensatz hierzu besteht unsere landläufige Gymnastik vorwiegend aus isotonen Bewegungen, bei denen Muskeln im raschen Wechsel angespannt und gelöst werden. Dies führt zu einer Zunahme von Muskelmasse, die kurzfristige stärkere Höchstleistungen der trainierten Muskeln ermöglicht.

Wenn also âsana-ähnliche Haltungen in rascher Folge hintereinander geübt werden oder sich ohne Pause mit anderen Bewegungen abwechseln, so ist dies kein Üben im Sinne des Hatha-Yoga. Bei den klassischen Âsanas ist es wichtig, den Körper bei jeder Übung als Ganzes zu spüren – in dem speziellen Körpergefühl, das durch dieses Âsana ausgelöst wird. Danach erfolgt eine (wenn auch kurze) Ruhephase. In dieser wird versucht, das durch das vorausgegangene Âsana ausgelöste Gefühl zu erleben. Oft werden dann besonders diejenigen Körperpartien empfunden, die zuvor in der Übung selbst angespannt waren. Danach kann das Âsana gegebenenfalls noch einmal wiederholt werden, erneut gefolgt von einer kleinen Pause, in der sich die Atmung wieder beruhigt. Dann – erst dann – folgt das nächste Âsana. Eine manchmal empfohlene „Atemlenkung“ während eines Âsanas befürworte ich im Allgemeinen nicht. Besser erscheint mir, den Atem bei den Âsanas unbeeinflusst fließen zu lassen. Âsanas sind kein Prânâyâma.

In der Regel ist es nicht notwendig, Vorübungen zu klassischen Âsanas zu üben. Es gibt allerdings eine moderne Tradition, die graduelle Vorübungen empfiehlt, um so ein bestimmtes Âsana vorzubereiten. Nach meiner Erfahrung reicht es aber in den meisten Fällen, das klassische Âsana zunächst sanft zu üben, ohne eine perfekte Endhaltung erzwingen zu wollen.

Ich empfehle, immer die gleichen oder fast die gleichen Âsanas im Rahmen der täglichen Praxis durchzuführen. Manche Yogalehrer*innen bringen häufig wechselnde Âsanas oder Varianten, um den Unterricht abwechslungsreich zu gestalten. Nach meiner Auffassung geht es im Yoga immer um Vertiefung, nicht um „Abwechslung", die Langweile verhindern soll.

Wie mehrfach an anderen Stellen dieses Buches erwähnt, sind wir Europäer in Gefahr, „Erfolge" im Yoga (und im Leben!) erzwingen zu wollen und strengen uns übermäßig mit großem Einsatz an (und geben dann manchmal auf, wenn sich Erfolge nicht unmittelbar einstellen). – Die Übungen selbst sind der Erfolg, nicht ein weit entferntes Ziel - wie etwa, die Stirn auf die Knie ablegen zu können oder gar „besser zu sein" als andere in der Yogagruppe.

Ein ausgewogenes Âsana–Übungsprogramm enthält nach meiner Erfahrung Vor-, Rück- und Seitenbeugen sowie Drehungen, eventuell auch ein Âsana im Stehen, das Gleichgewicht erfordert, vielleicht noch eine Umkehrhaltung. Am Ende der Âsanareihe ist oft eine Ruhelage (Shavâsana) von 2 – 3 Minuten angezeigt. Sie dient nicht zur „Entspannung“ (wir sind durch die Âsanas hoffentlich bereits entspannt), sondern dem „Nachspüren“, dem Empfinden des ganzen Leibes nach unserer Praxis.

Prânâyâma - die Atemübungen im Yoga - haben sich aus magischen Vorstellungen der Frühzeit des Yoga und von gefährlichen Praktiken wie Atemanhalten bis zur Bewusstlosigkeit gelöst. - Im heutigen Hatha-Yoga gibt es sehr differenzierte Formen von Atemübungen. Alle haben aber als Grundprinzip eine Verlangsamung oder einen bewusst herbeigeführten vorübergehenden Stillstand der Atmung. Hierdurch werden neuronale Prozesse angestoßen, die zu Ruhe, Resonanzdämpfung von Affekten und einem erhöhten Wachheitsgrad führen. Für die heutigen Prânâyâmas gilt, was schon das Patanjala Yoga Sûtra mit seinen einfacheren Übungen feststellte: Sie machen das Bewusstsein fähig für den Beginn von Meditation (PYS II, 53). Jedoch erfordert das Erlernen von Prânâyâma eine sorgfältige Anleitung durch den/die Yogalehrer*in - noch mehr als bei den Âsanas.

Sport - insbesondere Ausdauersportarten - lassen sich durchaus mit körperlicher Yogapraxis kombinieren, sollten aber mit zeitlichem Abstand voneinander durchgeführt werden.

Ernährung im Yoga

In Indien ist die traditionelle Ernährung für Yogaübende (und für viele andere) lacto-vegetabil, vegetarisch mit Einbeziehung von Milch und Milchprodukten. Reis, Vollkornweizenmehl als Fladenbrot und täglicher Verzehr von Hülsenfrüchten sowie Gemüse und Obst sind neben den Milchprodukten die Säulen der Ernährung. Eier gehören in Indien zumeist nicht zum vegetarischen Speiseplan, auch wenn der Verzehr von unbefruchteten Eiern gelegentlich propagiert wurde.

Auch viele von uns westlichen Yogapraktizierenden ernähren sich ganz oder vorwiegend vegetarisch, sei es aus ethischen und/oder gesundheitlichen Gründen. Auch ökologische Überlegungen spielen eine zunehmende Rolle. - Vegetarische Kost benötigt pro Kopf deutlich weniger Landwirtschaftsfläche, als es für Tierhaltung notwendig ist und könnte zur Eindämmung von Hungersnöten in der Welt letztlich beitragen. Und einige leben vegan, vermeiden sämtliche tierischen Lebensmittel und Schuhe oder anderes aus Leder.

Eine gesunde Ernährung ist ein wesentlicher Teil der Selbstfürsorge, erfordert nicht unbedingt den völligen Verzicht auf Fleisch und Fisch. Jedoch ist der durchschnittliche Fleischkonsum in Deutschland und vielen Teilen der Welt zu hoch und der Gesundheit abträglich. Yogaübende müssen nicht unbedingt Fleisch und Fisch völlig meiden. Vielleicht könnten dann aber Erzeugnisse gewählt werden, die grundlegenden Normen für Tierwohl entsprechen. Höhere Preise ließen sich durch Verminderung der Fleischmenge kompensieren.

Ein ethisch motivierter Vegetarismus ist unter uns Yogaübenden verbreitet. Dabei spielt die psychische Grundhaltung von *ahimsa* eine wichtige Rolle. Dies machte mir im Alter von 12 Jahren mein erster Guru Swami SATYA DEVA deutlich. Ich fragte: „Wenn alle Vegetarier wären, dann hätten doch die vielen gezüchteten Tiere nicht einmal die Möglichkeit, geboren zu werden?" Darauf die Antwort: „Leben lebt immer auch von anderem Leben, auch wenn Du

Gemüse verzehrst. Deine Frage ist philosophisch interessant und ich kann sie nicht beantworten. Aber bedenke, willst Du, dass *für Dich persönlich* Tiere leiden und getötet werden?" – Daraufhin wurde ich Vegetarier und bin es bis heute weitgehend geblieben.

Einige Vegetarier – und auch Veganer – erlebe ich als Fanatiker, die versuchen, andere dauernd von vegetarischer/veganer Lebensweise zu überzeugen. Ich habe den Eindruck, dass sie dem Missionarskomplex aufgesessen sind - durch Bekehrung anderer sich selbst zu bestärken, dass die von ihnen erwählte Lebensweise die richtige sei. Manchmal denke ich auch, dass sie mit ihrem Fanatismus unbewusste Wünsche abwehren, etwa auch mal ein Würstchen zu essen …

Psychologisch bedenklich empfinde ich es, wenn man sich *übermäßig* mit gesunder Ernährung beschäftigt, keinen Fehler machen will, der eventuell der Gesundheit schade. So habe ich einen Verwandten, der in „liebender Fürsorge" seine ganze Familie mit seinen Vorstellungen bezüglich Essen tyrannisiert (seine Kinder kaufen sich heimlich Süßigkeiten oder bitten Klassenkameraden um deren Schokoriegel). Hinter einer solchen Verhaltensweise stehen oft tiefergehende Lebensängste und die Befürchtung, etwas falsch zu machen.

Wie könnte nun eine selbstfürsorgliche Ernährung für uns Yogaübende aussehen? – Ich werde mich im Folgenden auf vegetarische Lebensweise beschränken. Jede/r kann gegebenenfalls zusätzlich (moderaten) Fleisch- und Fischkonsum hinzufügen.

Klassische Yogaschriften geben Hinweise für eine yogagemäße Ernährung. Sie sind allerdings auf indische

Verhältnisse zugeschnitten. So sind z. B. viele der dort erwähnten Gemüsesorten bei uns nicht erhältlich. Daher möchte ich die grundlegenden und allgemeingültigen indischen Aussagen zusammenfassen und mit den Erkenntnissen unserer modernen westlichen Ernährungswissenschaft ergänzen.

Besonders aufschlussreich unter den Yogatexten empfinde ich die Hinweise der Gheranda Samhita, einem Hatha-Yoga-Text, der uns in Fassungen aus dem 18. Jahrhundert vorliegt. Darin wird empfohlen:

1) den Magen nur „zur Hälfte zu füllen", d. h. die Nahrungsmenge etwas knapp zu halten

2) ¼ des Magens mit Wasser aufzufüllen, den Rest für „Luftbewegungen" freilassen

3) kein Fasten, sondern eher zwei Mahlzeiten, jeweils mittags und abends.

4) mindestens drei Stunden zwischen den Mahlzeiten nichts zu essen

5) zumindest am Anfang verstärkter (Hatha-)Yogapraxis bittere, saure, salzige, stark gebratene, schwer verdauliche Speisen und scharfe Gewürze zu vermeiden (also alles, was den Magen-Darm-Trakt reizen und entzünden könnte). Auch Alkohol sollte vermieden werden.

6) Die Nahrung sollte nicht hart, verdorben und schwer verdaulich sein und dürfe auch nicht zu heiß oder zu kalt gegessen werden. Sie müsse weich und angenehm sein.

7) Empfohlen werden u. a.: Milch, Butter und Butterschmalz, Bananen, Kokosnüsse, säurearmer Saft, (Roh-Rohr-)Zucker, Datteln, verschiedene Gemüse – besonders Blattgemüse - und Obst, Reis, Weizen (mehl), Gerste, verschiedene Hülsenfrüchte (Spelzen sollten entfernt sein).

Dies erscheint mir als ein ganz vernünftiges Bündel an Empfehlungen, auch im Licht unserer modernen Ernährungswissenschaft! Beeindruckt hat mich der Hinweis auf die Notwendigkeit der etwas knappen Kalorienzufuhr und die Vermeidung von längerem „Fasten" als Diätmaßnahme. Allerdings wird angedeutet, dass es ratsam sein könnte, morgens zunächst nichts zu essen. Dies entspräche vielleicht unserem Intervallfasten. Selbstdisziplin ist hier gefragt, nicht aber ein Herunterhungern, wenn man sich zu viele Kilos angegessen hat. – Längeres Fasten ist in manchen anderen Yogatraditionen üblich, z. B. bei den Jainas, dann aber aus besonderen spirituellen Gründen.

Durch Vollkornprodukte, Gemüse, Obst, Milch und diverse Hülsenfrüchte sowie eine hinreichende Fettmenge erscheint mir diese Ernährungsweise weitgehend ausgewogen, enthält ausreichend Eiweiß und Ballaststoffe und die meisten Vitamine und Mineralstoffe. Sie ist relativ salzarm. Es haben sich Milliarden von Menschen auf diese Weise ernährt und sind teilweise sehr alt geworden, wenn die sonstigen Lebensbedingungen stimmten.

Aus ernährungswissenschaftlicher Sicht wäre es günstig, wenn noch pflanzliche Öle und Fette mit (mehrfach) ungesättigten Fettsäuren und Omega3 hinzukommen (z. B. Raps, Leinöl u. ä.).

Weniger gut finde ich die Empfehlung für Zucker bzw. Roh-Rohrzucker in der Gheranda Samhita. Allerdings ist dabei zu bedenken, dass die Menschen früherer Zeiten Zucker nicht in dem Maß konsumierten, wie wir es in unserer heutigen Ernährung so oft tun. Sie verwandten unraffinierten braunen Zucker oder Sirup, nicht das heutige Industrieprodukt. Auch wurde in Hatha-Yoga-Kreisen früher oft stundenlang Prânâyâma geübt, was zeitweilig einen erhöhten Stoffwechsel auslöste und damit die Notwendigkeit für rasch verfügbare Kohlenhydrate erforderlich gemacht haben könnte. Wir üben heute - vor allem bei uns im Westen - nicht so lange, sollten sparsam mit Zucker umgehen oder ihn als Zutat in unseren Speisen vermeiden.

Vegetarier müssen auf einen ausreichenden Anteil von Eiweiß in der Nahrung achten. Günstig ist eine Kombination von Hülsenfrüchten und Milchprodukten, weil sich die essentiellen Aminosäuren ergänzen. Wer keine ethischen Bedenken hat, könnte auch Eier zum Speiseplan hinzufügen; sie treiben den Cholesterinspiegel auch nicht in große Höhen, was man früher annahm. Die Proteinaufnahme kann zudem erhöht werden mit Nüssen und Sojaprodukten. - Hülsenfrüchte werden besser verdaulich, wenn man sie lange kocht. Dampfkochtöpfe bewähren sich hier, auch aus Energiespargründen.

Veganer*innen sollten in Bezug auf Eiweißaufnahme noch bedachter vorgehen als Vegetarier*innen. Liebe Veganer*innen, machen Sie daraus aber keine täglich den Geist ausfüllende Beschäftigung! Informieren Sie sich einmal gründlich, wie Sie ihre Eiweißbilanz gestalten können und leben Sie dann einfach nach diesen Erkenntnissen, ohne sich weiterhin dauernd Sorgen um Ihre Eiweißzufuhr zu machen.

Und, glauben Sie nicht der Industrie mit ihren veganen Fertigprodukten! Überzeugen Sie sich, wie wenig Eiweiß ein veganer Käse enthält, wie wenig eine vegane „Wurst mit Erbsenprotein“! Übrigens ist es deutlich gesünder, eine ordentliche Erbsen- oder Linsensuppe zu essen, als Erbsenproteinpulver mit Wasser herunter zu würgen.

Die Vitamine B12 und D können oft nicht hinreichend durch vegetarische und erst recht nicht durch vegane Ernährung aufgenommen werden. Vitamin D wird zwar im Körper unter dem Einfluss von Sonnenlicht gebildet, jedoch nicht hinreichend im Winter unserer nördlichen Breitengrade. Auch wenn viele Vegetarier*innen einer künstlichen Zufuhr von Vitaminen kritisch gegenüber stehen (ich in vielen Fällen auch), so sehe ich hier eine Ausnahme. Im Zweifelsfall sprechen Sie bitte mit Ihrem Arzt; er kann die Konzentration dieser Vitamine aus einer Blutprobe bestimmen lassen und bei Mangel Sie entsprechend beraten und behandeln. Eine Kontrolle der Vitamine ist vor allem im Winter angezeigt, aber auch im Sommer, falls hohe Lichtschutzfaktoren auf die Haut aufgetragen werden, so dass kein Vitamin D gebildet werden kann.

Gentechnikfreie Lebensmittel aus biologischem Anbau sind zu bevorzugen.

Umgang mit dem sozialen Umfeld

Bei der Besprechung von *shauca* wurde bereits auf die Notwendigkeit hingewiesen, unheilsamen Einflüssen der Außenwelt mit Achtsamkeit zu begegnen und sich gegebenenfalls davor zu schützen. Dazu gehören unter anderem die Einflüsse der Werbung und die auf uns ständig einprasselnde Informationsflut.

Aber die wichtigsten Einflüsse der Außenwelt auf unser Leben sind unsere sozialen Kontakte und Interaktionen. Von den ersten Minuten unseres Lebens an suchen wir Hilfe, Schutz, Liebe Geborgenheit und Anerkennung, auch wenn wir sie nicht immer bekommen oder sogar bereits früh negativen Einflüssen begegnen müssen (Gewalt, Ablehnung, Vernachlässigung). Später werden wir fähig, in Kommunikation zu treten. Dabei wenden wir die von uns erlernten und anerzogenen Kommunikationsstrategien an, manchmal leider auch die eingeübten negativen ... Schließlich lernen wir meistens auch, uns zwar durchzusetzen, uns abzugrenzen, eine Autonomie zu entwickeln und dennoch Nähe und Beziehung aufzubauen.

Und so schwankt menschliches Leben schließlich zwischen zwei Gegensätzen. Einerseits möchten wir uns durchsetzen, behaupten und autonom sein. Andererseits suchen wir Geborgenheit, Liebe und Schutz in der Nähe zu anderen. Manche sind für letzteres bereit, ihre Selbständigkeit und Eigenverantwortlichkeit durch eine symbiotische Beziehung zum/zur Partner*in oder gar durch Unterwerfung aufzugeben.

Wir sind alle Teil eines Netzes sozialer Beziehungen, beginnend mit unserer Familie, Freunden und Bekannten, sich dann darüber hinaus erstreckend auf Arbeitskolleg*innen, Vorgesetzte, ferner auf Menschen, mit denen wir nur begrenzten und flüchtigen Kontakt haben. Oft gibt es dabei Konflikte. Darüber hinaus sind wir eingebunden in die Gesellschaft und das Land, in dem wir leben. Und schließlich sind wir Teil der Menschheit und Teil allen Lebens sowie der Natur auf unserem Planeten. Niemand lebt für sich allein, und sei er oder sie noch so einsam - unabhängig davon, ob die Einsamkeit gewünscht oder aus Not und Schicksal entstanden ist. Selbst allein lebende Yogis und Yoginîs in den eisigen Höhen des Himalaya sowie Mönche, Nonnen und Einsiedler verschiedenster Glaubensgemeinschaften stehen in Verbindung mit Menschen, werden von diesen unterstützt, geben oft Rat, Hilfe und Trost für andere.

Der Philosoph SCHOPENHAUER hat menschliche Gemeinschaft einmal humorvoll verglichen mit einer Herde von Stachelschweinen im bitterkalten Winter. Alle seien aufeinander angewiesen, keiner könne für sich allein bestehen. Wegen der Kälte rückten sie eng zusammen, sich gegenseitig wärmend. Doch je näher sie kämen, würden sie sich gegenseitig pieken, worauf sie wieder auseinanderrücken und frieren würden. Es käme schließlich darauf an, den optimalen Abstand zu erreichen, so dass sie wenigstens etwas gewärmt und zugleich nur wenig gepiekt werden würden …

Für uns Yogaübende stellt sich die Frage, in welcher Weise wir Teil dieses Netzwerkes sein möchten, wollen und können. Es ist meine Überzeugung, dass wir uns als Yogaübende nicht von der Welt völlig zurückziehen sollten. Daraufhin habe ich bereits an verschiedenen Stellen dieses Buches hingewiesen. Ich empfinde, wir alle haben Verantwortung für unser Leben, aber auch Mitverantwortung für die Menschen, die uns umgeben, für die Gesellschaft sowie die Natur, die uns ja alle trägt.

Der Buddha soll einmal gefragt worden sein, welche Lebensgestaltung zum „höchsten Heil" führe. Er gab daraufhin eine

Reihe von Empfehlungen. Deren allererste aber war, sich nicht mit unverständigen bösen Menschen zu umgeben, sondern die Gemeinschaft mit Weisen und guten Menschen zu suchen, die zu achten und zu ehren seien.

Wenn das immer so einfach wäre, sich von bösen, dummen, unverständigen Menschen fernzuhalten! Es stellt sich hier die Frage: Wie gehen wir mit für uns schwierigen Menschen um, wie z. B. mit einem launischen Chef, intriganten Kolleg*innen, während wir zugleich auf den Arbeitsplatz angewiesen sind? Wie reagiert unsere Psyche auf die sich ständig einmischende Schwiegermutter, in deren Haus wir leben oder auf andere Verwandte, mit denen wir in Streit leben und die uns mit (nach unserer Meinung) unsinnigen Vorwürfen überschüttet haben?

Hier könnten vielleicht die Empfehlungen der *yamas* und *niyamas* helfen. Können wir Wahrheiten in vorsichtiger, wenig aggressiver Form äußern, so dass der andere sie annehmen kann? Wenn nicht, wäre es gut, mit unserer Enttäuschung oder Wut so umzugehen, dass wir uns damit nicht selbst zerfleischen. Hilfreich kann es sein, letztlich einen gewissen Gleichmut (keine Gleichgültigkeit!) gegenüber Situationen oder Menschen zu entwickeln, die wir nicht beeinflussen können. Fragen wir uns selbst auch, ob wir zu der schwierigen Situation beigetragen haben und verändern gegebenenfalls unser Verhalten. Haben wir aber auch den Mut, schwierige Situationen zu verlassen, wann immer notwendig. Im Beispiel der sich einmischenden Schwiegermutter oder des launischen Chefs: Besteht die Möglichkeit, auszuziehen oder eine andere Stelle zu suchen - auch wenn es unbequem oder zunächst mit Konflikten verbunden wäre? Oder ist es besser, den Konflikt zu wagen und durchzustehen? In all diesem ist es im Sinne der Selbstfürsorge wichtig, dass wir unsere Würde als Person wahren, uns nicht auf Dauer erniedrigen lassen.

Oft verändern sich unsere Interessen und Wertevorstellungen im Verlauf des Lebens. So mancher, der zum Yoga kam, den Konsum von Fleisch reduziert, das Rauchen aufgegeben und Alkohol reduziert hat, stößt auf Unverständnis von Freunden und Bekannten. Und wer dann auch noch von Meditation spricht, wird als unsozial angesehen: „Wir hatten doch immer so schöne Kneipenabende, jetzt bist du unleidlich geworden". Ja, manche Bekanntschaft wird vielleicht inhaltsleer, muss aufgegeben werden, während neue Bekannte und Freunde dazukommen.

Auch in der Partnerschaft kann es zu Konflikten kommen, wenn einer oder eine mit Yoga beginnt, der/die andere nicht. Dann ist es wichtig, nicht nur Toleranz, sondern Verständnis und Akzeptanz für die verschiedenen Wege beider zu entwickeln. Ja, es ist gut, wenn beide auch ihre eigenen Lebenskreise haben, nicht alles symbiotisch miteinander verknüpft ist. Nur wäre es schön, wenn zumindest eine gewisse Schnittmenge von gemeinsamen Interessen und Erlebnissen besteht oder neu entwickelt wird, so dass die Lebenswege nicht so weit auseinander driften, dass es zu Entfremdung oder gar zur Trennung führt. Bei gegenseitiger Liebe, einer „gemeinsamen Schnittmenge", Eigenständigkeit mit Verständnis sowie Akzeptanz auch des jeweiligen anderen Lebensweges können sich die Grundbedürfnisse von uns Menschen erfüllen: Autonomie einerseits *und* Nähe sowie Geborgenheit mit und in dem/der anderen. Und gerade auch aus der Verschiedenartigkeit der Wege könnten sich Anregungen und Modifikationen der eigenen Lebensgestaltung entwickeln.

Balance zwischen Arbeit, Freizeitgestaltung, Erholung, Yoga und Meditation

Oft habe ich von Patient*innen und Freunden gehört, sie strebten eine „Work–Life-Balance" an. Zumeist meinten sie damit, weniger - oder weniger engagiert - zu arbeiten und mehr Gewicht auf Freizeit und „das Leben" zu legen.

Für die meisten von uns ist Arbeit *ein Teil* des Lebens, nicht ein Gegensatz zu ihm - sofern wir uns nicht überfordern, selbst ausbeuten und dadurch letztlich in Erschöpfung, Depression, Versagensängste und Resignation fallen. Eine Arbeit, die uns fordert, aber nicht überfordert, gibt dem Alltag Struktur, sichert uns (meistens) finanziell, gibt uns vielleicht sogar Selbstbewusstsein und auch teilweise Lebenssinn. Selbst eine einfache Tätigkeit kann dazu beitragen. Ich bin zum Beispiel beglückt zu sehen, wie die Arbeit meines Sohnes in einer Werkstatt für behinderte Menschen ihm Freude, Würde und Selbstbewusstsein zu geben vermag.

Neben anderen mitmenschlichen Kontakten tragen Begegnungen mit Menschen im Beruf zur Entwicklung sozialer Fähigkeiten bei, obwohl dies neben schönen Erlebnissen Verletzungen, Ungerechtigkeiten, Intrigen und bittere Erfahrungen mit einschließen mag. Aber auch dadurch können wir psychisch reifen. Wir haben die Chance, uns behaupten zu lernen und dabei Würde zu bewahren und unseren ethischen Maßstäben (wie etwa den *yamas*) zu folgen.

Ein Leben im Sinne des Karma-Yoga beinhaltet, unsere Pflichten (*svadharma*) in der Arbeit sowie anderen Lebensbereichen mit Hingabe zu erfüllen. Yogagemäß sollten wir möglichst wenig von den Ergebnissen abhängig sein.

Ergebnisse liegen nicht immer in unserer Hand. In den meisten Yogatraditionen ist nicht der äußere Erfolg unserer Arbeit allein entscheidend, sondern vielmehr unsere *Absicht* zum Welterhalt (*loka sangraha*, wörtlich: „Zusammenwohnen“) beizutragen. In dieser Sicht erhält Arbeit eine spirituelle Dimension, steht nicht mehr im harten Gegensatz zum „eigentlichen“ Leben. Und für diejenigen von uns, die an einen göttlichen Schöpfer glauben, könnte ihr Handeln auch als Dienst an Gott und an seiner Schöpfung verstanden werden.

Arbeit darf nicht alles im Leben sein. Vor allem darf sie nicht *allein* unserem Leben Sinn verleihen, das ansonsten ohne Bedeutung und inhaltsleer erschiene. In einem solchen Fall treiben sich Menschen unbewusst übermäßig an. Sie geraten in Selbstausbeutung, womit eine innere Leere kaschiert wird und eine dahinter liegende Depression nicht in Erscheinung tritt, auch nicht in Erscheinung treten darf.

Liebe Yogafreund*innen, ich hoffe, dass Ihnen eventuelle Motive für eine übermäßige Leistungsbereitschaft bewusst werden, damit Sie freier und nicht mehr von ihnen beherrscht werden. Achtsamkeit wird Ihnen zeigen, wo die Grenzen der persönlichen Leistungswilligkeit und Leistungsfähigkeit liegen. Sie haben vielleicht bereits erkannt, wie Ihnen übermäßige Leistungsbereitschaft in Ihrer Biografie beigebracht wurde und Sie entsprechend angetrieben hat. Und was machen die heimtückischen Schmeicheleien Ihres Chefs mit Ihnen, der Ihnen weismacht, dass Sie die beste Kraft der Firma seien, die doch sicher noch etwas zusätzlich erledigen könne? Was lösen Drohungen mit Arbeitsplatzverlust aus, mit denen Sie angetrieben werden sollen?

Wenn Sie Ihre inneren Antreiber identifiziert haben, löst das manchmal eine Gegenreaktion aus. Sie möchten dann vielleicht alles hinwerfen, träumen von der Rente in einigen Jahren oder gar von Berufsunfähigkeit, anstatt sich den Problemen der Überforderung und der Selbstausbeutung zu stellen. Phantasiebegabte erhoffen sich sogar einen Lottogewinn. Auch „quiet quitting", innere Kündigung, kann nicht eine Lösung auf Dauer sein, weil dann die Arbeit gar keine Freude mehr macht, zu lähmender Resignation führt, die schließlich auch andere Lebensbereiche infiziert. – Was machen Sie also im Sinne der Selbstfürsorge, ohne in das Gegenteil einer Leistungsunwilligkeit zu rutschen? Wie groß soll der Anteil von Arbeit von Ihrer Gesamtzeit sein? Kommt vielleicht eine 4-Tage-Woche in Betracht, und wäre sie wirtschaftlich möglich? Und was tritt an die Stelle der Arbeit bei Arbeitslosigkeit oder nach der Berentung?

Auch unsere Freizeit ist nicht ganz so frei, wie wir zumeist denken. Fahrten zu und von der Arbeitsstelle, Einkaufen, Essenszubereitung, Putzen, Aufräumen, schriftliche Arbeiten und Behördengänge sind bei unserer westlichen Lebensweise erforderlich. Können wir diesen Teil der Freizeit vielleicht *in entspannter Weise mit etwas Achtsamkeit erfüllen?* Manchmal ist ja sogar einfache Meditation möglich. Wenn ich zum Beispiel mit dem Zug zur Arbeit fahre, schaue ich gern aus dem Fenster, lasse die Landschaft vorüberziehen.

In unserer Freizeit kommen wir in Begegnung und Austausch mit unserer engeren sozialen Umgebung: Partner*in, Kinder, Verwandte, Freunde und Bekannte. In der Begegnung mit ihnen entwickeln wir menschlichen Wesen uns weiter durch die Liebe, durch die Hilfe, aber auch durch die Spannungen,

Verletzungen und Kränkungen, die wir geben und empfangen.

Ich hatte bereits im vorausgegangenen Abschnitt über soziale Beziehungen geschrieben. Da diese einen wesentlichen Teil unserer Freizeit ausmachen, möchte ich anregen, dass wir uns an dieser Stelle noch einmal folgende Fragen stellen: Wie gestalten wir unsere sozialen Beziehungen? Erfüllen wir die Erwartungen anderer, stellen uns selbst zurück oder reagieren wir eher selbstbezogen, ohne besondere Rücksicht auf andere zu nehmen? Wie müssen, können, wollen, möchten wir mit den anderen leben und uns austauschen? Wo sind wir auf andere angewiesen und wo diese auf uns? Bin ich mit Freude und Liebe engagiert und wo nicht? Passen noch alle meine Bekannten zu mir, seitdem ich Yoga übe? Und wann brauche ich Zeit für mich – *nur* für mich?

Die individuelle Freizeitgestaltung ist ein weites Feld. Einige neigen dazu, sich zu „entspannen" und verstehen darunter, sich treiben zu lassen, „nichts" zu tun, Alkohol im Übermaß zu trinken, „genussvoll" zu rauchen, vor sich hinzudösen, das Fernsehprogramm unkritisch zu konsumieren, sich übermäßig langem Schlaf hinzugeben.

Andere bemühen sich um eine übermäßige Freizeitgestaltung mit strukturiertem und straffem Programm mit vielen Aktivitäten von Museums- und Konzertbesuchen bis hin zu extremem Sport und häufigem Verreisen. Und einige von uns Yogaübenden neigen dazu, sich mit einem ausführlichen körperbezogenen Yoga-Übungsprogramm sowie langen Meditationszeiten in eine tägliche harte Pflicht zu nehmen.

Ich möchte anregen, die Freizeitgestaltung – auch mit Ihren eventuellen Hobbies und einschließlich Yoga - nicht zu weiterer Pflichterfüllung auszubauen, andererseits aber auch nicht in der Freizeit ständig „durchzuhängen" und sich fortwährend treiben zu lassen. Eine Kombination von einer gewissen Disziplin (*tapas*, PYS II,31) mit einem „Nachlassen der Anstrengung" (*prayatnashaitilya*, PYS II,47) ist hier vielleicht hilfreich. Auf ausreichenden Schlaf sollte selbstverständlich geachtet werden.

Bei „durchschnittlichen" Yogaübenden reicht es gewöhnlich, sich etwa 20 Minuten Zeit für Âsanas zu nehmen. Eine Unterbrechung von 1 – 2 x pro Woche ist möglich, kann sogar produktiv sein. Weniger als 3x/Woche zu üben, wird hingegen meistens wenig bewirken können. Etwa 10 Minuten Prânâyâma im Anschluss wären schön. Und wenn dann noch 10 – 20 Minuten Zeit für Meditation eingeplant werden, wäre ein solches Yogaprogramm ein bedeutender Teil einer Selbstfürsorge.

Dieses Buch beschäftigt sich nicht vorwiegend mit Meditation. Doch da ich hier auch die Praxis von Meditation im Rahmen eines täglichen Übungsprogramms anrege, möchte ich wenigstens eine kurze Zusammenfassung dieses „inneren" Yogaweges geben. Ich werde mich dabei vorwiegend auf das Patanjala Yoga Sûtra beziehen.

Viele Yogatraditionen gehen davon aus, dass wir bereits durch anfängliche Meditation innere Ruhe und Stille sowie ein Zurücktreten innerer Konflikte erreichen können. Und je mehr es gelingt, die Bewegungen der Innenwelt (*vrittis*) – z. B. Gedanken und Gefühle – zur Ruhe zu bringen, desto mehr würden wir zur befreienden Erfahrung unseres Tiefenwesens (*purusha, âtman*) gelangen, und die Gesetzmäßigkeiten des Daseins (*rtambharajnâna)* könnten sich uns intuitiv erschließen.

Nun, es wäre schön, wenn wir wenigstens den ersten Schritt in unseren Meditationen erreichen - die Erfahrung innerer Stille, verbunden mit einem Gefühl der Geborgenheit und des gelassenen In-sich-Ruhens. Es ist ein „Geborgen im Sein", wie es SHARON SALZBERG formuliert. Dies würde bereits zu einem seelischen Gleichgewicht auch in Alltagssituationen beitragen und letztlich eine Resilienz gegenüber den Stürmen des Lebens fördern. Wenn dies gelingt, ist es eine der höchsten Stufen der Selbstfürsorge.

In den meisten Meditationsformen wird ein Objekt in den Mittelpunkt der Aufmerksamkeit gestellt. Mit zunehmender Vertiefung wird das Bewusstsein in einem kontinuierlichen Prozess (*samâpatti*) sozusagen eins mit dem Objekt der Meditation („wie ein fleckenloses Juwel einen Gegenstand vollkommen widerspiegelt" - (PYS I, 41)). Dabei unterscheidet das Patanjala Yoga Sûtra drei ineinander gehende Stufen:

1) „Wenn das Bewusstsein (citta) an einem Punkt („Ort", „Gegend") festgehalten wird, ist es *dharanâ,* Fokussierung (PYS III, 1)

2) Geschieht das für längere Zeit, ist es *dhyâna,* Meditation (PYS III, 2)

3) Dies wird zu *samâdhi,* wenn das Meditationsobjekt sozusagen leer wird von seiner (gewöhnlichen) Erscheinungsform und aufleuchtet in seiner Essenz (= dem Wesen des Meditationsobjekts) (PYS III, 3)."

Meditation erfordert in der Regel eine persönliche Anleitung durch eine/n Yoga- oder Meditationslehrer*in, zumindest anfänglich. Einige Hinweise, wie man einen individuellen Zugang zu einer passenden Meditationsform finden kann, habe ich in meinem Buch „Reise zum inneren Licht" zu geben versucht. Mag es – und ähnliche Bücher – für einige zwar ein Wegweiser sein, so kann es doch nicht eine/n Lehrer*in ersetzen.

Falls Sie, liebe Yogaübende, bereits ein Körperbewusstsein entwickelt haben, aber noch nicht Meditation im tiefergehenden Sinne praktizieren, möchte ich hier eine bewährte Anfängermethode andeuten, die Sie mit Ihrem/Ihrer Yogalehrer*in näher besprechen und so Anleitung und Überprüfung erhalten könnten:

Sitzen Sie aufrecht, ohne sich dabei zu verkrampfen. Ideal wäre ein Sitzen auf dem Boden mit untergeschlagenen Beinen, wenn dies problemlos und schmerzfrei möglich ist. Wenn nicht, können Sie auch auf einem Stuhl gerade sitzen, ohne sich dabei anzulehnen. Nehmen Sie zunächst Ihren ganzen Körper wahr, so wie Sie es ja auch beim Üben anderer Âsanas gewohnt sind.

Beobachten Sie die Bewegungen, die das Atmen auslöst (insbesondere an Bauch, Brustkorb sowie das Berührungsgefühl des Atems an den Nasenflügeln). Schön wäre es, wenn es Ihnen bereits als Anfänger*in gelingen sollte, dies alles gleichzeitig wahrzunehmen. Hier würde sich bereits zeigen, dass Meditation mehr sein kann als bloße eingeengte Konzentration auf einen eng begrenzten Punkt (das PYS III,1 spricht von *„desha"*, das zwar sowohl Punkt, aber auch Ort, Gegend, Land bedeutet). Im Falle des Atems wäre es ein intuitives Wahrnehmen eines ganzheitlichen Vorgangs.

Sollte dies (noch) nicht möglich sein, richten Sie Ihre Aufmerksamkeit entweder auf das Berührungsgefühl an den Nasenflügeln oder spüren Sie dem Heben und Senken der Bauchdecke nach. Alternativ können Sie Ihre Achtsamkeit auch auf das Ausdehnen und Zusammenziehen des Brustkorbs richten.

Nun das Wichtigste einer Atemmeditation: Versuchen Sie *nicht,* in den Atemprozess einzugreifen! Die ist keine Atemübung, bei der Sie den Atem steuern würden wie im Prânâyâma. Lassen Sie sich möglichst tragen vom Rhythmus, der von Ihrem Körper ausgeht, teilweise auch von ihren Emotionen. Lernen Sie daran, Dinge auch geschehen zu lassen und nicht alles mit dem Willen zu steuern. Das ist anfänglich nicht einfach und Sie werden sich immer wieder ertappen, wie Sie den Atem regulieren, wenn Sie ihn „bloß wahrzunehmen" versuchen.

Weitere Stufen eine Atemmeditation könnten sein, auch das Entstehen und Vergehen von Gedanken und Gefühlen im Rhythmus des Atems zu erleben. Doch dürfte dies in der Regel eine persönliche Anleitung erfordern. Für den Anfänger gilt zunächst: Wenn Sie Gedanken und Gefühle wahrnehmen – versinken Sie nicht darin, kehren Sie einfach wieder zur Atembeobachtung zurück. Über Ihre in der Meditation entstandenen Gedanken und Gefühle können Sie bei Bedarf noch *nach* der Meditation nachdenken beziehungsweise nachfühlen. Wenn sie wichtig waren, werden Sie sich daran erinnern, müssen sie sich daher nicht extra während der Meditation merken.

Nach meiner Erfahrung ist es oft empfehlenswert, anfänglich nur wenige Minuten zu meditieren. Allerdings gewinnen einige Yogaübende auch einen Zugang zur Meditation durch einen Intensivkurs unter individueller Anleitung, der sich über Tage oder gar Wochen erstrecken kann.

Schüler*innen im Yoga – Autonomie und Lernbereitschaft oder Unterwerfung unter spirituelle Autoritäten?

Im alten Indien war es üblich, dass Söhne von Brahmanen noch im Kindesalter in den Haushalt eines spirituellen Lehrers, eines Guru, eintraten. Sie studierten dort jahrelang nicht nur die Veden und Rituale, sondern wurden auch in die Kunst des Yoga und der Meditation eingeführt. Die Schüler hatten sich zu unterwerfen, auch im Haushalt mitzuarbeiten und ihren Guru zu verehren als Repräsentant Gottes und des Göttlichen.

Andere hatten – und haben bis heute – die Möglichkeit, in klösterlichen Gemeinschaften, den Âshrams, spirituelle Anleitung zu erhalten, sei es für kürzere Zeit oder für das ganze Leben. Die höchste spirituelle Autorität einer solchen Gemeinschaft ist ein Guru, in seltenen Fällen auch eine weibliche Guru. Der/die Guru vertritt eine bestimmte Yoga-Traditionslinie und wird hingebungsvoll verehrt. Ja, manchmal wird der Guru sogar als Gegenstand der Meditation kontempliert. Bereits im PYS (I, 37) wird dies als eine Möglichkeit für den Anfänger angedeutet, um zu einer gewissen Stabilität des Bewusstseins zu gelangen.

Auch im tibetischen Yoga wird gern *anfänglich* auf den Guru als die Verkörperung höchster Vollkommenheit und aller spirituellen Verwirklichung meditiert. Manchmal wird sogar angenommen, dass der Guru den Übenden in Not und Gefahr beistünde, wenn er im Gebet vertrauensvoll angesprochen werden würde. In meinem psychologischen Verständnis schafft dies ein Vertrauen in die Lehren des Guru, in seine Person und Traditionslinie. Es wird davon ausgegangen, dass er oder sie quasi magisch hilfreich in das Leben der Gläubigen eingreifen kann. Das mag möglich sein oder nicht - in jedem Fall stärkt es zumindest suggestiv die eigenen Kräfte, den Untiefen des Lebens gewappnet entgegenzutreten. Viele Menschen bedürfen einer solchen Hoffnung und des Trostes angesichts der eigenen Schwäche und Hilflosigkeit. Und so wird auf Gurus und Heilige alle Hoffnung auf Rettung in Not und Gefahr projiziert.

Meine eigenen Gurus haben sich nie auf ein Podest gestellt und auch nicht ermuntert, zu ihnen verklärt aufzublicken. Stets haben sie mich als Person geachtet und mich individuell gefördert, ohne mir mit einer „unfehlbaren" Autorität Vorschriften zu machen.

So erinnere ich mich mit großer Dankbarkeit, wie ich mich als 16-jähriger beim ehrwürdigen Buddharakkhita Thero (später bekannt als Âcârya Buddharakkhita) einem mehrwöchigen, äußerst intensiven Satipatthana-Meditationskurs unterzog und er in sorgfältiger Absprache mit mir hilfreiche Modifikationen der üblichen Methode vornahm. Es war für mich der Eintritt in eine neue innere Welt. Aber die 19

Stunden täglicher Meditation waren auch anstrengend. Und so war ich froh über gelegentliche kleine „Erholungspausen", die mir neuen Schwung für die Meditation gaben: Ich durfte an abendlichen Zusammenkünften der näheren Schüler*innen des Gurus teilnehmen. Dabei berichtete er von seinen Reisen als hinduistischer Sâdhu. Er hatte so ziemlich alle bekannten hinduistischen Yogameister und Heilige der damaligen Zeit aufgesucht, bevor er buddhistischer Mönch wurde. Lebendig erzählte er von ihnen, sprach durchaus von ihren Schwächen, zollte ihnen aber gleichzeitig Hochachtung und Anerkennung. Und so lernte ich - von ihm, einem buddhistischen Meister - einen Teil des Reichtums der hinduistischen Yogatraditionen kennen. Und dies führte mich schließlich ins Yogakolleg von Lonavla.

Für meine Gurus und Lehrer im Yoga empfinde ich tiefe Dankbarkeit und teilweise Ehrfurcht. Bei einigen hatte ich den Eindruck eines hohen Grades spiritueller Verwirklichung. Jedoch sehe ich in ihnen auch individuelle *Menschen* und nicht göttergleiche Gestalten, vor denen ich mich in den Staub zu werfen hätte. Es ist meine persönliche Empfindung, dass die in Indien und bei Tibetern weit verbreitete massive Guruverehrung nicht so recht für unsere westliche Welt geeignet ist. Doch das mag jede/r von Ihnen, liebe Yogaübende, für sich persönlich entscheiden.

Nicht jeder, der sich als Guru oder spirituelle/r Lehrer*in ausgibt, ist so heilig, wie wir es vielleicht annehmen. Wir alle sehnen uns nach Vorbildern, die uns hilfreich zur Seite stehen. Und so projizieren wir unsere Sehnsüchte und Erwartungen auf tatsächliche und leider auch vermeintliche spirituelle Führer. Schwierig wird es für gläubige Anhänger von Gurus, wenn sich diese dann nicht nur als „gewöhnliche" Menschen zeigen, sondern sich darüber hinaus sogar moralisch fragwürdig erweisen. Ja, in Âshrams sowie in spirituellen Gemeinschaften und Yogagruppen ist es gelegentlich zu sexuellen Übergriffen und sogar Missbrauch gekommen. Ich bin froh, dass solche Dinge heutzutage an das Licht der Öffentlichkeit gelangen und entsprechende Konsequenzen auslösen. Selbst im Bereich der Spiritualität, wie auf vielen Gebieten des Lebens, kann Macht und scheinbare Autorität mit Missbrauch und Ausbeutung verbunden sein. Hüten wir uns vor Pseudogurus, die ausgesprochene Narzissten sind und ihre Anhänger in der einen oder anderen Weise ausbeuten. Vertrauen Sie Ihrem Gefühl, wenn Sie bei einer/m Yogalehrer*in oder in einer spirituellen Gemeinschaft den Eindruck haben, dass etwas nicht stimmt. Und wagen Sie, das gegebenenfalls anzusprechen, den/die Lehrer*in gegebenenfalls auch zu verlassen!

Die meisten, die in Deutschland mit Yoga beginnen, werden eher nicht mit traditionellen Gurus, sondern eher mit Yogalehrer*innen in Berührung kommen. Überwiegend findet Yogaunterricht in Gruppen statt; es sind aber oft auch Einzelstunden und -beratungen möglich. Liebe Leser*innen, sollten Sie gerade erst jetzt mit Yoga beginnen oder sollten Sie mit Ihrem gegenwärtigen Unterricht nicht zufrieden sein - wie finden Sie eine kompetente Lehrerin bzw. Lehrer?

Ich habe hierzu folgende Vorschläge: Nehmen Sie zunächst Probeunterricht, eventuell auch bei verschiedenen Unterrichtenden und wählen dann. Fragen Sie vielleicht auch nach der Ausbildung der Unterrichtenden. Die Angebote sind sehr verschieden. Einige Lehrer*innen bieten bei den körperbezogenen Übungen einen ruhigen Stil an (den ich aus klassischer Sicht persönlich bevorzuge), andere gestalten den

Unterricht mehr dynamisch. Viele bauen schrittweise Vorübungen ein, bevor sie zu den eigentlichen Âsanas kommen. Wieder andere beginnen gleich mit den klassischen Übungen, eventuell etwas modifiziert für Anfänger. Wollen Sie sich zunächst nur mit den körperbezogenen Übungen beschäftigen oder auch schrittweise in Meditation eingeführt werden? Im letzteren Fall wäre Unterricht bei Lehrenden sinnvoll, die zumindest am Ende der Yogastunde etwas Meditation einbauen.

Bei den Lehrenden gibt es große Unterschiede in deren Ausbildung. Einige sind Yoga-Übungsleiter, haben nur eine Grundausbildung erhalten. Doch manche von diesen sind vom Grundberuf Physiotherapeut*in oder Krankenschwester/-pfleger. Sie sind besonders kompetent für Menschen mit körperlichen Krankheiten. Andere haben eine längere Ausbildung absolviert, teilweise auch mit langem Indienaufenthalt. Sie sind oft mehr qualifiziert, in die Tiefenaspekte des Yoga einzuführen.

Im Allgemeinen kann man gute Qualität bei Mitgliedern des Berufsverbandes deutscher Yogalehrenden (BDYoga) erwarten; auch ich bin dort Mitglied. – Sollten Sie, liebe Yogaübende, ein Interesse an einer Yogalehrer*innen-Ausbildung haben, liegen Sie richtig mit einer Anfrage beim Berufsverband oder einer renommierten Yogaschule, die selbst eine Ausbildung anbietet. Aber überprüfen Sie in diesem Fall sorgfältig Ihre Motivation; die 4-jährige berufsbegleitende Ausbildung ist durchaus anstrengend und darüber hinaus oft auch persönlichkeitsverändernd.

Auch die dem großen Verein „Yoga Vidya" angeschlossenen Yogalehrer*innen haben in vielen Fällen eine gute

Ausbildung. Der dortige Yoga-Stil ist deutlich „traditionell indischer" und beinhaltet in spiritueller Hinsicht einen direkteren Bezug zum Hinduismus als sonst in deutschen Yogaschulen üblich. Der Verein steht in der Traditionslinie von Swami Shivananda. Wer dies mag, ist bei Yoga Vidya vermutlich gut aufgehoben, ebenso in den in mancher Weise ähnlich arbeitenden Shivananda-Yogazentren.

In Sport- und Fitnessstudios werden oft Yogakurse angeboten. Viele von ihnen sind nach meinem Eindruck zu sehr im Stil von Gymnastik und Workout gehalten, was mir zumeist nicht yogagemäß erscheint. Gelegentlich gibt es aber auch qualifizierte Unterrichtende, die oft neben der dortigen Tätigkeit noch ein eigenes Yogastudio haben.

Yogakurse werden vielfach von Volkshochschulen und auch Krankenkassen angeboten (bei letzteren als Präventionskurse). Die dort Unterrichtenden haben meistens ordentliche Qualitätsnachweise erbracht, konzentrieren sich aber manchmal etwas einseitig auf Gesundheitsprävention und Entspannung.

Gut aufgehoben ist man bei größeren Yogaschulen, deren Leiter*innen dem Berufsverband angeschlossen sind. Auch die dort Tätigen und nicht im Berufsverband verankerten Unterrichtenden sind von den Leitenden selbst ausgebildet oder überprüft worden.

Wer speziell an vertiefter Meditation interessiert ist, findet zudem ein vielfältiges Angebot in zahlreichen buddhistischen Gruppierungen. Viele sind dem Dachverband „Deutsche Buddhistische Union" (München) angeschlossen und vertreten jeweils Traditionen des Theravâda, des Mahâyâna, des Zen und diverse Richtungen des tibetischen Buddhismus. Ein weiterer Dachverband ist der „Diamantweg", der sich aus der DBU abgelöst hat und eine spezielle Ausrichtung des tibetischen Buddhismus vertritt. Daneben gibt es viele kleinere Gruppen, die tibetischen Buddhismus oder Zen lehren, sowie größere Vereine vietnamesischer und thailändischer Prägung, die manchmal zusätzlich auch den Charakter von Kulturvereinen tragen. Für eine Einführung in buddhistische Meditationsformen eignen sich auch Seminarhäuser wie etwa das "Haus der Stille" in Roseburg, in dem ich gelegentlich tätig bin.

Liebe Yogaübende, ich komme nun zum Ende dieses Buches, mit dem ich Sie anregen möchte, mehr Klarheit über Ihr Leben zu gewinnen, um dadurch freier zu werden für die Zukunft - auch mit und durch Yoga und seine wundervollen Methoden. Doch es wird eine Zeit kommen - oder immer wieder einmal kommen -, in der jede Methode, jede Technik zurückgelassen werden muss, um zur eigenen ungetrübten inneren Wahrheit zu gelangen.

Einer, der in radikaler Weise die Auffassung vertrat, dass kein Guru, keine Methode zum „Einbruch in die Freiheit" führen könne, sondern die eigene „Flamme der Achtsamkeit" zur Erkenntnis unserer selbst und zur Erfahrung des „silent mind" führen kann, war J. KRISHNAMURTI. Ja, er verwahrte sich sogar dagegen, dies als seine Methode zu bezeichnen. Nur jeder selbst könne *seine* Wahrheit finden im „pfadlosen Land" der Wahrheit.

In dieser Radikalität kann ich Krishnamurti nicht folgen. Denn ich habe erfahren, wie hilfreich die Wege des Yoga und der Meditation, vermittelt durch meine Gurus und Lehrer*innen, für mein Leben waren und sind. Ich weiß aber auch, wie lähmend ein engstirniges, verbohrtes, zwanghaftes Üben und ein Kleben an Worten und Persönlichkeit spiritueller Autoritäten sein kann. Denn dies schafft Abhängigkeiten, die zu einem neuen Gefängnis führen, während wir uns gerade bemühen, das alte zu verlassen. Gemäß dem Buddha ist das „Anhaften an Riten und Regeln“ eines der letzten großen Hindernisse eines spirituellen Weges. In dieser Hinsicht stimme ich aus eigener Erfahrung Krishnamurti aus voller Überzeugung und mit ganzem Herzen zu. Für mich war er ohne Frage eine der bedeutendsten spirituellen Persönlichkeiten des 20. Jahrhunderts.

Doch wie kam Krishnamurti zu einer „Lehre von der Nicht-Lehre“, wie ich sie bezeichnen möchte? Sie ist vielleicht auf dem Hintergrund seiner Biografie zu verstehen, ist aber daraus allein nicht abzuleiten. - Ende des 19. Jahrhunderts hatten Europäer in Adyar/Indien die Theosophische Gesellschaft gegründet. Diese bemühte sich, die spirituellen Traditionen Indiens, Yoga sowie auch einige Überlieferungen Tibets mit westlichem esoterischem Gedankengut zu vereinen. Es gereicht der heute noch bestehenden Theosophischen Gesellschaft zur Ehre, auch viele indische Manuskripte publiziert zu haben, womit sie uns Heutigen erhalten blieben. Und sie war mit die erste, die Yoga im Westen praktisch bekannt werden ließ. Historisch hat sie darüber hinaus beigetragen, dass westlich gebildete (und verbildete!) Inder sich wieder für ihre alte Kultur, Philosophie, Yoga und Religionen zu interessieren begannen.

Führende Köpfe der damaligen Theosophie waren intuitiv („hellsichtig“) begabt, und so entdeckten sie Anfang des 20. Jahrhunderts einen indischen Knaben, der offenbar bereits als kleines Kind besondere spirituelle Befähigung zu besitzen schien. Es verfestigte sich bei ihnen die Gewissheit, dass es sich bei ihm um einen künftigen spirituellen Lehrer für die ganze Welt handeln würde, der hintergründig mit dem zukünftigen Buddha Maitreya in Verbindung stehen mochte. Sie überließen nichts dem Zufall. In ähnlicher Weise wie Tibeter ihre wiedergeborenen Lamas (Tulkus) schon in früher Kindheit in klösterliche Obhut nehmen, wurde der Knabe in Yoga, Meditation, Englisch, wohl auch in Sanskrit sowie in esoterischen Übungen ausgebildet und erhielt zudem zusammen mit seinem Bruder eine sorgfältige zusätzliche westliche Erziehung in England. Alles schien nach Plan zu laufen. Er schrieb im Alter von 14 Jahren ein traditionell esoterisches Buch „Zu Füßen des Meisters", in dem unter anderem die Bedeutung eines Gurus beschrieben wurde. – Eine Mitautorenschaft führender Theosophen der damaligen Zeit (besonders Ch. Leadbeaters) ist nicht auszuschließen.

Eine spirituelle Gemeinschaft wurde gegründet - „The Order of the Star in the East", die er als 33-jähriger endgültig übernehmen sollte. Doch Krishnamurti sprengte seine ihm auferlegten Fesseln, als er 1929 vor seine vermeintliche Anhängerschaft trat, die Ordensgemeinschaft auflöste und seine berühmt gewordene Rede mit den Worten begann: „I maintain that truth is a pathless land…" und jegliches Gurutum verwarf. Aus meiner tiefenpsychologischen Sicht war es kein Wunder, dass er den Gedanken der inneren Freiheit jedes Menschen so entschieden in den Mittelpunkt seiner Gedanken stellte, nachdem er selbst Jahrzehnte unter strenger Lenkung gestanden hatte.

Und dadurch, gerade als Nicht-Guru, wurde er zu einem bedeutenden spirituellen Lehrer, der über Jahrzehnte (bis 1985) Menschen durch seine Vortragstätigkeit und durch sein

Dasein inspirierte. Seine letzten Reden vor dem Ausbruch des 2. Weltkriegs hielt er 1938 in Holland in einem Camp, in dem sich Europas spirituell interessierte Jugend zum letzten Mal treffen konnte. Diese Vorträge sind als „Reden am Feuer" bekannt geworden. Offenbar waren die jungen Menschen zutiefst bewegt. Man fiel sich weinend in die Arme und wusste, dass man sich mutmaßlich sehr bald als „Feind" gegenüberstehen müsste. Meine Mutter war Teilnehmerin, hatte offenbar tiefe mystische Erlebnisse. Und Krishnamurtis Mahnung, der eigenen inneren Wahrheit zu folgen, hatte unmittelbare Konsequenzen für ihr Leben, die später unter anderem zu meiner Geburt führen sollten.

Nach allem, was mir meine Mutter von ihm erzählt und ich gelesen hatte, war ich gespannt, als ich 1962 hörte, Krishnamurti würde einen Vortrag in einem Park in Mumbai/Indien halten. Mein Studium im Yogakolleg war beendet, eine baldige Rückkehr nach Deutschland stand an, möglicherweise würde ich noch Abitur machen und studieren. Ich war etwas traurig, mein Indien, das mir Heimat geworden war, verlassen zu müssen. Und so ging ich in den Park. -Ich ahnte nicht, dass Indien mir noch ein besonderes Geschenk für meine Reise nach Westen mitgeben würde.

Es ist Nachmittag an einem sonnigen, aber nicht zu heißen Tag. Eine große Gruppe von Menschen sitzt schweigend auf einer Rasenfläche, die von Bäumen beschattet wird. Still ist es, ungewöhnlich für Indien, wo Menschenmengen meistens großen Lärm verursachen. Dann kommt Krishnamurti mit langsamen Schritten. Seine zierliche Gestalt strahlt Ruhe und Kraft aus. Er setzt sich und beginnt: Er spricht vom Strom der unablässigen Gedanken, die – gefangen in der Begrenzung der Zeit – Angst entstehen ließen. Aus Angst aber entstünden

Hass und Gewalt im Einzelnen und, davon ausgehend, in der Gesellschaft, der Menschheit. Gurus, Religionen und Politiker versprächen Lösungen, die aber doch nur zu Abhängigkeit, Unfreiheit, Spaltung und weiterer Gewalt führten. Aber wir seien in der Lage, die eigene Wahrheit zu entdecken, könnten frei werden von der Tyrannei in sich kreisender Gedanken und Emotionen, freier von Angst, von Hass, von Gewalt. Achtsames Wahrnehmen des eigenen Geistes und die Beobachtung der aus dessen Tätigkeit entstehenden Reaktionen führten zu Freiheit. „Aber", mahnt er, sanft und doch entschieden, „machen Sie daraus nicht eine Methode des Redners, der Sie zu folgen hätten. Der Redner ist *nicht* ihr Guru. Finden Sie *Ihren* Weg!"

Anfangs versuche ich, seinen langsam vorgetragenen Worten logisch zu folgen. Das erscheint mir nicht einfach. Denn Krishnamurti spricht assoziativ, greift Dinge in immer neuen Varianten auf. Ihm mit bloßer Logik zu folgen, hilft nicht weiter. *So würde ich ihn nicht begreifen …*

Da beginne ich ihn zu *hören*, eine abgrundtiefe Stille hinter seinen Worten und Pausen zu erleben. Das Bewusstsein verändert sich. Außerordentlich wach und klar ist der Geist, leuchtend, erfüllt von Ruhe und stillem Glück. Nichts ist zu tun, keine Anstrengung ist nötig.

Erst viele Stunden später sollte mir klar werden, dass damals kein Ich-Bewusstsein bestand. Doch ich versichere, Krishnamurti hat mich nicht in einen unterwachen hypnotischen Zustand versetzt, etwa durch seine Art und Sprechweise. - Durch meine Ausbildung zum Psychiater weiß ich aus eigener Erfahrung, wie sich Hypnose und Selbsthypnose anfühlen.

Lange spricht er, mit und jenseits der Worte. Als er zum Abschluss kommt, trifft sein letzter Satz wie ein Donnerschlag, wirft das Erleben in einen Bereich noch über die Stille der Gedanken hinaus. Da ist ein „Nichtsagbares": lebendig, voller Klarheit, voller Gewissheit: *„And, if the mind is silent … you will see the eternal …"*

Die Bäume werfen letzte Schatten im verblassenden Licht der untergehenden Sonne. Menschen sitzen schweigend, ihrer inneren Wahrheit nah. Da ist Liebe und Verbundenheit, eine Gemeinschaft der Suchenden und Findenden. Es ist *sandhya,* die Stunde der Dämmerung, in der Licht und Dunkelheit, Bewusstes und Unbewusstes, Höhe und Tiefe zusammenfließen. Es ist die Stunde des Yoga: das Aufhören der „Wirbel" im Geist, so dass der Mensch sein eigenes Tiefenwesen erfährt (PYS I, 2 und 3).

Ja, ich kann jetzt nach Deutschland zurückkehren - in eine mir fremd gewordene Welt. Ich werde mich dort wieder eingewöhnen müssen. Das „Nichtsagbare" wird mir nicht mehr ganz verloren gehen, was immer auch geschehen mag.

Und hinein in die Dämmerung krähen die Krähen des Parks das ewige Lied der Freiheit ...

Anmerkungen

Das *Yoga Sûtra des Patanjali* (Patanjala Yoga Sûtra, im Buch abgekürzt mit PYS) entstand um das 3. Jahrhundert unserer Zeitrechnung. In 196 äußerst knappen Merksätzen (Sûtras) enthält es grundlegende Praktiken verschiedenster Yogarichtungen seiner Zeit, einschließlich auch buddhistischer und jainistischer Prägung. Es ist somit die älteste und umfassendste Darstellung der damaligen Yogabewegungen, auf die sich auch historisch spätere Yogarichtungen beziehen. Die Merksätze sind auf 4 Kapitel verteilt. Daher die Zählweise: PYS I,2 bedeutet: 1. Kapitel, 2. Sûtra.

Wegen seiner großen Bedeutsamkeit für den praktischen spirituellen Weg nehme ich in meinem Buch an vielen Stellen Bezug zum PYS. - Die heute im Buchhandel erhältlichen deutschen Übersetzungen weichen stark voneinander ab, und auch die Kommentare sind sehr unterschiedlich. Am besten kann es sein, verschiedene Übertragungen und die Erläuterungen guter Yogalehrender zu Rate zu ziehen. Die englische Übertragung (Wort für Wort und mit Kommentar) meines Lehrers P. V. KARAMBELKAR ist mit am genauesten. O. YONCAOVA hat eine deutsche Übersetzung des Yogasûtras (ohne Kommentar) vorgenommen, die in mancher Hinsicht brauchbar und lesbar ist.

Ich verwende eine *vereinfachte Umschrift für Sanskritworte*, die von der wissenschaftlichen Transkription etwas abweicht. – Zur ungefähren Aussprache:

Lange Vokale: â, î, e, o (dabei sind e und o *immer* lang, daher kein Längenzeichen (^).

Kurze Vokale: a, i, u. ai (Aussprache wie „Ei"), au (Aussprache wie im Deutschen).

Konsonanten werden teilweise behaucht und dann mit nachfolgendem „h" wiedergegeben.

S scharf aussprechen (wie ss in Fass).

C = „tsch".

J = „dj" (mit weichem j).

Y = „j".

Die beiden „sch" des Sanskrits werden einheitlich mit „sh" wiedergegeben, einer englischen Schreibweise folgend.

Danksagung

Bereits C. G. JUNG hat darauf aufmerksam gemacht, dass in einem gelungenen psychotherapeutischen Prozess eine Wandlung nicht nur im Patienten oder der Patientin, sondern auch im Therapeuten oder der Therapeutin stattfindet. Ich kann das nur bestätigen und zudem versichern, dass ähnliche Prozesse auch in der Begegnung von Yogalehrer*in und Yogaschüler*in geschehen. Im Laufe eines längeren Lebens hat daher mein Beruf als Psychotherapeut und mein Engagement als Yogalehrer auch manche persönliche Krise, Veränderung und Einsicht sowie eine Vertiefung meiner spirituellen Praxis hervorgebracht. Und so fließen auch die Erfahrungen und Anregungen meiner Patient*innen und Yogaschüler*innen in dieses Buch mit ein. Ihnen sei dafür herzlich gedankt.

Auf den Gebieten der Psychiatrie, Psychotherapie und Psychosomatik habe ich viel meinen Lehrerinnen und Lehrern zu verdanken. Und so manche Anregung erhielt ich auch von Kolleg*innen, mit denen ich im Lauf der Jahre zusammengearbeitet habe. Herzlich danke ich auch Frau Kornelia Mittig für das Korrekturlesen sowie Frau Claudia Fuerbach für ihr einfühlsames Lektorat.

Mein besonderer Dank gilt meinen hinduistischen, buddhistischen und jainistischen Lehrern: Swami Satya Deva, Hans Ulrich Rieker, Muni Citrabhanu, Swami Kuvalyananda, Sangharakshita, Âcârya Buddharakkhita, Dr. Vinekar, Dr. M. L. Gharote, Roshi Nagaya Kichi, Dr. Manmath Gharote, der mir wichtige Hinweise zu Yogatraditionen gab, und vor allem auch Lama Anagarika Govinda. Auch J. Krishnamurti und der Dalai Lama, denen ich nicht persönlich, sondern in Vorträgen und Schriften begegnete, haben mich tief berührt und manches in mir angestoßen.

Einen speziellen Dank bin ich meinem Kater Carlo schuldig: Beim Schreiben des Manuskripts lag er neben dem PC und strahlte Ruhe, Besonnenheit und Behaglichkeit aus. Kam ich beim Schreiben ins Stocken, legte er sich über das Tastenfeld, erzwang so Meditation und ruhiges Nachdenken und Nachfühlen. Und flossen Gedanken und Einfälle, begann er mit Behagen zu schnurren und ermunterte mich zum Weiterschreiben.

Ein kleines Literaturverzeichnis

BDY (Hrsg.): Der Weg des Yoga. *Via Nova 2009.*

Comte-Sponville, A.: Woran glaubt ein Atheist? *Diogenes 2009.*

Borghardt,T., Erhardt, W. : Buddhistische Psychologie. *Arkana 2016.*

Dürckheim, K.: Vom doppelten Ursprung des Menschen. *Johanna Nordländer 2009.*

Dürckheim, K.: Meditation – wozu und wie. *Johanna Nordländer 2009.*

Deshpande, P. Y.: Die Wurzeln des Yoga, *O.W. Barth 2010.* (Patanjala Yoga Sûtra).

Ennenbach, M.: Buddhistische Psychotherapie, *Windpferd 2012.*

Epstein, M.: Gedanken ohne den Denker – Wechselspiel Buddhismus - Psychotherapie, *Windpferd 2011.*

Freud, Anna: Das Ich und die Abwehrmechanismen, *Fischer TB 1984.*

Freud, S.: Vorlesungen zur Einführung in die Psychoanalyse, *Fischer TB 2009.*

Fromm, E.: Die Kunst des Liebens, *Ullstein 2017.*

Fromm, E.: Haben oder Sein, *dtv 2005.*

Gottmann, A.: Reise zum inneren Licht. – Spiritualität für Anfänger, *Theseus 2009.*

Gottmann, A.: Stimmen des Unendlichen (indischer spiritueller Roman). *BOD 2019.*

Germer, Ch.: Der achtsame Weg zum Selbstmitgefühl, *Arbor 2020.*

Govinda, Lama Anagarika: Buddhistische Wege in die Stille – schöpferische Meditation und multidimensionales Bewusstsein, *Aquamarin 2007.*

Govinda, Lama Anagarika: Der Weg der weißen Wolken, *Aquamarin 2013.*

Govinda, Lama Anagarika: Grundlagen tibetischer Mystik, *Aquamarin 2008.*

Goleman, D.: Emotionale Intelligenz, *dtv 1997.*

Goleman, D.: Soziale Intelligenz. *Droemer TB 2017.*

Herriegel, T: Zen in der Kunst des Bogenschießens. *O.W. Barth 2010.*

Hüther, G.: Lieblosigkeit macht krank, *Herder 2021.*

Iyengar, B.K.S.: Der Urquell des Yoga - die Yogasutras des Patanjali, *O.W. Barth 2010.*

Jacobi, J.: Die Psychologie von C. G. Jung, *Padmos 2021.*

Jung, C. G.: Der Mensch und seine Symbole, *Padmos 2021.*

Kabat-Zinn, J. K.: Gesund durch Meditation, *Knauer TB 2019.*

Karambelkar, P.V.: Patanjala Yoga Sutras, Kaivalyadhama, Lonavla – *410403, India.*

Kornfield, J.: Das weise Herz: Die universellen Prinzipien buddhistischer Psychologie, *Goldmann Arkana 2008.*

Kornfield, J.: Frag den Buddha und geh den Weg des Herzens, *Kösel 2017.*

Kornfield, J.: Nach der Erleuchtung Wäsche waschen und Kartoffeln schälen, *Goldmann Arkana 2010.*

Krishnamurti, J.: Einbruch in die Freiheit, *Aquamarin 2021.*

Krishnamurti, J.: Selbstgespräche, *Aquamarin 1991.*

Leadbeater, Ch. W., Krishnamurti, J.: Zu Füßen des Meisters, *Aquamarin 2022.* (Krishnamurtis Jugendwerk mit Kommentar von Leadbeater).

Michel, P.: Weltreligion, *Aquamarin 2001.*

Mitscherlich, A.: Der Kampf um die Erinnerung – Psychoanalyse für fortgeschrittene Anfänger, *Pieper TB 1983.*

Naranjo, C., Ornstein, R.: Psychologie der Meditation, *Fischer TB 1976.*

Neumann, E.: Tiefenpsychologie und neue Ethik, *Fischer TB 1986.*

Norwood, R.: Wenn Frauen zu sehr lieben, *rororo TB 2012*

Salzberg, Sh.: Metta Meditation – Buddhas revolutionärer Weg zum Glück. Geborgen im Sein, *TB, Arbor 2003.*

Salzberg, Sh.: Achtsam die Welt verändern, *Irisiana 2021.*

Salzberg, Sh.: Wahre Liebe, *O.W. Barth 2017.*

Yoncaova, O.: Yogasutra von Patanjali, *Frieling 2022.* (Übersetzung mit Wort-für-Wort-Erklärung; ohne Kommentar zu den Sutras).

Zotz, V.: Mit Buddha das Leben meistern: Buddhismus für Praktiker, *Rowohlt TB 2010.*

Über den Autor

Dr. med. Armin Gottmann wurde schon in jungen Jahren durch einen mehrjährigen Indienaufenthalt mit östlichen spirituellen Traditionen vertraut. Damals durchlief er als erster westlicher Schüler eine zweijährige Yogalehrerausbildung am College von Swami Kuvalayananda in Lonavla. Er ist u.a. Schüler von Swami Kuvalayananda, Âcârya Buddharakkhita, Sangharakshita, Roshi Nagaya und persönlicher Schüler von Lama Anagarika Govinda.

Nach seinem Medizinstudium absolvierte er eine Ausbildung zum Psychiater und Psychoanalytiker und war danach in Kliniken, später in eigener psychotherapeutischer Praxis sowie in psychosomatischen Rehabilitationskliniken tätig. Er promovierte mit einer experimentellen Arbeit, die die Auswirkungen einer Yoga-Atemübung einerseits und von Autogenem Training andererseits untersuchte.

In den Anfängen des „Berufsverbandes deutscher Yogalehrer" war er in der Kommission tätig, die Ausbildungsstandards für Yogalehrer*innen erarbeitete. 1974 - 1979 gab er die Zeitschrift „Yoga und unsere Welt" heraus. 1999 - 2015 leitete er die von Lama Anagarika gegründete buddhistische Gemeinschaft Ârya Maitreya Mandala.

Seit vielen Jahren gibt Dr. Armin Gottmann Meditationskurse, u. a. im Haus der Stille, Roseburg. Des Weiteren ist er in der Ausbildung von Yogalehrer*innen an verschiedenen Yogaschulen engagiert.